U0453126

中国社会科学院创新工程学术出版资助项目

全球生产组织方式变革与中国工业发展研究

李晓华 张亚豪 等著

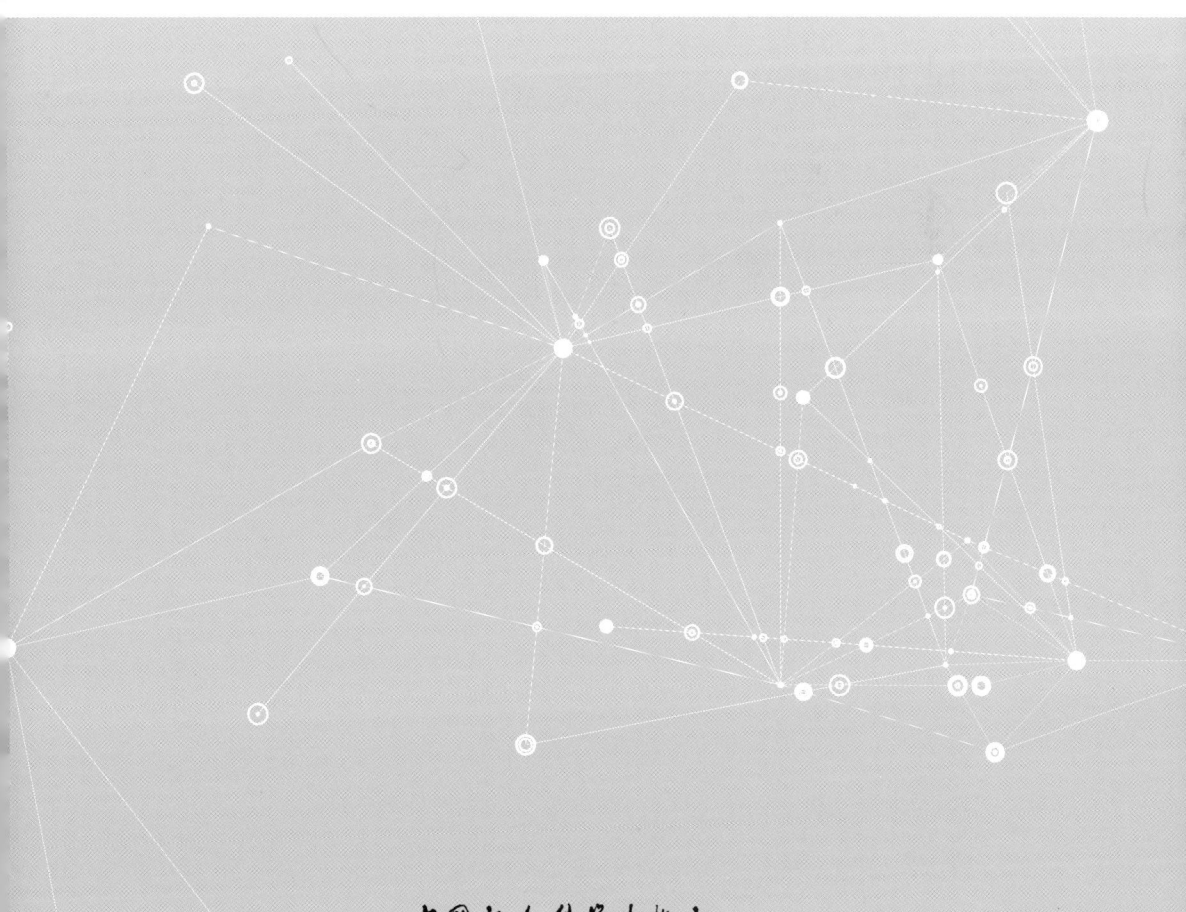

中国社会科学出版社

图书在版编目（CIP）数据

全球生产组织方式变革与中国工业发展研究/李晓华等著.
—北京：中国社会科学出版社，2017.10
ISBN 978-7-5203-1081-9

Ⅰ.①全… Ⅱ.①李… Ⅲ.①生产方式—变革—研究—世界
②工业发展—研究—中国　Ⅳ.①F014.1 ②F424

中国版本图书馆 CIP 数据核字（2017）第 238519 号

出 版 人	赵剑英	
责任编辑	车文娇	
责任校对	王纪慧	
责任印制	王　超	
出　　版	中国社会科学出版社	
社　　址	北京鼓楼西大街甲 158 号	
邮　　编	100720	
网　　址	http://www.csspw.cn	
发 行 部	010-84083685	
门 市 部	010-84029450	
经　　销	新华书店及其他书店	
印　　刷	北京明恒达印务有限公司	
装　　订	廊坊市广阳区广增装订厂	
版　　次	2017 年 10 月第 1 版	
印　　次	2017 年 10 月第 1 次印刷	
开　　本	710×1000　1/16	
印　　张	15.5	
插　　页	2	
字　　数	254 千字	
定　　价	66.00 元	

凡购买中国社会科学出版社图书，如有质量问题请与本社营销中心联系调换
电话：010-84083683
版权所有　侵权必究

目　　录

第一章　导言 …………………………………………………… 1
　　第一节　研究背景 ………………………………………… 1
　　第二节　全球生产组织方式的有关理论及其演变 ……… 3
　　第三节　国内外研究述评 ………………………………… 23
　　第四节　主要研究内容与创新 …………………………… 28

第二章　全球分工格局下的要素流动
　　　　——基于全球生产网络的视角 …………………… 34
　　第一节　导言与文献综述 ………………………………… 34
　　第二节　要素及要素流动理论回顾 ……………………… 37
　　第三节　全球生产网络中的要素分布与流动 …………… 40
　　第四节　全球生产网络要素国际流动的特点 …………… 50
　　第五节　全球生产网络要素国际流动的权力主体与利益分配 … 53
　　第六节　全球生产网络要素国际流动的治理 …………… 58
　　第七节　中国参与全球生产网络的政策建议 …………… 59

第三章　全球生产网络中的企业行为 ……………………… 61
　　第一节　引言 ……………………………………………… 61
　　第二节　企业模块化 ……………………………………… 63
　　第三节　联盟价值创造 …………………………………… 71
　　第四节　市场与科层融合的经营机制 …………………… 78

第四章　全球产业分工格局对不同国家经济的影响
　　　　——以离岸外包为例 ……………………………… 87
　　第一节　导言 ……………………………………………… 87
　　第二节　离岸外包的内涵和发展 ………………………… 89
　　第三节　离岸外包对国家经济的影响 …………………… 93

第四节　结论与政策建议 …………………………………… 108

第五章　比较优势、竞争优势与中国企业"走出去" …………… 111
　　第一节　中国对外直接投资和跨境并购的概况 ……………… 112
　　第二节　中国企业跨境并购的特征 …………………………… 115
　　第三节　对跨境并购高失败率的理论解释 …………………… 122
　　第四节　中国知识寻求型跨境并购及其解释 ………………… 131
　　第五节　结论和政策建议 ……………………………………… 137

第六章　美国重振制造业的动因、效果与影响 ………………… 139
　　第一节　背景 …………………………………………………… 139
　　第二节　美国重振制造业的动因与条件 ……………………… 140
　　第三节　美国重振制造业的效果 ……………………………… 153
　　第四节　美国重振制造业对中国制造业发展的影响 ………… 163
　　第五节　对中国的启示与中国的应对 ………………………… 171

第七章　模块化、模块再整合与产业格局的重构
　　　　　——以山寨手机的崛起为例 ………………………… 180
　　第一节　引言 …………………………………………………… 180
　　第二节　手机的模块化与模块再整合 ………………………… 181
　　第三节　模块化、模块再整合与生产组织结构 ……………… 185
　　第四节　模块再整合与产业竞争格局重构 …………………… 189
　　第五节　结论与启示 …………………………………………… 193

第八章　个体如何参与企业的价值创造
　　　　　——众包理论与实践 …………………………………… 196
　　第一节　众包的概念 …………………………………………… 196
　　第二节　众包的参与主体 ……………………………………… 201
　　第三节　众包的特征 …………………………………………… 203
　　第四节　众包的发展条件 ……………………………………… 205
　　第五节　众包的影响 …………………………………………… 208
　　第六节　现有研究的局限与展望 ……………………………… 211

参考文献 …………………………………………………………… 214

后　记 ……………………………………………………………… 241

第一章 导言

第一节 研究背景

20世纪80年代特别是进入21世纪以来，全球生产组织方式发生了显著的变化。在这里，"生产"并不仅仅意味着制造活动，也包括了研发设计、营销销售和售后服务等产品从原材料、设计概念之前的"无"的状态到传递给最终用户使用的整个过程；"生产"也并不仅仅存在于制造业部门，而是涵盖了包括农业、服务业在内的经济活动。随着信息、航运技术的发展，产品模块化程度的提高，垂直一体化的企业为垂直分离和网络化的企业所取代，产品内分工和垂直专业化成为国际分工的主导形式，外包和离岸外包成为企业在全球范围内最优配置资源和获取竞争优势的重要手段。产业组织的发展与演进一方面不断推动全球化的深化，使全球生产活动连接成一个紧密的网络，另一方面对一国的产业体系、国家在国际分工中的地位、企业的竞争力等国家、地区、产业和企业各个层面都产生了深刻的影响，世界经济格局也因此得以重塑。根据联合国贸易和发展组织（2013）的数据，全球约60%的贸易为中间产品和服务贸易，它们在不同阶段被纳入供最终消费的产品和服务生产进程，其价值超过20万亿美元。全球化条件下产业组织的发展的趋势并不单一，而是呈现出多个方面的变化。目前学术界用不同的概念来刻画全球化条件下的产业组织特征，如全球生产网络、片段化、全球价值链、全球商品链、垂直专业化、产业内/产品内分工等。

经过改革开放以来的发展，中国工业和制造业规模已经超过美国居世界第一位，成为名副其实的工业和制造业大国，坚持对外开放、积极融入全球分工体系是中国工业高速增长的重要原因。但企业研发投入低,创新能力不强,核心技术受制于人,具有自主知识产权的国际性技术标准、平台型或行业旗舰企业少,使我国企业缺乏对产业链的控制力,在产业发展和国际产业竞争中缺少话语权。一批涉及高新技术产业发展和国防安全的重要原材料、核心零部件、关键设备仍然依赖进口;已实现国产化的,一致性、稳定性差。同时,跨国公司对我国制定高额垄断价格,发达国家对我国进行出口限制,不但使我国经济发展付出巨大代价,而且难以满足国家重大工程建设需求,给国家安全造成巨大挑战。民族品牌的市场影响力有限,特别是缺乏有国际影响力的高端品牌,国内消费品产业竞争激烈、利润率低,大量需求转向国外品牌。中国产业融入的是被"俘获"型的治理结构,不但加剧了中国的资源、能源消耗和环境污染,而且抑制了中国国际营销渠道、营商网络和品牌的建立和关键核心技术的发展,限制了企业对产业升级空间的选择和技术赶超的机会,东部地区被锁定于全球价值链的低端环节从而压制了中西部地区的发展空间,极易形成以价格竞争为主的低端生产能力过剩格局(刘志彪,2011)。

在全球垂直分工格局下,无论是发展中国家的单一企业、地区还是整个发展中国家,赖以生存的基础都是非常脆弱的。如果在全球分工中的能力长期得不到发展,很可能在更低成本的竞争对手面前迅速衰落,现实中不乏这样的案例。中国融入全球分工网络和全球价值链的传统优势是建立在低廉劳动力、土地等生产要素成本基础上的价格优势,随着中国的生产要素成本持续快速上涨,人口红利即将耗尽,建立在低工资和劳动力无限供给基础之上的价格优势正在逐步削弱。国际金融危机后,发达国家重新认识到制造业对经济增长、就业和保持创新地位的重要性,纷纷提出"再工业化"战略,在更高层次上回归制造业,以通用电气、福特汽车、苹果为代表的一些制造业企业已经开始将工厂回迁至美国本土。周边劳动力成本更低的国家加强基础设施建设,完善产业配套条件,吸引外商直接投资,大力发展中低端产业,我国劳动密集型制造业开始出现向其他发展中国家转移的趋势。"中国制造"正面临发展中国家与发达国家的双重挤压,如果不能顺利实现产业的转型升级,将会陷入"高不成、低不就"的"三明治陷阱"。

工业在我国国民经济发展中具有重要支柱地位,它不但是国民经济保持健康增长的重要引擎,也是技术创新的重要载体、现代服务业发展的重要基础、解决就业和提高居民生活水平的重要保障,对于发挥比较优势、保障国家安全、参与国际竞争都具有重要意义。国际金融危机后,美国许多学者开始反思制造业对保持美国创新优势的重要作用。他们指出,创新活动需要由产业上下游企业集体能力(Collective Capabilities)共同形成的产业公地(Industrial Commons)的支撑,制造过程的缺失不但伤害某一具体企业的研发能力,而且会伤害包括先进材料、工具、生产设备、零部件在内的为产业服务的其他企业,基础性的 R&D 活动也就失去了存在的基础。随着制造业流失造成的潜在雇用机会的减少,有经验的人因更换工作从该地区搬走,学生对进入该领域敬而远之,最终产业公地将丧失大量的工作、技能和科学知识,不再能够支撑上下游活动的提供者,反过来也会使这些企业离去(Pisano and Shih,2009)。中国不但肩负着工业实现对发达国家技术追赶的重任,而且要利用第三次工业革命提供的"时间窗口"实现对发达国家的超越。2013 年,我国第三产业增加值比重首次超过第二产业,但这并不意味着第二产业特别是工业和制造业比重不发展、不提高。恰恰相反,中国工业亟待实现由大到强的转变,解决我国经济发展中面临的环境污染、能源消耗大、土地占用多、在国际分工中活力少等问题,也需要工业的转型升级。在产业内和产品内垂直分工与全球化生产时代,我国的工业转型和升级必须主动参与迎接开放,通过参与全球价值链不断提升能力,促进制造业转型升级,打造若干具有全球价值链控制力的跨国公司和世界品牌。

第二节 全球生产组织方式的有关理论及其演变

有关全球生产组织方式的理论起源于商品链与价值链的概念,全球价值链和全球生产网络是目前刻画全球生产组织方式的主要理论,全球创新网络则关注对全球范围内创新活动如何组织的研究,同时还有其他一些概念和理论与此密切相关。这些概念反映着经济全球化的不断深化和全球生产组织方式的不断演变。

一 链条理论

(一) 商品链与价值链

1977年,Hopkins 和 Wallerstein (1977) 基于世界系统 (World - Systems) 的分析框架,提出商品链概念。他们认为,从最终的消费产品出发,不断向上游追溯到原料的生产,便形成一条商品链。可以看出,这样的商品链其实是以最终产品和要素的生产为两端的链条。世界系统的分析范式认为,商品链不只是从投入到产出的各个阶段,同时还包括结合了劳动力社会再生产的一系列关联活动,而劳动力是这一过程的关键投入。在世界系统理论中,商品链问题不是新现象,而是资本主义世界经济形成以来便已经具有的重要部分。世界资本主义向心力和地缘政治秩序在整个商品链中具有重要作用。尽管该理论承认要素的国际流动,但是商品链的结构和全球资本主义经济等级体系的历史重建,才是其研究的重点。因此,该理论没有将商品链当作连续的价值增值活动。从等级结构的角度出发,全球国家被分为"核心—半边缘—边缘"的等级结构。通过工业化,较低等级的国家获得了参与到商品链的机会,但由于整体能力低,只能停留于商品链的低级环节。因此,半边缘和边缘地区的工业化将会最终导致全球经济等级结构的重建而不是颠覆 (Arrighi and Drangel, 1986)。

价值链/增值链是产业经济中提出较早的一个概念。影响最为广泛的是迈克尔·波特所做的定义:"每一个企业都是在设计、生产、销售、发送和辅助其产品的过程中进行种种活动的集合体。所有这些活动可以用一个价值链来表明。"也就是说,价值分布于连续和紧密联系的经济活动结构中,链条中的每一个环节和部门将会增加生产过程中的价值 (Porter, 1985; 1990)。价值链概念是对商品链研究的进一步深化,延长了 Hopkins 等人以产品为终端的商品链,形成了包括基础活动(进料后勤、生产作业、发货后勤、销售和服务)与辅助活动(企业基础活动、人力资源管理、技术开发和采购)等在内的价值链环节。但是,波特的定义有一个局限,他的概念是基于企业和企业间网络,没有考虑到企业权力和企业价值链活动所嵌入的制度环境,因而不适用于对经济发展的研究 (Henderson and Dicken et al., 2002)。

(二) 全球商品链

以世界系统的商品链研究为基础,Gary Gereffi 等提出了被广泛接受和使用的全球商品链分析框架（Global Commodity Chains，GCC）。全球商品链强调谁控制全球贸易和产业，以及被锁定于全球贸易和产业的低价值片段的单位如何突破这一局面的问题。在全球商品链上存在"各种围绕某种商品或产品的跨组织的网络集群，在全球经济范围内连接了不同地域的家庭、企业和国家"，"这些网络基于特定的环境、社会结构和区域化整合，强调经济组织的社会嵌入"（Gereffi，1994）。与基于世界系统的商品链理论相比，二者最主要的区别在于对商品链历史维度的界定，世界系统理论认为商品链始于全球资本主义经济的建立，全球商品链理论则认为商品链是近来所形成的较新现象。也就是说，全球商品链偏离了历史的与全面的世界系统分析。同时，全球商品链将增值链直接纳入全球生产组织方式的分析中，认为商品链是连接全球不同产业的企业间网络，企业可以通过参与商品链获得升级。全球商品链既关注包括产品生产和服务设计过程中生产和分配等问题在内的全球生产组织，也涉及对企业间关系的描述。其理论分析的目标是研究价值的创造和分配是由何人、何地以及何种方式进行的（Appelbaum and Gereffi，1994）。因此，Gereffi（1995）强调全球商品链研究必须要考虑投入—产出结构、地域性、治理结构和制度框架四个问题。

随后的研究者较多地从治理角度研究了全球商品链，形成了购买者驱动的全球商品链和生产者驱动的全球商品链两类模型（Gereffi，1995）。购买者驱动的全球商品链描述了一个在企业没有直接所有权的情况下，全球的购买者通过具体的协调，建立全球规模且高度互补的生产与分配供应基础。生产者驱动的全球商品链描述了生产者主导的全球生产组织的协调和配置，更加强调网络关系在推动国际协同生产组织中的作用。但是这样的二分法研究存在较多缺陷。第一，这种区分是基于不同市场进入门槛差异决定的（Dicken and Kelly et al.，2001），也是按照部门或组织的特定经验事实来确定的，因此不能满足一般性的分析，不是一个理想的模型结构。第二，绝大多数的研究仅仅涉及的是现存的链条，而忽视了链条的重建问题。同时，社会关系会产生路径依赖的问题，并制约着链条的发展轨迹。第三，忽视了对经济和社会发展有重要意义的公司所有权问题。第四，全球商品链不仅连接不同地域的企业，同时还联系了国家层面的特定社会和体制背景。全球商品链研究往往意味着企业是在给定的价值链和地域结构下做出反应，缺少了独立的自主变动权，这也就无法研究不同的企业和经济发展的选择。

（三）全球价值链

在全球价值链分析框架确定之前，关于全球商品或生产的研究使用了大量相近的术语，形成一种混乱和模糊的局面，包括全球生产网络（Global Production Networks）（Ernst，1999；Henderson and Dicken et al.，2002）、国际生产网络（International Production Networks）（Borrus and Ernst et al.，2000）、全球生产系统（Global Production Systems）（Milberg，2003）和等级体系（Filière）（Raikes and Jensen et al.，2000）等。其中，等级体系概念的影响较大，指一系列满足最终需求的商品和服务的生产与分配代理机构体系。这一概念的提出，主要是为了描述商品流动和识别这一体系中的机构与活动（Raikes and Jensen et al.，2000）。但是这一概念的研究缺乏明确的理论核心，表现为一种多元的理论分析。受世界系统理论的影响，这一理论所研究的主要是大型公司和国家机构以及活动范围如何受到技术约束的限制，对整个网络的企业作用解释不够。

为了形成一个统一和清晰的概念，2000年9月在意大利贝拉乔（Bellagio）发起的由洛克菲勒基金会资助的全球价值链计划之后，学术界提出了共同认同的全球价值链概念。相比其他术语，全球价值链融合不同概念的研究领域，从此，全球价值链框架便逐渐确立起来。

全球价值链分析框架的核心内容就是价值链治理理论。参照社会政治权力的运行机制，Kaplinsky和Morris（2001）区分了三种价值链治理形式：（1）立法治理，通过设立标准，保证及时交货和供货质量；（2）司法治理，通过监督，保障供应商按规定实施标准；（3）执法治理，通过专业化的服务提供和政府政策支持，加强供应链管理，使供应商满足标准。

在威廉姆森对公司治理研究的基础上，Schmitz（2004）提出了更符合经济研究的四种典型治理模式。他认为，企业间的权力是不均衡的，交易的过程存在着支配与被支配的问题。依据权力关系，价值链治理模式可以分为：（1）市场型，价值链各环节关系平等，通过价格协调的市场机制能充分满足企业间交易；（2）网络型，价值链环节权力关系平等，但是存在跨链的协作和专用性资产的投资，主要依靠信任机制进行治理；（3）准层级型，价值链环节存在权力的不平等，部分环节的企业将会对其他企业产生非基于产权的控制,标准和规则是主要的治理机制;(4)层级型,价值链环节权力关系不平等,主导公司对全球价值链上的某些运行环节采取直接的股权控制,所有权控制是主要的治理机制。

Gereffi 等(2005)认为,全球价值链分析框架主要借鉴了三个相关的理论,即交易成本经济学、生产网络、技术能力与企业层面的知识,并以此确定了三种决定价值链治理模式的关键决定因素:在特定流程规范和交易的要求下,信息的复杂性和知识的转移;识别信息的能力(信息的可编码性),保证信息传递的有效和没有对特殊交易的投资;实际和潜在的供应商满足交易的能力。根据这三种因素可以得到八种组合,但只有五种有效治理模式,即科层型、控制型、关系型、模块型和市场型五种价值链治理模式(见表1-1),这五种模式沿着外在的协调能力或权力的不对称性程度,由高到低展开。与 Schmitz 的四种划分相比,Gereffi 等的五分法保留了市场型和层级型,将网络型和准层级型做了重新划分,使价值链治理的类型更加清晰,这一划分也成为最为广泛使用的分类方法。

表1-1　　　　　　　　价值链治理的关键决定因素

治理类型	交易的复杂程度	识别交易的能力	供应能力	外在的协调能力或权力的不对称性程度
市场型	低	高	高	低 ↕ 高
模块型	高	高	高	
关系型	高	低	高	
控制型	高	高	低	
科层型	高	低	低	

资料来源:Gereffi, G. J., Humphrey, T. Sturgeon, "The Governance of Global Value Chains", *Review of International Political Economy*, 2005, 12 (1): 78-104.

产业升级是全球价值链理论关注的重要内容,一般是指提高企业在链条中的地位,并在生产过程中有关更高附加值的环节上,获得竞争力的提高。Gereffi 和 Humphrey 等(2001)提出四种产业升级模式:工艺升级、产品升级、链条内升级或功能升级、链条间升级。Barrientos 和

Gereffi 等（2012）指出，经济升级和社会升级不存在明确的一致性，只有恰当的经济升级才会促进社会的升级。全球价值链具有动态和重叠的特点，在 Gereffi 等的价值链治理框架下，产业升级可以说是治理模式的动态解读。首先，信息将会随着领导企业对来自供应商的商品和服务的复杂性而产生变化，交易中的复杂性与企业能力呈反向变化。其次，交易的编码和创新之间存在紧密的联系。Storper（1995）和 David（1995）都指出，新技术将会重启"交易编码过程之锁"。最后，供应商能力将会随着供应商知识的积累而提高，随着购买者增加价值链中的供应商、新的技术的出现和领导企业的需求增加而降低。增加供应商的能力将会推动全球价值链结构从科层型、控制型向关系型、模块型和市场型转变。

价值链升级的多重路径是可能的。首先，在不同产业之间，生产和工艺规格的编码是不同的，并且随着市场和技术的变动而不断变化。其次，各种标准将会随着链条活动新范式的出现而变化，不断淘汰更新。最后，了解这些标准并实施这样的协议对于所有部门来说，不会是直接的、低成本的和及时的。同时，在具体应用中相互竞争的标准将会使选择和投资的困难与风险大大增加。动态的标准制定过程将会有利于规则的制定者及所在地域（Sturgeon，2003），形成新的不均衡结构。因此，在变动频繁和较少确定性下，全球价值链不存在唯一的最佳组织方式。

二　全球生产网络

（一）全球生产网络的内涵

全球价值链与全球生产网络是两个近似的概念，研究的内容也是相近的。Sturgeon（2001）的链条概念反映了商品从配送、消费到维护的连续垂直过程，并认为不同价值链经常共享相同的经济参与者，它们被重新利用和重新配置，是一个连续的动态过程；而网络概念的使用将会强调将这些被绑定到更大规模经济群的企业间关系的性质和程度。同时，链条研究的一个基本假定是，生产和分配的过程是垂直的和线性的，而事实上却是高度复杂的网络结构。因此，有必要使用全球生产网络的概念，对现实问题做出更贴切的分析。全球生产网络强调了两个事实，即经济的全球化扩张和生产的网络化进程。

"全球的"（Global）一词与"国际的"（International）和"跨国的"（Transnational）存在着方法上和观点上的区别。后两个词尽管可以阐述许多跨界的生产活动，但是无法充分表达非特定地点与特定地点之间的相互渗透和转变，还属于一种国家中心的分析范式。而"全球的"超越了国家主体的地缘分析，突破了传统的国家中心分析。全球生产网络涉及全球、区域和地方经济以及社会层面的进程。这种全球化网络不仅通过企业间的公平或非公平的关系建立，将企业整合进网络结构中，还将通过对社会福利的重大影响，将国家性的经济体加以整合。这是一种以企业为中心，同时考虑其所嵌入的社会政治影响的生产网络。

"生产网络"的概念由 Borrus（1997）较早提出，特指一种国际生产组织，在这一体系内包含了全部价值链环节。网络理论发展过程中一个重要的理论是行动者网络理论（Actor - Network Theory，ANT），这一理论强调了异质性网络中的目标和机构，并指出只有通过对企业间的关系和链接的研究，才能理解网络中企业的形成（Law and Hassard，1999）。这样的研究意味着，空间和距离不再是绝对化的问题或是几何意义的概念，而成为包括相互间影响、权力和关联性在内的空间领域与关系范围（Harvey，1969；Murdoch，1998）。同时，该理论打破了类似于全球—本地、结构—机构的人为二分法，融合了人为与非人为因素的分析，促进了技术要素的分析。Sturgeon（2002）将这种产业组织的网络化称为"生产网络范式"，对于全球生产网络的形成起到巨大作用。

基于全球价值链理论的研究，综合考虑了全球化和生产网络的内在联系，全球生产网络的分析框架逐渐形成。Ernst 和 Kim（2001）认为，全球生产网络是一种特殊的组织创新，结合了不同国家和公司的价值链，同时也是整合不同层次网络参与者的过程。在全球生产网络下，对生产过程的研究强调了对社会过程的分析，涉及生产产品和服务、知识、资本和劳动力的再生产，重视全球生产活动所嵌入的社会环境，注重加入异质化、人性化的分析。

（二）全球生产网络的形成动因

全球生产网络的形成主要得益于信息技术的快速发展与扩散、逐渐自由的国际贸易与投资和全球竞争的动态变化。首先，信息技术的高速发展与扩散，使全球原料、劳动力、技术等要素的流动性大大提高，减少时间和空间的摩擦。信息技术和相应的组织创新为建立灵活的可用于联系与协调远程交易的基础设施提供了有效机制（Antonelli，1992；Hagstrm，2000）。长期的数字融合过程"Digital Convergence"（Chandler and Cortada，2000）降低了接触外部信息与技术的门槛，进一步促进了知识的扩散。全球的协调合作日益便捷，不同地域和产业的组织安排日益交融。其次，国际贸易与投资不断开放，贸易的自由化、资本流动的自由化、海外投资政策的自由化和私有化在全球范围内不断深化。开放的国际政策降低了国际贸易中的成本和风险，降低了价值链的空间束缚，增加了流动性。通过直接投资（FDI）、海外特许（FL）、外包等方式，国际产业组织不断发展。最后，国际竞争加剧，参与全球生产网络对于公司、国家和任何经济参与主体的作用日益重要。竞争的加剧会打破部门间的界限，在已经建立的细分市场领域相互渗透，加速市场的细分过程。而全球生产网络的布局，增进了国际知识的扩散，给低成本地区带来了能力形成的机会，全球经济地理格局不断被重新配置。全球竞争呈现出在广阔地域范围内进行和日益复杂的特点，要求企业能在快速增长的市场中及时出现，获取更多的收益。单独的企业已经难以获得成功，需要在企业外找到所需要的一系列特定能力和资源，在全球范围内整合活动。全球生产网络已成为多维度、变动快的综合体。

（三）网络中的企业结构

全球生产网络概念涵盖了企业内和企业间的交易与协调形式，也就意味着网络内分布着不同层级的企业，共同构成全球生产网络的整体布局。Knox 和 Agnew（2003）区分了全球生产网络的四种主要布局战略：中心化的全球生产、地区性生产、地区专业化、垂直跨国一体化。全球网络布局中的企业包括从具有主导能力的旗舰企业及下属公司到底层的小企业。具体来说，在整个全球生产网络中分布的节点有旗舰企业、研发联盟、独立供应商、独立分包商、分销渠道、合作协议、合资企业、子公司和附属公司等（Ernst and Kim，2002）。全球旗舰可简单划分为品牌领导者和合同制造者。品牌领导者是指企业通过产业组织的再分解将低利润的环节逐渐分离出去；合同制造者是指这一类旗舰企业为品牌领导者提供全球供应链服务，根据合同制造确定的外包成了"20 世纪 90 年代的万能药"（Lakenan et al.，2001）。根据供应商所处的层次，可分为：（1）高层次的领导供应商，它们作为全球旗舰企业和本地供应商的中介，有重要的专有资产和以自身为主导的次级网络；（2）低层次的供应商，这一类供应商没有稳定的地位，主要的竞争优势是低成本和快速、灵活的传送，是一种所谓的"容量缓冲"（Capacity Buffers）

环节。全球生产网络中的企业通过知识和互补性能力的扩散、交换与外包获得收益。主导企业在全球寻找低成本的供应，供应商通过分担主导企业所分离出来的业务获得生存机会。地域内的专业化，往往会形成不同的产业集群，这些分散的集群在全球范围组织协调。于是，在全球范围内呈现出一种所谓的"分散的集中"现象。

（四）全球生产网络的升级

全球生产网络在研究升级问题时，主要考虑经济升级和社会升级两个方面，而发展中国家的升级是研究的重点。Memedovic（2004）研究了全球生产网络如何为发展中国家的制造商创造升级它们的技术和生产能力以及融入全球经济的机会；世界银行组织学者对全球生产网络带来的变化对东亚经济增长前景的影响进行了分析（Yusuf and Altaf et al., 2005）。升级被定义为提高技术、知识和技能，转向更高附加价值的活动，在参与全球生产网络中获取更多的收益（Gereffi, 2005）。劳动密集型产业是这一问题早期的研究重点，研究过程中使用了产业升级的概念。后来的研究内容更加广泛，使用了适用于跨部门的经济升级概念。经济升级是指经济活动的参与者（企业和工人）在全球生产网络中，从低价值活动到相对高价值活动的转变（Gereffi, 2005）。经济升级可以分解为资本维度和劳动维度，资本维度涉及新的设备和高端技术的使用；劳动维度涉及工人技能的发展、灵活性与生产力水平的提高。仿照价值链的产业升级模式，GPN框架下同样具有四种经济升级模式：（1）工艺升级，通过资本和劳动力之间的替代关系，增加机器设备，减少复杂技能的工作，提高效率；（2）产品升级，主要是指高端产品生产中使用更多的技术；（3）功能升级，集中于高附加值环节的组合，新的工作技能要求不断涌现；（4）链条升级，逐渐转向高技术生产链、新的产业或市场以及新的生产技能。

与经济升级关注的不同，社会升级是指工人作为社会参与者的权利和待遇的提高，以及就业质量改善的过程（Sen, 1999；2000）。因此，社会升级的重要表现就是劳动力的变化。将劳动力按照能力水平和工作待遇划分为家庭式劳动力、低技能劳动力、中等技能劳动力、高技能劳动力和知识密集型劳动力，对应了全球生产网络下不同层级和升级的变化（Barrientos and Gereffi et al., 2012）。（1）小规模的家庭生产，主要出现在贫穷地区，劳动者拥有基本的生产资料，是经济和社会发展的低级和最初阶段。(2) 低技能、劳动密集型工作,主要依靠劳资关系进行协调。从20世纪六七十年代的第一次离岸外包浪潮开始,从纺织和服装到汽车电子加工制造,在发展中国家广泛出现,全球劳动力分布不断进行调整。(3) 中等技能、多样化劳动密集型工作,这是全包生产在全球买方控制下形成的劳动类型。(4) 高技能、技术密集型工作。从20世纪八九十年代开始,一系列资本和技术密集型企业离岸外包,涉及组装、中间产品和子装备的供应以及模块化生产的高工资、高生产率、相对稳定、适应需求的更高灵活性的工作开始出现。(5) 知识密集型工作,是服务外包浪潮下的更高水平的工作。总体来看,全球经济中越是趋向于现代制造和服务经济的生产网络,家庭生产和低技能的工作比例就越低,高技能和知识密集型工作比例也就越高。

尽管直观上,经济升级和社会升级存在同向的对应关系,但事实上,经济升级不会自动地导致社会升级。案例研究表明,从较低技术到较高技术的工作类型的变化可以直接导致社会的升级,但是这一过程并不是主动的,关键是如何使所选择的战略提高各种类型工作中的劳工标准。

(五) 全球生产网络分析框架

Henderson 等 (2002) 提出了一个比较全面的全球生产网络分析框架,如图1-1所示。这一框架采取价值和结构两个维度,特别强调了价值、权力和嵌入性三个方面。

价值内容包括:(1) 价值创造,包括劳动力转化为实际劳动的过程与产生不同租金的可能性。前一个问题关于劳动力的雇用、技能、工作环境、生产技术和生产环境。后一个问题涉及对关键产品和工艺不对称的进入获得的技术租金、通过特殊的组织和管理技术(如及时生产技术和全面质量控制)获得的组织租金、通过对企业间多样关系管理获得的关系租金、通过建立知名品牌获得的品牌租金、由贸易保护政策导致产品稀缺而获得的贸易政策租金。(2) 价值提高,包括技术转让的性质和程度、网络中主要企业在商品质量和尖端技术上的努力程度、劳动过程中的劳动力技能,以及本地企业是否能够通过自身创造组织租金、关系租金和品牌租金。(3) 价值获取,包括政府政策(知识产权、所有权结构的法律治理、利润遣返)、企业所有权(外资所有、本国所有、合资企业)、特定国情下的公司治理特点等问题。

权力内容包括：（1）公司权力，是一种全球生产网络中影响资源配置的企业能力。网络中的权力分布具有不对称性，只有少量企业具有充分的自主能力，能实现自身的发展和升级。但其余较小的企业仍然具有通过联合其他较小企业在生产网络内获得集体提升的可能性。（2）集体权力，主要指工会、雇用者协会、NGO组织等的作用。（3）制度权力，包括国家各级政府机构、国际经济组织、联合国机构、国际信用评级机构等。

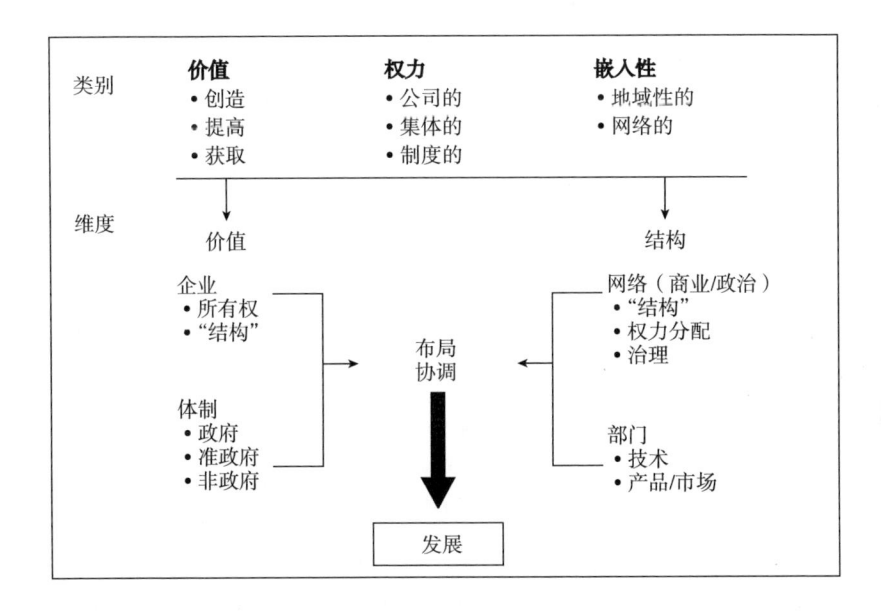

类别	价值	权力	嵌入性
	• 创造 • 提高 • 获取	• 公司的 • 集体的 • 制度的	• 地域性的 • 网络的

维度：

价值
- 企业
  - 所有权
  - "结构"
- 体制
  - 政府
  - 准政府
  - 非政府

结构
- 网络（商业/政治）
  - "结构"
  - 权力分配
  - 治理
- 部门
  - 技术
  - 产品/市场

→ 布局协调 → 发展

图 1-1　一个全球生产网络分析框架

资料来源：Jeffrey Henderson, Peter Dicken, Martin Hess, Neil Coe and Henry Wai-Chung Yeung, "Global Production Networks and the Analysis of Economic Development", *Review of International Political Economy*, 2002, 9（3）: 436-464.

嵌入性内容包括：（1）地域嵌入性。全球生产网络中的企业选择不同地点进行活动，并影响该地区的发展。嵌入性将成为区域经济增长和获得全球机会的关键因素（Harrison, 1992; Amin and Thrift, 1994）。政府政策（如培训计划、税收优惠）将会支持网络中新的节点形成，成为所谓的"群岛经济中的新岛屿"（HEIN, 2000），而领导企业切断投资将会导致反嵌入的发生（Pike and Lagendijk et al., 2000）。（2）网络嵌入性。网络结构、联系程度、关系的稳定性和网络对参与者的重要性共同决定了网络对参与者的作用。通过正式与非正式的网络关系，参与者之间紧密联系。在某种程度上，网络关系的建立可以说是信任建立的过程。

结合商品链、全球商品链、全球价值链和全球生产网络，表1-2从理论基础、研究对象、导向性概念和学术影响等方面进行了综合比较。

表1-2 商品链、全球商品链、全球价值链和全球生产网络分析框架比较

	商品链（CCs）	全球商品链（GCCs）	全球价值链（GVCs）	全球生产网络（GPNs）
理论基础	世界系统理论	世界系统理论 组织社会学 经济社会学	国际商业文献 全球商品链 发展经济学	关系型经济地理学
研究对象	世界资本主义经济	全球产业中的企业之间的网络	全球产业的部门物流	全球网络架构和地区发展
导向性概念	劳动力的国际分工 中心—边缘—半边缘 不平等交换 康狄夫周期	产业结构 治理（PDCC/BDCC区别） 组织学习/产业升级	价值增值链 治理模式（模块、关系和俘获型） 交易成本 产业升级和租金	价值创造、增强和获取 企业、集体和制度性力量 社会、网络和地区嵌入性
学术影响	相互依赖理论 结构主义学派 发展经济学	跨国公司（MNC）文献 比较发展学派	国际商业/产业组织 贸易经济学 全球（国际）生产网络（系统）	全球商品链/全球价值链分析 主体—网络力量 资本主义差异性

资料来源：根据Bair（2005）以及Coe和Dicken等（2008）整理。

三 全球创新网络

技术是全球生产组织方式演变的核心推动力量，技术水平的高低决定了国家/地区和企业在全球分工格局中的地位。而技术的发展研究建

立在创新的基础之上，创新成为企业战略的核心和国家产业政策的重要内容。在全球生产网络中，知识的移动也更加频繁，今天的创新不仅在个体的国家中实施，而且常常以全球创新网络（Global Innovation Networks，GINs）的形式跨越国家边界（Dedrick et al.，2007）。中国与联合国贸易和发展会议（UNCTAD，2006）的年度报告提出了与生产全球化相伴随的R&D的国际化现象。Ernst（2006a）指出，跨国公司正在增加海外R&D投资，同时寻求将地理上分散的创新集群集成入全球生产、工程、发展和研究网络，这一趋势给全球生产网络增加了一个新的维度，将其转变为全球创新网络。GINs将创新的地理重置（Geographic Relocation，也即Offshoring）与企业边界的变化（即外包）联系起来。英国《经济学家》杂志对企业的调查表明了R&D离岸正在世界范围内方兴未艾，它们的调查对象在2007年至少有65%的R&D功能在海外，预计三年内达到84%（The Economist Intelligence Unit，2007）。目前，全球创新网络正处于快速扩张的过程中，并已不限于美国、欧盟、日本的传统高科技地区（Ernst，2006b）。虽然全球创新网络的构成元素（全球化、创新和网络）已经被长期研究，但全球创新网络仍然是一个较新的组织形式（Barnard and Chaminade，2011），国外的直接研究不多，国内的直接研究更是罕有（马琳、吴金希，2011）。

（一）全球创新网络的分类

Ernst（2006b）提出了三种类型的全球创新网络。(1) 企业内全球创新网络（Intra-Firm GINs）。例如，全球公司为了进入低成本人才库和获得领先的出口经济体创新能力，将创新的一些阶段离岸到其亚洲分公司。(2) 企业间全球创新网络（Inter-Firm GINs）。例如，全球企业将创新的一些阶段外包给专业化的亚洲供应商，作为其复杂分包安排的一部分。(3) 亚洲全球创新网络。例如，来自韩国、中国、印度、新加坡等国家和地区的企业建立它们自己的网络（大部分是企业内的）。Miotti等（2006）将跨国公司建立的全球创新网络划分为不同类型的R&D单元，包括本地发展中心（The Local Development Center），主要从事适应本地市场的R&D活动，构成海外R&D单元的主要部分；全球研究实验室（The Global Research Laboratory），是提升的、以母国为基础的R&D单元，其产出有助于公司的全球创新过程；全球发展中心（The Global Development Center），是新型的国外R&D单元，实施能够分离的并且能够返回到跨国公司创新过程的 R&D 任务。全球发展中心从最初类似 R&D 活动的子单元，从母国到低成本国家的重新配置，升级到从事更加独立自主和复杂的任务。Tidd（2006）根据创新的激进程度以及参与公司的相似程度来看待全球创新网络的差异。第一类全球创新网络由聚焦于激进创新问题的相似公司构成，这类创新网络的成功依赖于它们分享经验、公开信息以及发展新人和透明度的能力；第二类全球创新网络包括来自同一或临近产业（如生物技术和医药）的公司之间的合作，合作开发和创造新的产品。由于这类网络在本质上是探索性的，挑战了既有的边界，信息和风险的分享常常形成合资公司或战略联盟的形式；另外，两类创新网络（如复杂产品系统的多公司创新网络和地区集群）包括更异质性的公司，通常给网络带来不同的技术和知识，要求有效的知识产权管理和协议来分享收益与风险。Barnard 和 Chaminade（2011）则从全球创新网络的构成——全球化、创新、网络三个维度的相对强弱程度将全球创新网络划分为平衡的全球创新网络、全球资产利用型、创新型、网络型和全球网络型。纳如拉、赞菲（2009）提出创新活动国际化的三种形式，即国内层面创新的国际性拓展、全球范围的创新、全球技术—科学合作。

（二）全球创新网络的成因

全球创新网络的形成是多种因素推动的。英国《经济学家》杂志的调查表明，推动全球创新网络发展的两个最主要因素是产品复杂性的提高及由此带来的成本攀升以及为了更好地了解顾客需求而出现的顾客中心化趋势（The Economist Intelligence Unit，2007）。Ernst（2002）认为，全球创新网络能够提供给国际公司获得海外低成本的能力，从而能够应对不断增长的创新成本。Perks 和 Jeffery（2006）指出，许多产业正出现企业间相互依赖的新特征，企业的创新战略必须考虑网络中其他企业的互补产品的开发活动，一个企业被与其他企业的创新捆绑在一起。例如，ICT 产业最终产品是很多部件（Components）、技术和架构的组合。因此，获得新的或互补的知识成为创新网络的最通常原因。鲍威尔和格罗达尔（2009）也持同样观点，认为网络为企业提供获取多种不同的信息和能力源泉的途径，这些关联又增加了企业内部创新的水平，这是缺乏这些关联的企业可望而不可即的。杜克国际商业教育和研究中心（CIBER）2006 年实施的调查显示，尽管劳动套利战略继续是离岸的关键动力,但获得人才是下一代离岸的主要驱动力(Lewin and Couto,2007)。Spencer(2003)通过世界平板产业的研究证明,那些与其创新系统分享知识的企业比没有分享知识的企业获得更高的创新绩效。另外,与全球创新系统相互作用的企业比仅与国家创新系统相互作用的企业获得更高的创新绩效。Ernst(2005)认为,自由化(包括贸易、资本流动、FDI 和私有化四个方面)的总效应显著降低了国际交易的成本和风险,提高了国际流动性。自由化提供给全球公司更广泛的市场进入选择:通过贸易、许可、下包和特许(本地专业化,Locational Specialization),更好地利用与它们核心能力互补的外部资源和能力,对价值链的地理分散约束更少。因此,自由化成为全球生产和创新网络扩张的强大催化剂。知识生产的片段化导致全球创新网络成了跨越企业边界和地理边界的分散的工程、产品开发和研究活动(Ernst,2005)。Chesbrough(2003)提出开放式创新(Open Innovation)的概念。他认为,在传统的封闭模式中,公司在内部创新,主要依赖于内部的 R&D 部门来开发新产品和过程,而现在公司越来越依赖于外部的创新来实现新的产品和过程,并且在许可和销售它们自己的创新结果给第三方方面也越来越活跃。在此基础上,OECD(2008)认为向开放式创新的转变导致了全球创新网络的发展。基于公司外部知识资产的创新与合作成为获得知识进而产生新的思想并把它们迅速推向市场的方法,为了将从客户、供应商等渠道获得知识的增长需求与知识和技术世界范围的供给相匹配,(大)公司越来越需要将不同国家的人、机构(大学、政府机构)和其他公司的网络联系起来,除了国外 R&D 设施数量的增长,公司(特别是跨国公司)越来越多地采用合同安排(合同 R&D、联合 R&D 协议、公司的高技术风投)获得私有技术和技术诀窍(Know-How),以及与供应商、客户、大学等建立更多的合作。公司创新系统的逐渐开放和网络化引致全球创新网络的出现(Ernst,2005)。在全球创新网络的形成和发展过程中,跨国公司是这一变化的主要推动者,它们在增加海外 R&D 投资的同时寻求将地理上分散的创新集群集成入全球生产、工程、发展和研究网络(Ernst,2006a),但是发展中国家的 R&D 现在包含了与在发达国进行的平等的 R&D 复杂阶段,并出现在国外建立 R&D 单元的趋势(OECD,2008)。

（三）全球创新网络中的分工地位

不同国家和不同企业在全球创新网络中具有不同的地位。美国、欧洲、日本保持它们在科学和高影响知识产权（High-Impact Intellectual Property）方面的统治地位，以便控制正在出现的新的知识地理（Ernst，2006b）。最有价值的知识是难以解码的，知识转移是有黏性的，通常要求在国外建立 R&D 附属机构，因此创新的国际化要求一定水平的投资和资源，这是小公司通常不具备的。此外，中小企业由于其国际网络薄弱而受制于高昂的和增加的搜寻与沟通成本。全球创新网络与全球生产网络一样具有不对称的特征——旗舰控制网络资源和决策（Ernst，2005）。UNCTAD（2005）指出，从创造新技术和新技术全球扩散的角度，跨国公司在许多产业是世界的领导者。它们占世界商业 R&D 支出的大部分，统治新专利，常常领导管理和组织的创新。传统上，当 R&D 国际化发生时，母国和东道国都在发达国家（UNCTAD，2005），全球创新网络的出现反映出发展中国家（特别是亚洲的国家）及其企业在全球创新地位的不断提升（虽然仍处于低层次），但集成入 GINs 在亚洲产生了一些新的且多样的、激烈竞争的创新离岸中枢（Ernst，2006b）。由于 R&D 投资私人收益率和社会收益率存在差距，一体化进入全球生产网络和创新网络不一定能达到帮助亚洲企业作为跟随者的赶超目标，除非亚洲政府在企业层面和跨产业发展吸收能力与创新能力方面采取合适的政策（Ernst，2006b）。发展中国家与跨国公司国际化的 R&D 网络联系的程度依赖于它们国家创新系统的实力，这又反过来依赖于政策、制度的质量（包括治理创新活动的组织和规则）、人力资本的质量以及企业的生产和创新能力（UNCTAD，2005）。Ernst（2006b）提出三点建议：(1) 吸收能力（Absorptive Capacity）对于试图发展和升级创新能力是关键的；(2) 亚洲企业现在必须增加 R&D 以避免网络一体化的递减收益；(3) 一体化进入多样化的生产和创新网络提供了通过创新实现产业升级的新机会，技术多样化与增量的和架构的创新一起能够作为技术领先战略的补充的选择，这是在亚洲新兴经济体能力所及的范围内的。

（四）全球创新网络的空间布局

创新与价值链的大部分其他阶段不同，是高度不可移动的，它保持束缚于特定的地理位置。空间黏性的主要原因在于创新需要用户和生产者之间活跃的知识交换，而且大部分是默会知识。因此，Ernst（2002）指出，价值链的一些阶段（创新）是国际分散的，并且分散程度不断提高（Fifarek and Veloso，2010），但国际分散的活动典型地聚集于有限数量的海外集群之中。外国 R&D 设施在全球系统中的角色，依赖于技术能力和东道国市场的战略重要性（OECD，2008）。Verspagen 和 Schoenmakers（2004）区分了资产利用的国外 R&D（Asset–Exploiting Foreign R&D）和资产寻求的国外 R&D（Asset–Seeking Foreign R&D），认为前者在于使产品和技术适应外国的当地环境，因此需要显著的本地化，这导致 R&D 活动的分散；由于既有 R&D 溢出和价值链活动潜在溢出的存在，特定区域对于 R&D 机构具有特别的优势，后者与更高的空间集中相联系。Ernst（2005）认为，在全球创新网络中不是只存在几个卓越的创新中心，而是具有多个创新位置，甚至低层次和不发达的中心也能成为创新的来源。

四 其他相关概念

（一）片断化、垂直解体

全球生产网络实际上是生产过程垂直分解等产业组织演化趋势在全球范围内呈现的结果（Feenstra，1998）。McLaren（2000）分析了全球化对垂直结构的影响，全球化的开放扩大了市场，推动了精益和较少垂直一体化企业的发展。在全球价值链中，最基本的形式是"由结合原料和劳动力投入的技术所推进的过程，包括组装、销售和分配。任何一个单独的企业仅仅构成这个过程中的一个环节，或者可能广泛的整合……"（Kogut，1985）。这就会涉及企业选择什么业务在企业内进行生产，而什么业务外包给别的企业，以及这一系列的活动在什么区位进行。企业存在着将生产环节分离出去的可能，垂直分解不断进行。Jones 和 Kierzkowski（1988）提出了分析"片断化"（Fragmentation）的框架，他们将片断化定义为生产过程分解为由服务连接起来的分开的组成部分。Arndt 和 Kierzkowski（2001）主编的《片断化：世界经济中的新生产模式》一书对"片断化"从各个不同角度进行了详细的分析。片断化使生产可以在全球的范围内进行分离，推动企业形成跨国界的生产网络。Feenstra（1998）提出了全球经济中生产的分离和贸易的一体化。众多的企业通过全球化的贸易，寻找可为其提供非核心产品或服务的企业，全球市场也因此不断整合。这样一种"片断化"在全球贸易结构中的表现就是 Yeats（2001）所指出的零部件和中间产品占国家贸易比重的不断增加；而在地域空间的表现就是企业间的协调合作。片断化和产业组织的垂直解体，强化了企业对核心竞争优势与效率的关注，加速了生产在全球范围的扩散和全球网络的形成。

（二）外包、离岸外包和垂直专业化

外包推动了全球生产网络的形成，促进了不同生产环节在不同地域的分布。从企业层面讲，垂直分解的结果是企业的专业化和非核心业务的外包。Grossman 和 Helpman（2002）研究了分包活动地点的决定因素，他们的研究表明，国际外包活动的范围取决于在每个市场搜寻的相对成本、个性化投入品的相对成本以及在每个国家契约环境的性质。而从国家层面看，企业的跨境外包行为形成离岸外包（Offshore Outsourcing）和垂直专业化（Vertical Specialization），一种商品的生产过程延伸为多个连续的生产阶段，每一个国家只在某个连续的特殊阶段进行专业化生产。在某种意义上，外包业务的增长加速了产业片断化和丰富了全球网络结构。全球外包进程从发包方开始，涉及不同环节的层层下包和转包，Arndt（1997）利用国际贸易常规分析技术对全球外包和转包进行了研究。从外包所包含的内容来看，从第一次离岸外包浪潮开始，外包下的工作特点不断演变，从纺织和服装到汽车电子加工制造，从简单的组装加工到全包生产，外包内容变化也意味着全球生产组织方式的变迁。

（三）模块化

20 世纪末，伴随产业组织的垂直解体和产品设计、研发、生产等领域大量外包的生产，模块化网络逐渐形成。Baldwin 和 Clark（2000）认为，尽管存在许多争议，但是产品设计模块化对于企业边界和产业结构的影响不可忽视。模块化生产网络的趋势越来越表现为领导企业聚焦于创造、渗透和开拓终端产品市场，而将制造能力转向全球化运行的"一揽子"解决方案的供应商。Sturgeon（2002）研究了美国电子产业领域的合同制造（Contract Manufacturing），将其称为模块化生产网络（Modular Production Network），并认为这是美国新的产业组织方式。产品设计的模块化对于价值链的制造环节的分解具有积极影响，但是对于其他活动，尤其是核心的 R&D 活动和市场营销活动的影响目前并不是十分清楚。在模块化设计下，形式化的界面和开放的产业标准有利于不同经济主体之间的协调（Sturgeon，2002；Chesbrough，2003）。Sturgeon（2006）继而又对美国的模块生产系统对日本电子企业的影响进行了分析。价值链的模块化使供应商和需求方很容易连接或脱钩，导致一个灵活和流动性的网络结构。Schilling 和 Steensma（2001）对美国制造业部门采用模块化组织形式的决定因素进行了研究。Jacobides（2005）发展了用以解释垂直解体为何发生和怎样发生的理论框架，认为主要是因为标准化信息和简化的协调机制以及中间市场的兴起。Ernst（2005）的研究表明，尽管知识的显性化、技术的不可预测和快速变化要求通过公司管理进行更多的协调，但是外包不是产品模块化架构带来的必然结果。对于模块化与片断化和外包的关系，价值链的模块化在供应商有能力为领导企业提供更高水平的价值链捆绑时更有可能实现，然而，当交易编码非常困难的时候，组织的片断化不会导致价值链的模块化；Hoetker（2006）指出，产品模块化和外包的对应关系并不能得到证实，产品模块化增强了组织的重组能力，而不是使企业将更多的活动移出科层组织之外。

五 国内研究现状

国内学者近年来对全球生产组织方式问题也进行了大量的研究。对这一问题的研究，首先是从全球产业分工的角度进行的。李海舰、聂辉华（2002）利用微观分工的理论，指出了经济全球化时代企业脑体产业分离的重要趋势，分析了脑体产业分离和脑体产业再分离的内在微观分工原因，进而指出了脑体产业分工在地域上的规律。在此基础上，探讨了在脑体产业分离的全球化时代，企业如何应变局势，如何获取新的竞争优势以及如何融入全球分工网络。卢峰（2004）提出了产品内分工的概念，他认为，比较优势、规模经济是产品内分工的基础和源泉，并分析了影响不同行业产品内分工强度差异的因素以及当代产业内分工发展的动力。曹明福、李树民（2005）认为 20 世纪 80 年代以来，全球价值链分工逐渐成为国际分工的重要趋势。由于全球价值链分工涉及中间品的进口，又涉及最终产品的出口，就产生了"分工利益"和"贸易利益"。分工后的比较优势、规模优势属于"分工利益"，而"价格倾斜"优势属于"贸易利益"，进而可以认为，最发达国家能从分工中获取"分工利益"和"贸易利益"，而落后国家在获取"分工利益"的同时"贸易利益"可能受损。张辉（2006）认为，在经济全球化时代，融入全球分工体系是避免在全球化进程中被边缘化的前提条件，他提出全球价值链的驱动类型有生产者驱动、购买者驱动和混合驱动三种。

国际分工最重要的产业组织表现是产业的垂直分离过程。刘志彪、张晔（2005）是国内较早关注生产的垂直分离问题的学者，他们用"垂直专业化"或"国际外包化生产"来描述全球价值链分工的现象，测量了中国的垂直专业化水平，并对中国垂直专业化的动因和效应进行了分析。张小蒂、孙景蔚（2006）认为，20世纪90年代以来，中国的技术（资本）密集型产业的国际竞争力呈现上升趋势，劳动密集型产业的国际竞争力呈现下降趋势。通过对垂直专业化分工对中国产业国际竞争力动态变化的影响做经验分析，他们揭示了该影响在不同产业中的差异性，并对"差异"形成的机理做了理论探索。从长期看，参与垂直专业化分工有利于中国产业国际竞争力的提升。李国学、何帆（2008）运用交易成本经济学的理论和方法，从网络分析的基础、生产的技术和制度环境以及全球化对生产网络的意义等方面分析了全球生产网络的性质。他们认为，全球生产网络是介于国际市场和跨国公司之间的、以关系契约为治理基础的一种组织形式。全球生产网络通过功能一体化和地理一体化进行资源配置，通过垂直一体化或外包组织不同环节的生产活动，在全球垂直分离和地方产业集聚中有效地克服了机会主义，促进了资产专用性投资，降低了生产成本，扩大了市场份额。

在具体产业的实证研究中，文嫮、曾刚（2004），段文娟、聂鸣等（2006），谭力文、马海燕等（2008），陶锋、李诗田（2008）分别对陶瓷、汽车、服装、电子信息等产业的全球价值链进行了研究。文嫮、曾刚（2004）以建筑陶瓷产业的实例分析为依托，阐述意大利、西班牙建筑陶瓷产业集群如何通过嵌入全球价值链实现集群的升级和发展，并控制全球产业的动态变化；探讨中国本土建筑陶瓷集群与国际建筑陶瓷集群间基于全球价值链的互动，对中国建筑陶瓷地方产业集群产生、发展、升级和区域经济带来的巨大影响；分析目前国内集群在全球价值链中面临的挑战，提出在全球产业视角下促进集群升级的可能途径。段文娟、聂鸣等（2006）从全球价值链和产业升级的基本理论出发，在分析全球汽车产业价值链重构的基础上，提出了我国汽车产业升级的若干思路，指出我国汽车企业要在世界汽车产业体系中寻求合适的发展利基，适时沿着全球汽车产业价值链向利润更高或技术更复杂的资本和技能密集型环节攀升。谭力文、马海燕等（2008）运用全球价值链理论，从企业微观层面分析了我国服装产业的国际竞争力现状，并以 Nike 全球价值链作为实证，得出的结论是：现有的评价夸大了我国服装产业的国际竞争力。我国服装产业处于全球价值链附加值最低位次，大多数本土企业还没有切入主流的全球价值链，国际竞争力非常脆弱。就现阶段我国经济发展程度与目标来说，全然从 OEM 向 ODM 与 OBM 的转变来谈产业升级可能过于任意。中国服装企业要坚持同时走两条路，强化制造环节做强 OEM 是当务之急；积极主动地进行超越代工所需的额外学习，为实现 OBM 长期目标做好准备。打造中高档、大规模的服装生产企业，创建基于大国优势的本土品牌是贴近我国当前服装产业现状的发展之路。陶锋、李诗田（2008）选择电子信息制造业代工最为典型的广东省东莞市 105 家相关 OEM 企业作为实证研究对象，运用偏最小二乘法（PLS）对数据进行回归分析，实证研究结果表明，学习倾向、知识复杂性、厂商间信任等因素对知识溢出和学习效应产生了显著的影响。研究最后指出，中国内地 OEM 企业应融入全球价值链，遵循引进—消化—吸收—再创新的技术创新模式，并提出了相关建议。

第三节　国内外研究述评

　　20 世纪末以来，在后福特主义以精益生产、柔性专业化等非大规模生产方式为核心的新资本主义积累方式及其社会经济结构下，网络化的生产组织快速兴起，新的产业组织特征不断涌现，如全球生产网络、片段化、全球价值链、全球商品链、垂直专业化、产业内/产品内分工等。在全球化进程中，自由化政策的普及、信息技术的发展和全球竞争的加剧起到了重要的作用。第二次世界大战后，全球经济呈现出自由化加强的趋势，贸易和投资的自由化扩大了全球商品市场、原料和中间产品供应地，全球范围寻找成本洼地的海外投资迅速蔓延。信息技术的高速发展，使全球生产和市场紧密联系，大大降低了全球跨区域的信息交流和协调成本，缩短了跨区域的生产和贸易周期。加之全球竞争的日趋激烈，企业为寻求全球价值链中的有利位置和核心竞争力，不断将非核心的业务外包出去，产业的垂直分解进程和企业间网络的建立成为现今全球经济的主要特征。

早期世界系统理论的商品链研究涉及了较多的社会学和政治学的研究方法，呈现出一种国家中心的分析范式。在这样的研究范式之下，商品链的问题产生于全球资本主义经济建立之初，整个商品链问题就是全球资本主义经济结构重建的问题。围绕主要资本主义国家，全球各国在商品链上进行等级排序，表现出一种"核心—半边缘—边缘"的分布格局。然而，在现今环境下，这种国家中心假设下的经济发展分析难以适用于经济组织活动的日益分离和国家间关系的不均衡分布。与之不同，全球商品链分析将这一问题界定为近期所发生的新现象，突破了世界系统历史和全面的国家中心分析体系，逐渐演变成为一种企业中心的分析范式。伴随全球经济交往日趋频繁，要素流动大大增强，全球经济的研究不可能局限在固定的地点上。Castells（2000）曾经提出世界由"地域上的空间"（Space of Places）逐渐转变为"流动的空间"（Space of Flows）。如今，要考虑一个特定地域的发展动态，就必须综合衡量资本、劳动力、知识、权力的流动和作为特定地域（特别是其所在的国家和社会层面）的要素转移。于是，全球商品链研究将不得不涉及流动问题、地域问题和二者之间的辩证联系，地域内的流动和流动下的地域分布也丰富了全球商品链的研究内容。在全球商品链研究高涨的同时，涌现了各种不同术语并对这一问题进行了研究。但是，过去的研究使用了有关链条和网络不同变体的概念，使对问题分析时的术语使用更加困惑（Sturgeon，2001）。这些不同的概念变体涉及商业管理和经济发展框架等不同的分析角度，为此学术界决定使用全球价值链来进行统一的规范，而全球的价值链治理是这一研究的重要内容。最初的购买者驱动的商品链和生产者驱动的商品链治理研究开启了对这一问题的研究，但是现实中很多情况都是二者并存的状态，这样简单的人为二分法已然无法解释日益复杂的链条结构。在借鉴社会政治领域的权力概念之后，形成了立法治理、司法治理和执法治理的三分法治理模式，但这样的分析很难充分阐述经济的运行。在威廉姆森等的研究基础上，市场型、网络型、准层级型和层级型的治理模式形成，为价值链治理理论的发展做出了重要的贡献。然而，这样的边界界定也同样存在较大的模糊性，有必要进一步划分为市场型、模块型、关系型、控制型和科层型五类。从此，有关价值链治理模式的研究规范基本形成。为了进一步突破链条理论的垂直线性假定，全球生产网络的研究被提上日程。这一分析框架在全球价值链的基础上，强调了网络性的重要问题。在全球生产网络中，投入—产出问题涉及价值的形成和全球生产条件的变动，是网络中的中心问题。任何产品的投入—产出过程都会涉及研发、设计、生产和销售等环节，以及这些活动之间的全球化或区域化组织协调。不同公司在网络中的权力地位由于在整个流程中的位置不同而不同。在面对利润、增长和经济发展时，来自不同经济环境的公司、政府和其他经济参与者，有着不同的获取能力，存在优先权顺序的差异。从发展角度来看，生产网络中的企业和所嵌入的地域也同样需要考虑升级问题。

全球生产网络理论自产生之初就是一个跨学科的课题，主要包括产业组织、交易费用经济学、经济地理学以及知识和技术等相关理论。垂直分解使公司将核心竞争力更加专注于创新、产品策略、营销以及高附加值的部门，同时也减少了对诸如通用服务和批量生产等部门的关注。产业组织在将生产环节垂直分离出去的同时，要考虑一个所有权的问题，是直接投资自己所有，还是依靠网络关系由他人所有。这些因素导致了生产网络的治理模式分布在市场关系和垂直一体化关系之间。市场关系的协调机制适用于易于评估和描述的标准产品，这样的标准商品易于批量生产，并且面对的消费者数量众多，所以面临较小的资产专用性风险。然而，由于定制或特殊的交易往往具有机会主义增加的风险，并且不同企业之间的协调成本又是巨大的，此时企业往往选择内部生产。Langlois 和 Robertson（1995）以及 Fine（1998）指出，整合的生产结构更倾向于非标准化的投入，特殊部分的设计趋向于对系统其他部分的设计产生影响。然而，强调交易成本的重要性不必然会导致产业组织的垂直一体化。相反，资产的专用性、机会主义和协调成本可以在企业间进行管理。全球生产网络下，企业所有权的分离对跨国界的产业组织结构意义重大。Arndt 和 Kierzkowski（2001）指出："哪一地区的所有权分离越是不灵活，哪里的跨国公司和直接投资就越会起到主要作用；而哪里的所有权分离越是灵活，哪里的市场关系越是有可能形成，外国的直接投资的作用就会减弱。"而当所有权分离之后，很明显，就需要通过企业或者是市场来发挥作用，这就要涉及资产的专用性问题。这就要解释为什么企业在面对资产专用性时会通过外部购买，并因此形成了复杂的企业间网络关系。交易成本经济理论认为，资产使用频率比较低，则倾向于外购。而关于企业学习和能力的理论则与之不同，认为特定价值链的知识的获得对于某些企业是困难、费事和无效率的，为此需要外购。同时，网络内的成员会基于特定的地理分布或社会群体，通过重复交易、声誉和社会准则降低机会主义的风险。从核心竞争力的角度看，企业将精力投放在更有效率的领域，并依靠与其他企业的互补优势，获得更好的竞争力（Prahalad and Hamel, 1990），将非关键业务外包成为一种重要方式。企业业务外包的不仅仅是企业间的资本流和权力流，还包括全球网络的知识和信息流。Polanyi（1962）将知识分为显性知识和隐性知识。显性知识是一种有标准系统语言的可编码知识，可以通过各种机制结合、储存、重新获得和转移；隐性知识是基于人的且难以编码和交流的知识。Collins（1993）、Blackler（1995）将隐性知识进一步分为通过人的技能表现的具化型知识（Embodied Knowledge）、通过人的认知表现的智力型知识（Embrained Knowledge）、通过组织实践表现的嵌入型知识（Embedded Knowledge）和通过组织信仰与观念表现的文化型知识（Encultured Knowledge）。Nonaka（1991）认为，企业知识创造的过程主要是通过显性知识与隐性知识之间的四种转换实现的，即隐性知识到隐性知识是社会化（Socialization）进程，显性知识到显性知识是融合化（Combination）进程、隐性知识到显性知识是具体化（Externalization）进程以及显性知识到隐性知识是内部化（Internalization）进程。企业间知识的转移既可以通过正式合同和支付费用的市场主导机制，也可以通过旗舰企业向下级企业的传输机制。但由于知识所具有的特性，市场难以充分协调知识的流动，因此，企业作为知识流动的主体作用更加突出。同时，知识的转移并不是主动的，需要本地供应商具有一定水平的吸收能力和一个复杂的知识内化过程。尤其是在模块化生产网络建立之后，企业间知识的流动和组合更加灵活，传递的速度更快，企业需要将知识更好地内化和重新整合。在知识流动过程中，不仅知识的数量和质量具有重要作用，信息和知识的复杂性、吸收和传播速度更需要企业关注。需要说明的是，信息技术具有双重作用，既可以增加市场的需求和企业的机会，又会带来成本和风险。例如，基于信息技术所带来的大量组织成本和信息知识快速变动导致的不稳定性，都将对企业造成重要影响。

基于企业行为的资本、权力、信息和知识流动在加剧全球产业组织变化的同时，也加速着全球产业融合，推动着全球经济地理格局发生重大的变化。借助于全球生产网络下的模块化分工和外包网络，全球产业通过在高新技术领域分化和渗透、产业内生产和组织的重组以及跨产业链条的混合扩展，整个产业融合变化日趋多样。企业网络的地域嵌入性、国家间的分工与利益分配关系以及生产网络中的升级路径，都是这一框架下的重要议题。从空间和地理角度来看，知识的空间嵌入和地理集群的企业间关系具有重要的意义。全球的专业化分工使全部知识和技术与不同地域的资源结合起来，地区间以成本和市场为主要表现的比较优势成为吸引要素流入的重要因素。对专业化技术的引进会加速地区产业集群的形成，不同地域之间多分工的专业化产业集群之间相互交融，构成全球生产网络的整体布局。在全球生产网络布局中如何保持有利地位和加速升级，成为企业、地区和国家日益重视的问题。全球生产网络的经济升级主要指企业或者产业向更高附加值环节或产业的转变，而网络化所带来的是囊括了存在差异的功能与地域、企业嵌入的空间背景等在内的全球布局。在这样的空间布局下，不同企业和集群依靠自身资源，在全球价值链环节中选择优势位置，在获得网络整体价值的同时，逐渐提高自身能力。但是，通过价值创造带来的优势将会导致具有关联影响的企业之间的空间锁定，企业升级的自主性受到极大制约。众多缺乏突出优势和资源匮乏的公司，出于对自身能力和风险的考虑而主动放弃升级，进而由于集群的地域效应，区域的产业升级停滞。随着资本流动的增强，基于地理关系植入的知识、技术和组织等特征将会随之移动，这就会涉及全球范围内的管制规则和发展中国家与发达国家的产业升级问题。全球生产网络中企业与企业、企业与国家、国家与国家之间的利益冲突日益尖锐。就企业间矛盾来说，网络领导企业长期占据着产业核心的技术研发、专利品牌和规则制定等关键环节，而网络中的其他小公司则经常面临价格竞争的威胁，低利润生产、订单不足和升级困难的现象。就企业与国家之间的矛盾，对于跨国公司来说，离岸外包能够更充分发挥资金、品牌等方面的优势，攫取更多的利润，但是对作为其母国的发达国家来说，将面临产业的衰退和就业岗位的丧失；而众多的发展中国家在引进外国投资和生产时，虽然过低地降低标准可以吸引更多外资，但是可能对资源造成不均衡的使用，使本国市场和企业受到极大冲击。国家之间的矛盾主要体现为国际贸易领域内的摩擦和发展中国家升级的问题。研究表明,进入发达国家市场后,发展中国家会变得越来越依赖于参与由发达国家企业所主导的全球生产网络,往往会陷入产业低端的锁定,长期处于微笑曲线的低价值环节。

通过上文对相关理论的文献回顾和归纳,可以发现,虽然当前学术界对全球化条件下的产业组织趋势进行了较多的研究,但是这些研究多是从某个角度进行的分析,既没有统一的研究框架,也缺少对相互之间关系的研究。2008年爆发了自大萧条以来最严重的金融危机,这次金融危机会对产业组织发展趋势产生怎样的影响,也需要给予理论的解答。特别是美国金融危机对中国的经济冲击给中国如何参与全球产业分工提出了新的课题:中国如何既能够享受全球生产网络的好处,又能够尽量避免全球生产网络的负面影响?如何能够利用全球生产网络解决庞大劳动大军的就业,又能够摆脱低端锁定,实现在全球生产网络中地位的提升?对全球生产网络下产业组织发展趋势以及动力机制的研究,有助于找到符合中国资源禀赋状况和发展阶段的参与全球竞争的方式与产业发展模式。

第四节 主要研究内容与创新

本书主要基于全球生产网络、全球价值网络和模块化等理论,系统地研究了全球生产组织方式的演变及其对中国产业发展特别是产业转型升级的影响。本书各章的内容和创新观点如下。

第一章是导言。在信息技术、运输技术等技术变革的推动下,全球产业组织方式出现了显著变化。融入全球产业分工体系既推动了中国工业和制造业的快速发展,又使中国面临被"俘获"于低端产业和价值链环节的风险。随着中国生产要素价格的持续快速上涨,发达国家在国际金融危机后重振制造业,低成本发展中国家大力发展中国具有传统优势的劳动密集型产业,产业亟待实现在全球生产网络和全球价值链中的转型升级,这构成本书的研究背景。在介绍研究背景之后,本章较全面地对链条理论(包括全球商品链和全球价值链)、全球生产网络、全球创新网络以及片断化、垂直解体、离岸外包、垂直专业化、模块化等与全球生产组织方式有关的国内外研究进行了梳理和评述。

第二章是"全球分工格局下的要素流动——基于全球生产网络的视角"。生产要素国际流动包含全球生产网络中生产要素的直接流动与间接流动两种形式。直接的生产要素流动是指通过生产要素国际流动在全球范围内实现要素优化配置与组合，具体包括劳动力、资本、技术等生产要素的空间位移与使用权的转移；间接的生产要素流动则主要是指包含在全球生产网络中间产品贸易中的生产要素流动和交换。在全球垂直分工格局下，生产要素国际流动呈现出网络化、地理集聚、要素所有者关系的跨国化与网络化、各种生产要素的地位与作用不均衡、各国的比较优势随着要素流动动态变化等特点。要素国际流动削弱了主权国家的权限并赋予非国家行为主体参与国际政治经济活动与利益分配的权力，形成了一个包含国家、跨国公司、国际组织在内的多元化权力主体的全球秩序，并带来收益来源多样化、收益分配复杂化和收益准确衡量困难化。当今世界需要一个多元化的混合机制来对要素国际流动进行系统的规范与管理，在赋予各行为主体权力的同时应明确其责任。我国在参与全球生产网络时也应该积极培养竞争优势，努力改善在国际分工与利益分配中的地位。

第三章是"全球生产网络中的企业行为"。传统生产条件下，企业是典型的权威控制型企业，更侧重全能组织形态，实行一体化的企业治理机制。在全球生产网络条件下，企业向扁平化、模块化的组织形态发展，在信息技术有效降低交易成本的基础之上，将市场竞争机制充分引入企业内部，实行市场和科层融合的治理机制。依靠价值链的传统分工模式，被基于全球价值网络的分工逐渐替代。由此，生产者、购买者驱动的价值生产链逐渐演变为由平台驱动的价值生产网络，通过平台的驱动进行联盟价值创造。价值联盟可以根据市场变化进行灵活分拆和重组。从整体来看，价值联盟具有产权一体化的有序性；从结构来看，因为其构成包括多个具有独立功能的模块化企业，各企业按照市场优胜劣汰法则进入和退出价值联盟，从而价值联盟又具有充分的竞争激励和创新动力。从单个企业来看，企业通过模块化分解将自身塑造成核心能力体，在竞争战略中实施虚拟化运作，通过虚拟化运作将置于自身所有权之外的丰富资源都纳入自己的价值创造过程，使自身的能力可以得到无限的提升。而企业行为的所有这些改变，都源于全球生产网络将分割的片段化区域市场有效整合成了全球统一的连续市场，空前的市场规模促进了企业分工逐渐向高度精细化演变。企业模块化正是这种高度精细化分工的体现。生产网络以其信息、网络、规模、范围等多方面的优势，使企业行为发生了革命性的变化，企业从功能复杂的一体化向模块化演变，其价值创造活动更多以联盟的形式开展，实施虚拟化运作，平台企业以强大的信息整合优势，逐渐成为互联网经济发展的支柱产业。市场与科层在价值联盟和企业之间巧妙的融合，使生产网络中的企业具备了高效率的运营机制。

第四章是"全球产业分工格局对不同国家经济的影响——以离岸外包为例"。自20世纪末以来，离岸外包快速发展，并从制造业扩展到服务业、从蓝领工作扩展到白领工作。离岸外包在使参与各国获得比较优势带来的福利的同时，也引起了关于就业、利润分配、环境等方面的热烈争论。本章的研究表明，如同国际贸易一样，离岸外包增加了参与双方的经济福利。尽管从短期来看，离岸外包会造成发达国家就业的减少，但离岸外包对就业造成的影响微不足道，并且能够有效提高发达国家的竞争力和生产率。相反，离岸外包带来的收益增加在参与双方之间的分配并不均衡，发展中国家面临在产业低端被锁定的风险；离岸外包及其形成的生产环节在国家分布的差异，造成能源消费和排放流动的不平衡，能源消耗和污染伴随离岸外包也在向发展中国家转移。国际金融危机后，发达国家面对经济衰退和失业增加的状况，提出重振制造业，贸易保护主义也重新抬头。但是，发达国家抑制离岸外包的政策只会受到有限的、短期的影响，因为参与离岸外包的有多个国家、众多的企业，它们很难形成一致的集体行动。对于发达国家来说，由于其比较优势存在于资本和技术密集型产业，因此应该加大对前沿技术创新的投入，不断增强创新能力，壮大既有的技术密集型产业，培育和发展新的战略性新兴产业；对于发展中国家来说，由于其比较优势存在于劳动密集型产业，竞争优势主要依赖于低成本，而低成本的优势又很容易被其他国家替代，因此在参与离岸外包的过程中，要充分利用与发达国家企业合作的机会，不断提高自身的技术和创新能力，将比较优势逐步转移到中度资本和技术密集型产业。

第五章是"比较优势、竞争优势与中国企业'走出去'"。随着中国经济的高速增长，中国企业的跨境并购为世界瞩目。本章利用

UNCTAD 和 Zephyr 数据库的跨境并购数据分析了中国企业跨境并购的特征。本章的研究表明，中国企业的跨境并购表现出增长速度快、以控股收购方式为主、集中于发达国家和地区、主要分布在不具有国际产业竞争力的部门等特点。中国企业在海外并购日趋活跃的同时，也面临着很高的失败率。本章区别了内生比较优势、外生比较优势、内生竞争优势和外生竞争优势的概念及其相互关系，认为企业的综合国际竞争力是国家特征的资源禀赋条件与企业特征的核心能力的耦合，利用经典的古诺竞争模型对中国企业跨境并购活动的研究表明，企业以国际直接投资的方式进入国外市场后，母国的资源禀赋特征对被并购企业的绩效将不再起作用，被并购企业的绩效主要受到企业的相对技术水平，即企业能力的影响。不具备核心能力是中国企业跨境并购屡遭失败的重要原因。本章提出，中国企业不具备明显的所有权优势，其跨境并购特征与以 OLI 为代表的传统国际并购理论不一致。随着知识离散性的增强，基于获得被并购方先进技术的并购（国内的或跨境的）越来越普遍，并购中知识转移的重点正从并购方转移到被并购方。企业的异质性在国家间的差异远大于一国之内，因此，跨境并购已经成为企业在日益快速变化的竞争格局中，在全球范围内获得异质性、互补资源，从而提高和改善自身能力的重要手段。中国企业的跨境并购除为获取满足经济增长的矿产资源和能源、为外汇储备寻找投资渠道以外，更多地体现出知识寻求导向的特点。

第六章是"美国重振制造业的动因、效果与影响"。20 世纪末以来，伴随美国经济的重心由实体经济向虚拟经济的转变，制造业从美国本土大量迁出，制造业的经济地位逐渐被金融等服务业所取代。但是 2008 年金融危机的爆发，对美国造成了严重影响，并使全社会开始反思"去工业化"的种种弊端，在这一背景下，奥巴马政府 2009 年提出重振制造业战略。美国重振制造业是在面临国内外发展压力下而提出的，一方面需要面对来自国际的技术和贸易竞争，另一方面也要解决国内的制造业增长乏力、创新能力受损、失业率居高不下等问题。同时，由于"页岩气革命""第三次工业革命"的兴起，以及本地化生产优势的逐渐显现，美国也具有了重振制造业的有利条件。尽管目前美国重振制造业的效果尚未充分展现，但在重振制造业政策的推动下，美国制造业增长逐步复苏，制造业企业出现回流迹象，相关领域的就业情况出现好转，制造业的出口表现也日渐企稳，表明美国实施重振制造业的计划已经取得了实质性成果。作为全球化的重要参与者，美国制造业的变化也将对中国制造业产生重要影响，不利影响主要体现在中国传统制造业升级的外在压力更为突出、中国先进制造业发展面临更加激烈的竞争、中国制造业出口贸易壁垒问题进一步加剧等方面。此外，美国重振制造业也为中国制造业的发展提供了机遇，一是有助于甄别筛选新兴技术，二是有利于中资企业海外投资，三是带动中国制造业产品的出口。美国重振制造业的政策和实践说明，在一国的经济体系内，需要保持实体经济与虚拟经济的平衡发展、传统制造业与新兴制造业的并重发展、效率提升与就业稳定的有机统一。中国制造业的发展应在综合改善制造业发展环境、推进制造业转型升级、优化区域布局和深化国际合作四个方面强化政策支持力度，顺利实现由制造业大国向制造业强国的转变。

第七章是"模块化、模块再整合与产业格局的重构——以山寨手机的崛起为例"。本章分析了2007年我国国产手机的衰落和山寨手机的崛起现象。模块化不是独立演进的，产品架构的改变会引起生产组织方式的改变，而生产组织方式的改变又会引起产业格局的改变。市场传递产品比传递知识更加有效，因此模块再整合极大地降低了对手机生产企业所需知识的要求，即降低了手机产业的进入壁垒，同时模块化又保证了山寨手机企业能够享受到规模经济和产品质量稳定的好处，加上我国强大的产业配套能力、低成本的制造能力以及山寨手机本身特有的灵活性，使得山寨手机具有很强的竞争力。因此，模块再整合改变了我国手机产业的竞争格局。Fixson 和 Park（2008）认为，产品模块化程度的降低导致产业垄断程度的提高，而我国手机产业产品模块化程度的降低却导致更加竞争性的产业格局，本章认为这主要是因为，在模块化体系中，对模块进行整合的企业的角色差异会对产业竞争格局产生不同的影响。模块再整合可以作为一种重要的产业升级路径。在知识需求相对较少的模块整合方面实现突破，培育联发科这样的模块整合企业，是既与我国企业的技术水平相适应，又能充分发挥我国配套能力强、制造成本低优势的一条可行的产业升级路径。此外，在模块整合过程中，企业将能够逐步积累模块内部及模块之间联系界面的知识，形成比较广泛的知识基础，有利于避免"模块化陷阱"（Modularity Trap），在技术的破坏性创造时期抓住发展的机遇。

第八章是"个体如何参与企业的价值创造——众包理论与实践"。众包是随着生产力发展和生活水平提高而出现的一种新的经济现象。随着众包的兴起，独立的个体从原来只能作为产品的使用者，越来越深入地参与到产品或服务的创新与生产中来，企业价值创造的方式也随之发生显著的变化。狭义的众包指企业通过发布任务，引导大众完成特定项目，并选出最优的解决方案或实现预期目标，进而降低企业的成本，促进利润水平的提高；广义的众包则是指任何参与主体均可发起任务，大众通过竞争或合作的方式完成项目，分别实现各自的预期目标，其参与主体包括个体组成的大众、企业和众包平台。其他与众包近似的概念还包括开源、开放式创新、用户创新、分散式创新、维基经济学等，这些概念之间具有以互联网技术为前提、民主开放的性质、分散资源的利用等众多共同特征，差异则不同程度地表现在主导者、主导者的主要目的、参与个体之间的关系、主要应用领域等方面。众包具有几个典型特征：它是一种有限的自由与开放生产模式，互联网的开放性和个体的兴趣促进了众包的民主与开放，而技术的限制和企业的利润导向使众包成为有限度的自由与开放；它是一种协同交互的关系网络，个体与企业之间不再仅是简单的交易关系，而是包含了更多的信息传递与反馈；它是一种新的资源利用模式，将对特定任务感兴趣的全球参与者汇集成能够被企业利用的广泛人力资源网络；它是一种价值网络，企业外部的个体将他们的智慧贡献给创新和生产过程。众包的出现是经济、社会和技术发展到一定水平的产物，经济发展、生活水平提高和消费者素质的普遍提升是众包产生的前提条件，计算机、互联网和生产技术的进步则使众包成为可能。众包对整个经济、企业和个体都有显著的影响，它推动了个体资源的全球化聚集整合，提升了社会资源的整体利用效率，发挥出隐藏在个体背后的巨大资源和商业潜力；能够降低企业的资金和时间成本，促进产品质量提升和降低市场风险，弥补企业能力和资源不足，帮助企业突破路径依赖；极大地改变了企业和员工之间的雇佣关系、企业和顾客之间的交易关系。

第二章 全球分工格局下的要素流动
——基于全球生产网络的视角

第一节 导言与文献综述

随着经济全球化的蓬勃发展与科技进步，国际分工不断深化，从产业间、产业内的国际分工逐步细化到同一产品内部不同生产工序的国际分工。跨国公司为了追求利润的最大化，在全球范围内根据各地要素禀赋的不同将产品生产的每一个环节都配置在其力所能及的最佳位置，产品生产过程在全球范围的空间重组和地理扩张形成了全球生产网络。李国学、何帆（2008）将全球生产网络定义为"介于国际市场和跨国公司之间的、以关系契约为治理基础的一种组织形式"，其边界是生产要素，是生产价值链上劳动要素密集、资本要素密集、技术要素密集或其他要素密集性质不同的各个环节之间的分工，其实质是跨国公司在全球范围内对要素的整合（张二震、方勇，2005）。跨国公司凭借其拥有的核心要素以及对技术标准的控制权承担着全球生产网络[①]组织者、推进者与控制者的角色并最大限度地获取了"潜在的地理柔性"：一方面，将价值链中的各项职能活动分布于不同的东道国，以充分享受该国特有的区位优势；另一方面，当围绕跨国公司的国际、国内经营环境发生重大变化时，跨国公司可以灵活地调整区位和转移区位，以增强适应环境的能力（刘春生，2011）。

全球生产网络不只是单纯的价值链增值活动，更是一个复杂的政治

---

① 孔瑞（2009）将跨国公司的全球生产网络按其主要表现分为产品内分工、生产服务业和网络化组织三种形式。

经济体系（Levy，2008），它的出现使生产要素不断冲破地域限制，在全球范围内流动，要素流动的规模、结构、方向与速度都呈现出了崭新的特点。要素国际流动不再由某个主权国家单独控制与管理，而是演变成了涉及多种要素与众多利益相关者的生产要素流动、组合、集聚与利益分配的活动，在促进经济繁荣发展的同时也给国际政治经济关系带来了严峻的挑战。

蔓延全球的经济危机、国际资本流动管制重新抬头、劳资关系失衡、权力主体间的利益冲突以及要素流动的全球治理等问题受到各国的普遍关注，国内外学者也开始从国际政治经济学的视角来研究生产要素的国际流动问题。大部分以国际资本流动为研究对象的文献分析了资本流动政策的选择与决策。Quinn 和 Inclan（1997）认为党派价格效应和宏观政策效应是影响一国资本流动政策选择的重要因素①，此外选举周期对政策选择也有显著的影响。Facchini 和 Willmann（2005）研究了决定资本流动政策的内生变量，认为代表特定利益集团的党派在政策选择上具有不同的偏好并且能够利用权力来影响资源和财富的分配。Haaparanta（1996）使用菜单拍卖②的方法建立模型来研究各国政府吸引跨国公司 FDI 的竞争行为，指出政府希望借助 FDI 来解决国内的失业问题。2008 年爆发的国际金融危机极大地影响了国际资本流动的格局，由于新兴国家对国际资本依赖性较强而且国内金融市场尚不成熟，资本流动格局的变化严重地冲击了这类国家的经济、金融以及宏观政策（项卫星、王达，2011）。经过国际金融危机的洗礼，全球范围内开始掀起了新一轮的资本管制浪潮，韩剑、高海红（2012）认为，资本国际流动使各国经济政策的有效性和独立性都受到了前所未有的考验，为了应对危机的挑战并促进经济复苏发展，不管是发达国家还是发展中国家都开始重新认识对国际资本流动的管理。

除了国际资本流动，移民或劳动力流动对福利、政策以及劳资关系的影响也是文献关注的重点。Helliwell（2004）研究了要素国际流动与

---

① 根据 Quinn 和 Inclan（1997），党派价格效应（Partisan Price Effects）指不同的党派及其代表的利益集团相对收入的变化最终会影响资本流动政策的选择。

② 菜单拍卖指多个投标人同时递交投标"菜单"，拍卖人根据投标菜单最大化自身的目标函数。

人口之间的关系以及两者间关系的政策含义。为了分析发展中国家或新兴工业化国家出现的劳动力工资不平等问题，Anwar（2006）使用一般均衡模型分析了要素流动对工资不平等的影响，结论显示，随着经济专业化程度的提高，不管是熟练劳动力还是非熟练劳动力，移民都会扩大两者间的工资差距，而资本的流出则会缩小工资差距。岳经纶、庄文嘉（2010）指出，全球生产网络打破了传统的劳资关系格局，形成了一种多元行动者构成的网络化关系。这种劳资关系的网络化在给中国的工人团结带来机会的同时，也提出了挑战。拉辛与沙卡（2002）首次将多种要素纳入同一分析框架并将国际要素流动置于核心地位，他们分析了生产要素国际流动的原因与后果，研究了移民为现代福利国家带来的挑战和机会以及资本流动对货币危机与金融市场的影响。

随着要素国际流动规模与范围的扩大，权力主体间的利益分配与要素流动的治理问题日益重要。孙伊然（2008）发现，全球化过程中产生的收益分配与风险分担的不对称性将会引致各利益群体之间的冲突，因此需要政府以收入再分配的方式来平衡各群体之间的差距。Barrientos等（2011）指出，随着全球生产网络的扩张，各国的对外贸易结构、生产与就业都受到了严峻的挑战，各类政府与非政府机构应充分关注全球生产网络的全球治理与劳动者体面劳动[①]的实现这两方面的问题。全球生产网络的要素国际流动淡化了国家的主权边界，因此在这种网络化的世界生产格局中国家利益的界定与实现有了新的特点。张二震、方勇（2005）认为，这种新型国际分工的国家利益主要取决于一国参与国际分工要素的数量和质量、参与了什么层次的国际分工以及对整个价值链的控制能力。张幼文（2005）则指出，只有要素所有权意义上的国家产出而非地理意义上的国家产出才是一国国民能够支配和享用的财富，才能更直接反映一国生产要素的财富创造力，也才能真实地体现一国的国力。

要素国际流动的政治经济学含义已经引起了学者的关注，但从以上文献回顾可以看出目前的研究仍以劳动力或者资本等单一要素的国际流

---

① 体面劳动（Decent Work）是索马维亚在1999年6月的第87届国际劳工大会上首次提出的。所谓体面劳动，意味着生产性的劳动，包括劳动者的权利得到保护、有足够的收入、充分的社会保护和足够的工作岗位。

动为主。而基于全球生产网络的要素国际流动却呈现出了网络化的特点，每种要素的国际流动不再是孤立的存在，只有与网络中其他要素组合才能实现其价值。全球生产网络中要素国际流动权力主体的多样性、覆盖范围的广泛性以及要素网络化流动的复杂性决定了其对国际政治经济的影响将更加深远。本章结合全球生产网络中要素国际流动的特点，以多种要素的国际网络化流动为研究对象，从全球生产网络要素流动的权力主体、利益分配和全球治理等国际政治经济学的基本范畴进行分析，并对我国参与全球生产网络提出一定的政策建议。

第二节　要素及要素流动理论回顾

一　古典经济学的要素理论

在传统的经济分析中，生产要素的定义往往被局限为企业生产过程中的微观投入分析，认为劳动力、资本、土地和自然资源才是经济意义上生产要素的内容。庞巴维克认为生产要素就是自然和劳动力两种，不存在第三种生产要素资源。威廉·配第（1997年中译本）提出"劳动是财富之父，土地是财富之母"的两要素观，认为要想发展经济，就必须允许资本和劳动力的自由流动，他还主张让土地充分流动，实行土地的自由买卖。马歇尔在《经济学原理》（1981年中译本）中则将生产要素分为土地、劳动与资本三类。魁奈（1997年中译本）对生产要素流动进行了进一步的研究，他认为劳动力流动的主要原因在于各地区工资的差异，劳动力主要流向那些能够提供高工资，使他们能够生活得更好的富裕国家或地区。魁奈赞同让农村人口能够自由流动的观点，并认为"乡村居民若受到压制并变得贫困，一旦现有的耕地不足以维持和保证住在乡下人们的生活资料，他们就会流入大城市"。魁奈充分认识到资本和人口对国家富裕的重要性，并对一国经济发展如何留住资本和人口提出了建议，认为只有在财产自由并能够得到充分保护以及宗教和言论自由的国家才能留住人才和资本。

亚当·斯密在他的著作《国富论》（1974年中译本）中开创性地提出了绝对成本理论，认为各国应该出口本国具有绝对成本优势的产品；并首先指出分工导致了劳动生产率的提高，而劳动生产率的提高又能进一步促进国民财富的增加。斯密的理论，以需求为重点分析了劳动力的流动性，并总结了影响劳动力流动性的原因。大卫·李嘉图（2005年中译本）将亚当·斯密的绝对成本理论进行了扩展，提出了"两利相权取其重，两害相权取其轻"的比较成本理论，认为每个国家都应该出口本国具备比较优势的产品，而进口那些本国具备比较劣势的产品。李嘉图认为在开放经济条件下，按比较优势进行分工能使要素更加合理的配置，从而提升一国的福利水平。由以上分析可以发现，古典经济学的要素流动理论对生产要素的自由流动都持赞成的观点，但是大部分的古典经济学的理论都假设生产要素可以在国内不同的部门转移而在国与国之间生产要素不能自由流动。

二 现代国际贸易和国际直接投资理论的要素思想

要素禀赋理论。赫克歇尔与俄林提出了以生产要素为基础的要素禀赋理论，指出了生产要素在国际贸易中的地位，打破了绝对成本理论与比较成本理论中单一要素投入的假定（俄林，2008年中译本）。要素禀赋理论的核心思想是，假定产品可以在国家间流动而要素不能流动，在此前提下，一国应该根据本国生产要素的禀赋状况，出口那些利用自己充裕要素的产品，同时进口使用本国稀缺要素的产品，这样的贸易模式将会使各个参与国的福利都得到改善。在 H-O 要素禀赋思想的基础上，又建立了与之相关的另外三个基于要素的基本定理，分别为要素价格均等化定理、斯托尔帕-萨缪尔森定理与罗伯津斯基定理。

新贸易理论的要素思想。以规模报酬递增和不完全竞争为基础的新贸易理论的要素思想主要分为两大类，一类是基于马歇尔的外部经济理论，另一类则是基于张伯伦的垄断竞争理论。以马歇尔的外部经济理论为基础，克鲁格曼认为如果世界经济是一体化的，则贸易格局就同时受到各国的要素禀赋的差异与规模报酬递增的影响，各国将存在相对丰裕要素的净出口；同时由于规模报酬递增，相关产业会出现在地理上的集中与集聚。格罗斯曼和赫尔普曼在《全球经济中的创新与增长》（2003年中译本）一书中分析国际贸易对经济增长的影响方式时指出，国际贸易能使资源在不同国家重新配置，对贸易模式、创新和经济增长产生影响。

国际生产折中理论的要素思想。邓宁在生产折中理论中将国际直接投资理论和 H-O 的生产要素禀赋理论结合成一个统一的全球化经济理论，将跨国公司的优势分为所有权优势、内部化优势与区位优势三种来说明跨国公司进行国际直接投资的动因和条件。该理论认为当企业在面对国际市场时，可以有两种选择：出口产品或者到东道国生产。从进入国际市场的角度看，一个公司从事国际生产必须具备其他国家企业不具备的、与所有权相联系的特殊要素优势，这种特殊要素优势将会提高企业在国际市场中获利的能力。在具备了特殊要素优势的情况下，企业进行国际化生产还取决于在企业内部转移和使用其所有权要素相对于企业在外部转移和使用该要素是否具备比较优势。另外，企业国际化生产的水平和结构还取决于该企业的整体收益在多大程度上能够通过在国际市场创造和使用其要素所有权优势而增加。

三 竞争优势理论的要素思想

生产要素的概念是在不断发展的。保罗·罗默等人的新经济增长理论将技术进步和人力资本等要素引入经济增长模式。林毅夫（2012）认为，基础设施也应该作为要素禀赋的一部分，它包括硬性（有形的）基础设施和软性（无形的）基础设施。迈克尔·波特在《国家竞争优势》（2002年中译本）一书中对生产要素的内容进行了更为全面的概括。波特认为，一国的特定产业是否具有国际竞争力取决于四个基本因素和两个附加因素。四个基本因素是：（1）生产要素，是指一个国家在特定产业竞争中有关生产方面的表现，包括人力资源、天然资源、知识资源、资本资源和基础设施；（2）需求条件，是指本国市场对该项产业所提供产品或服务的需求如何；（3）相关产业和支持产业的表现，是指相关产业和上游产业是否具有国际竞争力；（4）企业的战略、结构和竞争对手，是指企业在一个国家的基础、组织和管理形态以及国内市场竞争对手的表现。此外，还有"机会"和"政府"两个变数。机会是指那些超出企业、政府控制范围的随机事件，例如基础发明、技术、战争、政治环境发展、国内外市场需求等方面的重大变革与突破；政府的作用主要表现在通过制定有关的制度和政策（例如反托拉斯法、发展教育、贸易政策等）来影响产业国际竞争力的四个基本因素。这六个要素构成了作为波特国家竞争优势理论核心的"钻石模型"。波特认为，拥有钻石体系中的每一项优势，并不必然等于拥有了国际竞争优势。要能使这些因素交错运动，形成企业自我强化的优势，才是国外竞争对手无法模仿或摧毁的。

波特将生产要素解释为"一个国家在特定产业竞争中有关生产方面

的表现,如:人工素质和基础设施的良莠不齐",这是一个产业最上游的竞争条件。生产要素通常是创造得来的而非自然形成的,并且会随着各个国家及其产业性质的不同而有极大的差异。他把生产要素归纳为五类:人力资源、天然资源、知识资源、资本资源以及基础设施。波特将生产要素通过两种方式进行分类。第一种方式是把生产要素分为初级生产要素和高级生产要素。初级生产要素主要包括天然资源、气候、地理位置、非技术与半技术人工、融资等;高级生产要素则包括现代化通信的基础设施、高等教育人力以及各大学研究所。一个国家的生产要素中只有极少数是先天的,绝大多数需要通过长期的技术开发,而且每种要素所需的投资情况又有极大的差异。初级生产要素在国家或企业的竞争力上已经越来越不重要了,而高级生产要素的重要性则不容置疑。第二种方式是把生产要素分为一般性生产要素和专业性生产要素两种。一般性生产要素指的是可以被用在任何一种产业上的要素,例如公路系统、融资、受过大学教育而具有上进心的员工;而专业性生产要素则限制在技术性人力、先进的基础设施、专业知识领域及其他定义更明确且针对单一产业的因素。在这两种要素中,专业性生产要素提供产业更具决定性和持续力的竞争优势基础。一个国家想要经由生产要素建立起产业强大而又持久的竞争优势,则必须发展高级生产要素和专业性生产要素。当一个国家的企业要持续它的国际竞争优势时,它应当主动摆脱当时的初级生产要素优势。事实上,"如果我们把生产要素的概念从微观的生产扩大到宏观经济的运行上,那么所有决定和影响经济过程的有形或无形因素均可以看成要素"(张幼文,2004)。

第三节　全球生产网络中的要素分布与流动

生产要素国际流动包含全球生产网络中生产要素的直接流动与间接流动两种形式。直接的生产要素流动是指通过生产要素国际流动在全球范围内实现要素优化配置与组合,具体包括劳动力、资本、技术等生产要素的空间位移与使用权的转移;间接的生产要素流动则主要是指包含在全球生产网络中间产品贸易中的生产要素流动和交换。

一　资本的分布与流动

随着经济全球化的发展,国际资本流动已经成为世界经济发展的主导力量。Suttle（2003）指出，在过去的20年中，国际资本流动的增长约为14%，远远超过了全球GDP 3.5%的增长率。随着全球生产网络的兴起和发展，作为经济发展中最为活跃的一种生产要素，国际资本流动在其内容、结构、规模以及流动的速度等方面都发生了一定的变化，并且把世界不同国家的企业紧密地联系起来，形成了错综复杂的网络关系。

资本要素不断追逐利润的本性是全球生产网络中资本跨国流动的根源和目的。为了实现利润最大化，资本要素不断地从收益低、风险高的地区和部门流向收益高、风险低的部门和地区。资本要素的逐利运动是永不停息的，所以资本要素运动也是永恒的，只有在地区和部门之间资本要素收益或风险大体相等的均衡状态时，资本要素流动才会出现相对静止状态。资本的国际流动往往伴随着知识技术的输出与转让、科技与研发的转移以及劳动力的国际流动。在全球生产网络中，资本不断流向利润率风险低的地区，极易形成资本在这些区域内的集聚，同时由于产业的规模报酬递增效应，资本的集聚效应不断强化。

从全球的视角来看，国际资本的总量非常庞大，但是资本在世界上的分布极不均衡。大部分的国际资本都掌握在少数发达国家手中，尤其是被发达国家的跨国公司所掌握和控制。《2010年世界发展指标》的数据显示，高收入国家拥有的资本市场总额达到了27380501百万美元，而低收入国家与中等收入国家的资本市场总额加总后为11628278百万美元，仍然不及高收入国家的一半（见表2-1）。

表2-1　　　　　　　　　国际资本的分布情况

	低收入国家	中等收入国家	高收入国家
总储蓄占GNI百分比（%）	25.3	31.6	18.5
资本形成总值[①]年均增长百分比（%）	9.9	9.7	2.3
资本市场总额（百万美元）	11628278		27380501
外国直接投资净流入量占GDP的百分比（%）	5.1	3.5	2.8
外国直接投资净流出量占GDP的百分比（%）	—	1.3	4.4

资料来源：根据世界银行《2010年世界发展指标》整理。

---

① 根据《2010年世界发展指标》，资本形成总值是由一个经济体的新增固定资产支出、库存变化净值以及贵重物品的净获得值构成的。

与国际上资本的不均衡分布类似,国际资本的流动也呈现出了明显的不平衡状态。根据《2011年世界投资报告》(见表2-2),2010年美国既是接受外国直接投资最多的国家也是居于对外直接投资的榜首国家,但是,美国对外直接投资的数量要远远大于其接受外国直接投资的数量,可见美国是对外直接投资的净流出国。接受国际直接投资最多的十个国家/地区基本集中于发达国家以及中国和巴西这样一些新兴的发展中经济体。在接受外国直接投资最多的十个国家/地区中,有七个同时也在对外直接投资最多的十个国家/地区之列,由此可见国际资本流动是错综复杂的,同一经济体中国际资本的流入与流出是并存的。

表2-2 接受外国直接投资和对外直接投资最多的十个国家/地区　　单位:亿美元

排名	接受外国直接投资			排名	对外直接投资		
	国家/地区	2010年	2009年		国家/地区	2010年	2009年
1	美国	2282.5	1528.9	1	美国	3289.1	2826.9
2	中国	1057.4	950.0	2	德国	1048.6	782.0
3	中国香港	689.0	523.9	3	法国	841.1	1029.5
4	比利时	617.1	236.0	4	中国香港	760.8	639.9
5	巴西	484.4	259.5	5	中国	680.0	565.3
6	德国	461.3	376.3	6	瑞士	582.5	332.5
7	英国	459.1	711.4	7	日本	562.6	747.0
8	俄罗斯	411.9	365.0	8	俄罗斯	517.0	436.7
9	新加坡	386.4	152.8	9	加拿大	385.9	416.7
10	法国	339.1	340.3	10	比利时	377.4	216.7

资料来源:联合国贸发会议《2011年世界投资报告》。

在2010年的直接外资流动中,发展中和转型经济体吸引的直接外资流量在全球总流量的半数以上;南亚、东亚和东南亚以及拉丁美洲和加勒比海等主要的新兴区域的外资流入量也出现了强劲的增长,而西亚、东南欧和独联体、小岛屿发展中国家的外资流入量占比则明显减少。新兴经济体在吸收外国直接投资增长的同时,对外直接投资也达到历史最高值(见表2-3)。由此可见,发展中经济体作为直接外资接收方和对外投资方的重要性都进一步增加。发展中国家吸收直接外资的流入存在着明显的地区差别。2010年，东盟与东亚的外资流入量都有了大量的增加，尤其是东盟的外资流入量增加了一倍。中国的外资流入量在2010年也上升了11%，达到了1060亿美元。2010年拉丁美洲和加勒比区域的直接外资流入量上升了13%；南美涨幅最大，达到56%；西亚地区直接外资流入下滑了12%；一些最贫困区域的外资流量仍然在下滑。2010年，非洲直接投资流入量下降了9%，在全球直接外资流入中的份额由2009年的5.1%下降到2010年的4.4%。在非洲大陆，外资流入的主要部门仍然是初级部门，尤其是石油产业。南亚的直接外资流入量减少了1/4。南亚直接投资的减少具体表现在印度下滑了31%，巴基斯坦下滑了14%。在外资流量增长的同时，直接对外投资进入的部门也发生了明显的变化。随着中国工资和生产成本持续上升，劳动密集型制造业外包至中国的速度放缓，直接对外投资流入继续向高技术产业和服务业转移。印度尼西亚和越南等东盟成员成为新的低端制造业基地。

表2-3　　　　　　　　国际直接投资的地区分布　　　　　　　单位：亿美元

区域	直接投资流入量			直接投资流出量		
	2008年	2009年	2010年	2008年	2009年	2010年
全球	1744.0	1185.0	1244.0	1911.0	1171.0	1323.0
发达经济体	965.0	603.0	602.0	1541.0	851.0	935.0
发展中经济体	658.0	511.0	574.0	309.0	271.0	328.0
非洲	73.0	60.0	55.0	10.0	6.0	7.0
拉丁美洲和加勒比	207.0	141.0	159.0	81.0	46.0	76.0
西亚	92.0	66.0	58.0	40.0	26.0	13.0
南亚、东亚和东南亚	284.0	242.0	300.0	178.0	193.0	232.0
东南欧和独联体	121.0	72.0	68.0	60.0	49.0	61.0
结构弱小的经济体	62.4	52.7	48.3	5.6	4.0	10.1
最不发达国家	33.0	26.5	26.4	3.0	0.4	1.8
内陆发展中国家	25.4	26.2	23.0	1.7	3.8	8.4
小岛屿发展中国家	8.0	4.3	4.2	0.9	—	0.2

续表

区域	直接投资流入量			直接投资流出量		
	2008年	2009年	2010年	2008年	2009年	2010年
占世界直接投资流量的比例（%）						
发达经济体	55.3	50.9	48.4	80.7	72.7	70.7
发展中经济体	37.7	43.1	46.1	16.2	23.1	24.8
非洲	4.2	5.1	4.4	0.5	0.5	0.5
拉丁美洲和加勒比	11.9	11.9	12.8	4.2	3.9	5.8
西亚	5.2	5.6	4.7	2.1	2.2	1.0
南亚、东亚和东南亚	16.3	20.4	24.1	9.3	16.5	17.5
东南欧和独联体	6.9	6.0	5.5	3.2	4.2	4.6
结构弱小的经济体	3.6	4.4	3.9	0.3	0.3	0.8
最不发达国家	1.9	2.2	2.1	0.2	0.0	0.1
内陆发展中国家	1.5	2.2	1.9	0.1	0.3	0.6
小岛屿发展中国家	0.5	0.4	0.3	—	—	—

资料来源：www.unctad.org/fdistatistics.

在国际直接外资的流出方面，发达国家仍然是外资流出的主体国家，外资流出量占到了世界外资流出的70%以上。发展中经济体，尤其是南亚、东亚和东南亚的直接外资流出量增长了20%，西亚流出的直接外资则大幅度地下跌了51%。亚洲发展中国家的跨国公司对拉丁美洲和加勒比区域的投资增长迅猛，尤其是寻求自然资源的项目。

二　劳动力的分布与流动

在经济发展的进程中，劳动力要素的流动虽然比资本要素的流动要少得多，但是劳动力流动的历史非常久远。关于劳动力要素流动的理论最早可以追溯到19世纪末20世纪初的英国经济学家拉文斯坦提出的迁移定律。拉文斯坦认为，人们迁移主要是为了改善自己的经济状况；他还对人口迁移的机制、结构、空间特征规律分别进行了总结，提出了著名的人口迁移七大定律。拉文斯坦把人口迁移的原因归纳为迁移者原住地的推力和迁入地的拉力。人口经济学家Lee（1966）在拉文斯坦的基础上，系统地提出了推拉理论，将影响迁移行为的因素概况为四个方面，即与迁入地有关的因素、与迁出地有关的因素、各种中间障碍以及个人因素，例如一些国家贫困、就业机会缺乏及恶劣环境等的推动与另一些国家高工资福利环境吸引劳动力跨国流动。

新古典经济学家把经济学中供需关系理论引入人口迁移，他们认为劳动力供给与需求的区域差异引起了不同区域之间劳动力的调整，而人口迁移正是这一调整过程的体现。根据舒尔茨提出的人力资本理论，对于个人来说，迁移被视为一种在个人人力资本上的投资，这种个人投资可以增强自身的经济效益从而提高自身的整体生活水平。新经济地理学的理论则认为劳动力流动及其区位分布对经济发展过程中出现的产业集聚、产业扩散有着重要作用（张文武，2011）。

劳动力在世界上的分布是不均衡的。从表2-4可以看出，劳动力主要集中在中等收入国家，但是从事科研开发的人员则主要集中在高收入国家，并且高收入国家从事科研开发人员的数量约是中等收入国家和低收入国家总和的6.6倍。低收入国家与中等收入国家的劳动力参与率明显高于高收入国家，并且中低收入国家城市人口的比例不足全部人口的一半，低收入国家城市人口比例只有29%。从表2-5可以看出，世界移民也出现了明显的国家差别。低收入国家与中等收入国家成了主要的人口移出国，并且低收入国家与中等收入国家的移民集中地流向了高收入国家。受过高等教育人口的国际流动性更强，低收入国家25岁及以上受过高等教育的人口有13.2%都选择了迁移到OECD成员，而高收入国家的比例只有4.0%。

表2-4　　　　　2008年世界劳动力的分布状况

	低收入国家	中等收入国家	高收入国家
男性劳动力[①]参与率（%）	83	78	68
女性劳动力参与率（%）	65	49	53
劳动力总数（百万人）	441.4	2159.8	501.5
人口就业率（%）	69	60	55
城市人口比例（%）	29	48	78
从事R&D的研究人员（每百万人）	595		3948

资料来源：根据世界银行《2010年世界发展指标》整理。

---

① 根据《2010年世界发展指标》，劳动力是指一个经济体的货物和服务生产的可获得的劳动力供应，包括目前的就业者、失业但正在寻找工作的人，以及初次寻找工作的人。

表 2-5　　　　　　2008 年不同收入水平国家的移民情况

	低收入国家	中等收入国家	高收入国家
净移民（千人）	-3728	-14512	18091
移居 OECD 成员的受过高等教育的移民占 25 岁及以上高等教育人口的百分比（%）	13.2	6.7	4.0

资料来源：根据世界银行《2010 年世界发展指标》整理。

根据《2010 年世界发展指标》统计的数据，可以看出，劳动力的分布和迁移都出现了明显的偏向性：劳动力主要集中在中低收入国家，但是高收入国家高技能劳动力的比例要远远高于中低收入国家；高收入国家是移民的净流入国，中低收入国家则是移民的净移出国，国际移民中相当大部分都是劳动力的流动；中低收入国家是高素质劳动力的净移出国。不同技能的劳动力的流动性也存在着极大的差别。劳动力的流动是世界经济中的重要现象，但是，在大多数国家的政策中，往往鼓励高级劳动力的流入，而限制低级劳动力的流入。与普通劳动者相比，高技能劳动者是技术创新活动中的能动因素，对其流动性有一定的自主性，另外高技能劳动者的流动障碍也比普通劳动者要少，世界大部分地区都有吸引高技能人才的一系列优惠措施，因此，高技能劳动力流动相较于低技能劳动力会更为频繁。近几年，随着中国、印度等新兴国家经济的快速增长，就业环境、生活环境的改善吸引了流出人才回国工作，出现了回流热潮。人才的回流也带回了国外的技术，导致回流国生产力水平的提高。

全球生产网络中，成本较低的普通劳动力往往集中在中低收入国家，这些普通劳动力的国际流动性较差，因此高收入国家流动性较强的资本、技术、高技能劳动力等生产要素会主动地流向这些国家，利用中低收入国家的普通劳动力以实现世界范围内资源的最佳配置。劳动力的国际流动会对其流入地和流出地产生深刻的影响，既有消极的影响又有积极的影响。由于劳动力是技术和知识这类无形资本依附的载体，伴随劳动力的流动，必然会产生技术或知识的外溢效应。而技术或知识的外溢效应会引发外部性，促进劳动力流入地区经济的发展，导致区域经济增长差距的扩大。劳动力的流动对劳动力流入地产生的效应主要有：劳动力流动的企业区位选择及产业聚集效应，劳动力流动的产出效应，劳动力流动的人力资本"补进"效应，劳动力流动的技术、资本生产要素效应，劳动力流动的消费带动效应等（黄国华，2010）；但是当劳动力出现回流时，劳动力流入国的经济则会受到一定程度的负面影响。技能型劳动力与非技能型劳动力流动往往能够产生两种不同的外部性：非技能型劳动力的流动能够产生需求外部性，技能型劳动力的流动则能够引起需求外部性和技术外部性。外部经济的存在，使劳动力流动条件下的产业聚集成为正常现象，即使是传统产业，基于较高的非技能型劳动力需求及非技能型劳动力的流动也会导致产业聚集，并促使存在较多技能型劳动力的区域同样产生聚集现象。劳动力流动特别是技能型劳动力的流动所引起的技术外部性和需求外部性，正是生产外部性及聚集效应产生的理论基础，而生产外部性及聚集效应是企业选择相同区位并导致产业聚集的最主要因素，因此，劳动力的流动也就成为促使产业聚集及呈现中心—外围结构布局的主要因素。黄国华（2010）还指出，劳动力流动对流出地带来的效应主要有劳动力流动的收入回流效应、劳动力流动的价格区域传递效应等。流出的劳动力在国外获取的收入会回流到劳动力流出的地区，成为劳动力流出地区原始资本积累的一个重要途径。

三 原材料与零部件流动

全球生产网络的重要特征就是产业内和产品内分工，而产业内和产品内分工是以产品零部件与中间产品的跨国流动为基础的。自20世纪90年代中期开始，世界零部件出口额就不断地快速增长，且增长速度明显高于世界GDP总额的增长率。根据联合国商品贸易统计数据库的数据，1998—2010年，世界零部件贸易总额从10422亿美元增至24317多亿美元，年均增长7.2%（见图2-1）。

全球生产网络的形成同样会带来世界范围内原材料的流动。从表2-6中可以看出，世界范围内能源生产与能源使用的不平衡状况非常突出。以2007年为例，世界能源产量主要集中在中等收入国家，能源的使用量也是以中等收入国家为首，但是中等收入国家仍然是能源的主要出口国。低收入国家的能源使用量与中高收入国家相比更少，但是其仍然为能源的出口国，而高收入国家能源的进口量占能源使用量的比例达到了18%。由此可见，在世界范围内，中低收入国家是能源的主要出口国，而高收入国家是能源的进口国。

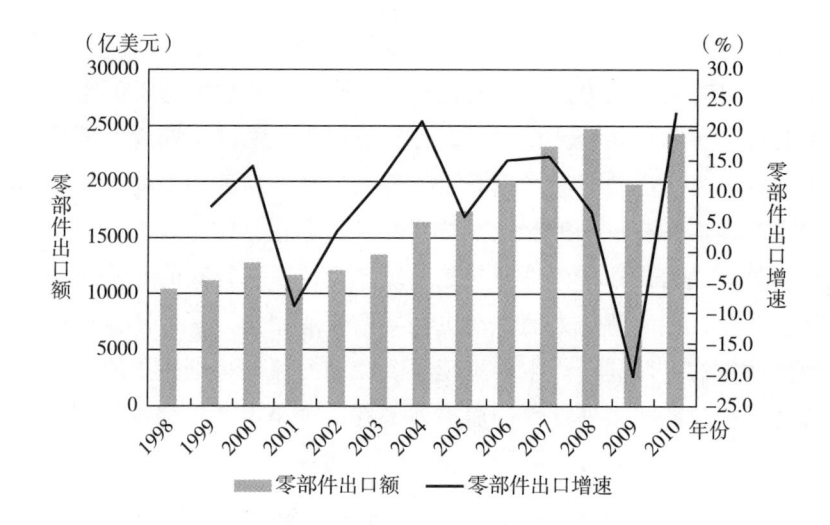

图 2-1 世界零部件出口额及其增速

注：零部件包括 BEC 分类下的 42 资本品零部件（不包括运输设备）和 53 运输设备零部件。

资料来源：联合国商品贸易统计数据库的数据。

表 2-6　　　　　不同分组国家能源产量和使用量及其变化

	低收入国家	中等收入国家	高收入国家
2007 年能源产量（百万吨石油当量）	407.6	6906.3	4654.1
2007 年能源使用量（百万吨石油当量）	378.3	5715.4	5625.0
1990—2007 年能源使用量年均增长百分比（%）	2.1	2.2	1.5
2007 年能源进口量占使用量的百分比（%）	-8	-21	18

资料来源：根据世界银行《2010 年世界发展指标》整理。

四　知识、技术的分布与转移

知识无疑是一种重要的生产要素和经济资源，但不论从经济形态还是从自然形态考察，知识要素与其他生产要素都有很大的不同。知识的主要特性有不可替代性、非排他性、无限增殖性，在不断流动与交换过程中，知识具有不断丰富和增强的可能性（张玉臣，2009）。技术转移是指技术从技术支配者向技术使用者手中转移的过程。联合国《国际技术转移行为守则草案》中把技术转移定义为："关于制造产品、应用生产方法或提供服务的系统知识的转移，但不包括货物的单纯买卖或租赁。"国际技术转移方式多种多样，主要有：技术许可、技术咨询服务、购置设备和软件、官产学研合作、信息交流、技术人员交流与合作进行技术成果开发。除了这些，技术援助、补偿贸易、特许经营、工程承包、设备租赁、合作生产等也能够导致技术转移。

与劳动力和资本在世界的不均衡分布相同，知识与技术在全球范围内也呈现出了分布不均的态势。从各个国家对研究与开发的支出来看，2008年高收入国家用于研发的费用占到了国民生产总值的2.47%，低收入国家与中等收入国家的研发支出还不到国民生产总值的1%。科技含量高的技术知识主要集中在高收入国家，从专利申请数量可以看出，高收入国家居民提交的专利申请约是中低收入国家的居民提交专利申请数量的4.4倍（见表2-7）。

表2-7　　　　　　　　　2008年研发投入与专利申请情况

	低收入国家	中等收入国家	高收入国家
R&D 支出占 GDP 的百分比（%）	0.96		2.47
高科技出口占制成品出口的百分比（%）	6	16	18
居民提交的专利申请	181806		796585
非居民提交的专利申请	193656		427518

资料来源：根据《2010年世界发展指标》整理。

跨国公司在国际技术转移与扩散中扮演着越来越重要的角色，成为国际技术转移与扩散的重要载体。知识与技术转移的主要方式就是跨国公司与东道国的研发合作。技术创新要素的国际流动从而全球创新网络的形成是跨国公司技术创新活动空间布局变化的一个反映。由于技术创新要素的国际流动性比较强，跨国公司可以通过技术创新要素的流动在国际重新配置创新资源，降低要素获取成本，实现技术创新收益最大化。为了利用他国的研发优势与丰富的人才资源进行技术创新和开发，跨国公司会把研究与开发的部分活动转移到其他不同的国家与地区，从而最大限度地节约成本，实现资源的最优配置。发达国家跨国公司的研发资金丰裕并且流动性极强，而发展中国家的研发人才丰裕，所以就出现发达国家的跨国公司到发展中国家投资研发以利用当地研发人才的情况。

在国际知识与技术的转移和扩散过程中，跨国公司往往处于技术的中心，发展中国家则处于技术的边缘。跨国公司为了追求自身利益最大化，在技术转移时必然会控制发展中国家的技术发展节奏，将技术输出作为控制发展中国家和地区的手段。在全球生产网络中，尽管发展中国家凭借自己的资源或者劳动力等优势嵌入了由跨国公司主导的价值链环节，但是跨国公司往往采用将非核心技术转让给东道国企业，而自己掌握和控制核心技术的方式，增强东道国企业对跨国公司的依赖性，保持自己在生产网络中的绝对控制地位并获取巨额的利润。虽然跨国公司研发活动的全球布局呈现出了向发展中国家扩散的趋势，但是跨国公司的技术研发活动转出后仍然呈现出了在少数国家和地区以及这些国家和地区内部的少数城市集聚的趋势。

跨国公司在发展中国家设立研发机构或直接转移技术会形成知识扩散；此外，在以跨国公司为中心的全球生产网络中，要实现同一产品要素密集度不同的生产工序在全球范围内的最佳配置，本身就要求网络中各节点的企业之间保持密切的联系，这样，在产品的生产过程中也必然会发生知识与技术的转移和扩散。人力资本的国际流动是知识技术扩散的重要渠道之一。人力资本流动既包括跨国公司子公司与当地企业之间的流动，也包括全球范围内人力资本在发达国家和发展中国家的流动。拥有良好的技术环境与管理制度的跨国公司在发展中国家和地区进行投资与研发活动，国际上高水平的技术人才随之流向这些国家与地区，从而实现了国际性的技术扩散。跨国公司在发展中国家直接投资开设子公司或者利用外包、合同制造等非股权形式组织生产，不管采用何种方式，跨国公司都会在发展中国家雇用当地劳动力并进行各种培训，当这些雇员从跨国公司流出时，其所学的各种技术也随之流出，必然会产生技术的外溢效应。

第四节 全球生产网络要素国际流动的特点

全球生产网络组织方式的特殊性和分工的细化使网络中的生产要素呈现出了一些新的特点。首先，分工的深化促进了生产要素涵盖范围的扩展和分类的细化，例如由于各工序对工人技术水平的需求不同，劳动力被细化成了熟练劳动力和非熟练劳动力。其次，要素分工导致了某些生产要素的功能日益专业化，成为专用性生产要素。最后，全球生产网络中各种生产要素并不是孤立存在的，只有按照一定的结构进行组合搭配才能形成现实的生产力，要素的价值才能实现。基于全球生产网络的要素国际流动主要有以下几方面的特征。

一 生产要素国际流动的网络化

与网络化生产方式相适应，生产要素的国际流动也呈现出了网络化的特点。聂锐、高伟（2008）提出，区际生产要素流动网络是在市场机制作用下，基于要素价值、价值互补和价值创新，由具有自适应性和自主决策能力的要素主体所构成的一个网络状的组织模式；网络随着时间而不断进化，受到内部环境和外部环境的影响，或者根据预先设定的规则来演化；网络内节点的距离、互动的强度与频率要比网络外的节点更近、更强烈、更频繁。基于全球生产网络的要素国际流动具备了行为主体、链接关系和网络中流动的资源这三个网络基本要素，也符合对区际要素流动网络的定义，因此可以称之为生产要素国际流动网络。生产网络中的企业、科研机构、中介组织等构成了要素国际流动网络的节点。节点是生产要素流动网络的核心和主体，但是要素流动网络中节点的重要性和地位是存在很大差别的。在购买者驱动型的全球生产网络中，要素流动网络中核心的节点是零售商、品牌营销商或者贸易公司，而在生产者驱动型的全球生产网络中，那些生产制造的领导厂商则是要素流动网络的重要节点。不管是生产者驱动型还是购买者驱动型的全球生产网络，领导厂商拥有生产网络的控制权和主导权，是生产要素流动的发起者和组织者，在生产要素流动中处于核心的位置。要素流动网络中心节点的数量可以是一个也可以是多个。与之相比，全球生产网络中那些一般的供应商或者低级生产要素的供应商在网络中的地位则要低得多，它们主要按照领导厂商的要求和安排组织生产活动。在生产要素国际流动网络中，生产要素表现出了双向流动的特点，一国既是要素的流出国也可能同时是该要素的流入国。生产要素国际流动网络中节点间联系的紧密程度与治理模式决定了要素流动的种类、规模、方向和速度，网络中各个节点之间的关系越紧密，网络中生产要素流动的速度与频率就越快越强。

二 生产要素国际流动促成要素地理集聚

要素国际流动的目的是实现要素在全球范围内的优化配置。分散与集聚是要素流动两个相反的发展趋势，但它们同时发生在全球生产网络的生产要素流动过程中。分散过程就是一定区域的要素或生产力组合有目的地向区域中心以外扩散和转移；集聚过程就是要素向同一区域流动，构成特定的区域生产系统组合，形成规模经济效益。要素的国际流动并非要素在全球范围内的均衡配置，而是各种要素在特定地区或国家集聚的过程。也就是说，一些国家的资本、技术、标准、品牌、优秀人才、跨国经营网络等广义要素会集聚到另外一些国家或地区。要素集聚是全球化经济的一种特有的资源配置方式，它构成了全球化经济的基础特征，也是生产要素在全球范围实现优化配置的具体体现。

导致生产要素地理集聚的原因主要有两个方面：第一，网络中各种生产要素的流动能力存在明显差异，资本、技术、优秀人才等高级要素极易流动，而一般劳动力、土地、自然资源等低级要素的流动不充分甚至不能流动，因此就出现了流动性较强要素追逐流动性较弱要素的现象，导致要素在流动性较弱要素丰裕国家或地区的集聚（张幼文，2008）。第二，各种生产要素只有在地理上嵌入某个区域进行组合才能形成现实生产力，因此必然会受到东道国政策环境等因素的影响。特定条件优越的地区会对某些生产环节形成黏性，吸引生产要素在当地集聚。要素集聚一旦形成，便会通过规模经济和外部经济等效应不断实现自我强化。制造业在以中国为代表的发展中国家集聚就是生产要素国际流动导致要素地理集聚的典型。

在全球化中大大增强的生产要素的国际流动从根本上改变了传统的国际分工方式，即由主要使用本国生产要素进行生产出口，转变为各国生产要素在某些国家的集聚，并进行面向世界的生产。这就是经济全球化下国际分工的新概念"要素合作性国际专业化"。要素集聚导致生产国家的集聚，这尤其体现在以中国为代表的亚洲国家。世界生产配置的新格局导致了世界经济运行的新格局。生产在亚洲国家的集聚，必然导致出口能力的迅速提高和贸易顺差的扩大。但是，这种出口的扩大并非主要是亚洲国家全要素生产率的体现，而只是这些国家低劳动力价格的体现。发达国家在这一地区集聚各类高级生产要素的事实被这些国家迅速提升的出口能力掩盖了。

三 要素所有者关系的跨国化与网络化

全球生产网络把各种要素都纳入了跨国生产体系，使其不再束缚于某个特定的区域或国家。生产方式的改变必然会带来生产关系的变革，生产要素的跨国流动使原来在地理上被分割的各国要素所有者通过产品生产链相互联系起来，出现了要素所有者关系网络化与跨国化的特点。由于各种生产要素在网络中的特点与地位不同，同种要素所有者就需要形成跨国的阶级或集团来维护自身利益。生产要素的国际流动性越强，要素所有者就越容易形成跨国联盟。全球生产网络的扩展不仅促进了跨国资本的联合，也促进了跨国工人阶级的团结与联合。

四 各种生产要素的地位与作用不均衡

在生产要素国际流动网络中，土地、劳动力、自然资源等低级要素的通用性强且流动性较差甚至不能流动，而以资本、知识、技术和高技能人才为代表的高级要素不仅流动性很强而且具有一定的异质性和要素专用性。要素特点的差异决定了高级要素与低级要素地位的不对等。高级要素的流动是要素国际流动网络的主导与核心，控制着全球生产网络中要素流动的方向、规模、速度与利益分配；而低级生产要素的流动则处于依附地位，被动地嵌入了全球生产网络。

五 各国的比较优势随着要素流动动态变化

在传统的国际分工中，各国根据自身的要素禀赋参与分工，各国以产品为界进行分工，发挥自己的比较优势生产某些最终产品。全球生产网络不仅表现为不同国家要素密集度不同的产业部门间的分工，更表现为同一产品内部要素密集度不同的工序之间的分工。生产要素的国际流动使一种产品的生产可以整合全球的生产要素，一国的生产可以利用他国的要素，从而可以突破一国生产要素禀赋的制约，甚至可以形成要素密集度的逆转，开始生产那些本国稀缺要素甚至是不存在要素密集的产品。因此，一国的比较优势就随着要素的国际流动呈现出动态变化的趋势，进而引起各国在全球生产网络中分工地位的变动。

第五节 全球生产网络要素国际流动的权力主体与利益分配

跨国公司主导的全球生产网络在世界范围内进行要素的组合与配置，形成了超越国家主权边界的要素国际流动网络。要素国际流动削弱了主权国家的权限并赋予非国家行为主体参与国际政治经济活动与利益分配的权力，形成了一个包含国家、跨国公司、国际组织在内的多元化权力主体的全球秩序（姚璐，2012）。要素国际流动的网络化格局带来了权力主体多元化、收益来源多样化、收益分配复杂化和收益准确衡量困难化等一系列的问题，权力主体间的利益分配冲突也日益明显。

一 要素国际流动的权力主体

根据全球生产网络中权力的源泉及其实施的路径，要素国际流动的权力主体可以分为三类（李健、宁敏越，2011）。

（一）生产要素国际流动的企业权力

全球生产网络中不同生产环节的企业构成了生产要素国际流动网络的节点，要素收益如何在这些企业间进行分配主要取决于它们在网络中的地位与控制权。全球生产网络中的企业可以分为领导厂商与一般厂商两种类型：领导厂商控制着处于核心地位的高级生产要素并掌握着网络中标准与规则的制定权，因此拥有生产结构性权力[①]，成为全球生产网络中最大的掌权者；而一般厂商则以低级要素嵌入全球生产网络，依附于领导厂商处于从属地位。要素国际流动的收益分配实质上就是企业间利益博弈的过程，企业在要素流动网络中地位的不平等决定了收益分配的不平等。领导厂商不仅掌握着网络中要素收益分配的控制权，还通过内部转移定价等手段挤压东道国的利益，来保证其整体利益最大化。全球生产网络中企业的权力和利益分配是动态变化的。一方面，网络中的一般厂商可以通过提升要素质量和竞争优势向价值链的两端攀升来强化自身在网络中的权力，争取更多的利益；另一方面，生产网络自身的发展变化、要素性质与地位的变化都可能会引起企业权力与利益的改变。

（二）生产要素国际流动的制度权力

制度权力是指那些能够制定或影响相关制度、政策与规则的行为主体所拥有的权力，要素国际流动中的制度权力主要包括主权国家、政府间和非政府间国际组织三种。虽然全球生产网络的出现改变了以民族国家为中心的"威斯特伐利亚秩序"，但是国家仍是当前世界经济活动中

[①] 苏珊·斯特兰奇在《国家与市场》中提出了联系性权力（Relational Power）与结构性权力（Structural Power），同时指出在全球化时代，跨国公司等"经济超级权力"结构性权力的重要性。

不可替代的重要行为主体。各国企业凭借优势要素嵌入全球生产网络以获取相应收益，因此政府必然要行使其管理权力以保障国家利益的实现，但是错综复杂、相互交织的要素国际流动使国家间的利益分配更加隐蔽和复杂。发达国家掌握着全球生产网络的控制权并拥有国际规则制定的主导权，所以必然成为要素国际流动的中心国家，在国家利益分配中占有绝对优势；发展中国家以低级要素参与分工并被动地接受由发达国家制定的规则与技术标准，对发达国家有着强烈的依赖性，在利益分配中处于被剥削的弱势地位。可见，全球生产网络中的国家呈现出了不平等的"中心—边缘"结构。中心国家凭借其优势地位不断攫取国家利益并剥削边缘国家获取的微薄利润，不断拉大两者差距以巩固其在网络中的主导权与控制权。边缘国家只有不断提升在分工中的地位并积极争取参与国际政策与规则制定的权力，才能扭转其弱势地位。

生产要素国际流动在调整经济利益的同时还产生了更广泛的非经济影响，例如其对生态环境、自然资源、人权、知识产权甚至国家安全稳定等各方面的影响。这种非经济领域的影响对更多具有不同价值取向的权力主体带来了冲击，产生了国家利益和企业利益、经济利益和社会利益、分工利益和交换利益的分离。生产要素的国际流动不再是单纯的国家间的利益分配，而是演化成了全球范围内多元化权力主体的利益博弈过程，主权国家的调控和监管能力受到了极大的制约。政府间和非政府间国际组织开始成为要素国际流动的行为主体，它们的制度权力主要体现为其影响国家或企业的政策与战略的潜在权力。包括区域经合组织、WTO、IMF、国际劳工组织在内的各种政府间和非政府间国际组织在平衡不同权力主体利益、调控和管理要素国际流动、维护国际经济秩序、制定国内国际政策等国际事务中发挥着重要作用。

（三）生产要素国际流动的集体权力

参与全球生产网络的要素所有者凭借要素所有权获取要素收益，收益的多少则要取决于该要素在生产网络中的地位，要素作用与地位的差别导致了要素所有者的权力与利益失衡。高级生产要素的所有者在利益分配中有绝对优势，而低级要素所有者却处于弱势地位甚至无法获取应得的收益。要素流动范围的扩大调整了各国要素所有者的利益，但与此同时也把原来孤立的、分散在全世界的要素所有者紧密地联系了起来。全球生产网络中的企业关系越密切、要素流动性越强，则各国要素所有者就越容易形成利益联盟。高级要素所有者希望通过共同行动巩固其在生产网络中的权力并攫取更多的利益,而低级要素所有者则需要通过结盟来维护自身权益。各种利益集团通过政治机构和相关社会部门影响政府政策的制定与决策以及企业的发展策略,从而谋求私人利益的最大化,例如工会组织、劳工集团和发达国家的各种利益集团。

二 要素全球流动中的利益分配

各国企业凭借优势要素嵌入全球生产网络并以产品价值链为纽带形成了紧密的联系。这种网络化的世界生产模式必然需要通过更加频繁与高效的要素国际流动来实现。全球生产网络的形成使生产要素的跨国流动更加便捷、更加快速,而生产网络中企业与企业之间的生产与组织协作关系决定了生产要素国际流动的方向与流量。生产要素的流动主要包括两个方面:一是生产要素的空间转移,即劳动力、资本、知识、技术等可流动的生产要素的空间位置的移动。二是指生产要素使用权的转移。跨国公司在全球生产网络中的生产结构性权力决定了它拥有生产要素国际流动的组织权和控制权。

在当前激烈的国际竞争中,跨国公司的竞争优势已经不再是单纯的贸易或者投资的优势,而是表现为其能够在全球范围内系统地整合各种资源并进行世界一体化生产的优势。跨国公司不可能拥有产品生产所需要的一切生产要素,为了获取生产要素并增强企业的竞争优势,跨国公司凭借其拥有的核心能力和关键资源在全球范围寻找合作伙伴并且建立起由其掌握控制权和主动权的全球生产网络。那些没有核心能力和关键资源的企业则被动地或主动地融入了跨国公司构建的全球生产网络。跨国公司无疑扮演着全球生产网络的组织者、推进者与控制者的角色,其业务范围主要集中在诸如研发、创新、品牌塑造等领域,而那些非核心的业务被外包给其他国家的企业。2010年跨国公司的全球生产创造了约16万亿美元的增值,跨国公司外国子公司的产值约占全球GDP的10%以上、世界出口总额的1/3。

跨国公司全球生产网络已经成为世界一体化生产的主要组织形式,联合国贸发会议发布的《2011年世界投资报告》以国际生产的非股权形式为主题分析了全球外国直接投资的新趋势,并重点讨论了发展中国家的生产向国际价值链整合的过程以及非股权经营模式的重要作用。该报告指出,在当今世界,为了使发展中经济体进一步融入全球价值链,各个政策的制定者已经不再单纯地采用直接投资和对外贸易的方式,而是开始考虑国际生产的非股权形式。2009年世界范围内的跨境非股权活动产生的销售额超过了2万亿美元。非股权形式的企业在发展中国家雇用员工的总数为1400万—1600万人。全世界共有1800万—2100万工人直接受雇于在非股权安排下运营的企业,大多数从事合约制造、服务外包和特许经营活动。

在跨国公司主导的全球生产网络中,生产要素的国际流动性增强,要素的国际流动从生产经营的源头起就形成了国与国之间的经济联系。各国凭借自身的要素禀赋优势参与产品生产的不同工序,从而获得相应的分工与贸易利益。在全球生产网络中,影响分工的生产要素与传统的国际分工相比,资本和劳动力要素在分工中的地位与作用有所下降,技术、人才、创新机制等知识要素和信息的地位增强。那些拥有知识、信息、技术、高层次人才等要素禀赋的发达国家在国际分工中处于生产网络的核心地位,主要集中于微笑曲线两端的生产环节并获得价值链的主要利润,而具有劳动力、资源等传统要素禀赋优势的发展中国家则处于全球价值链的低端增值环节,获得的利润很低(见图2-2)。

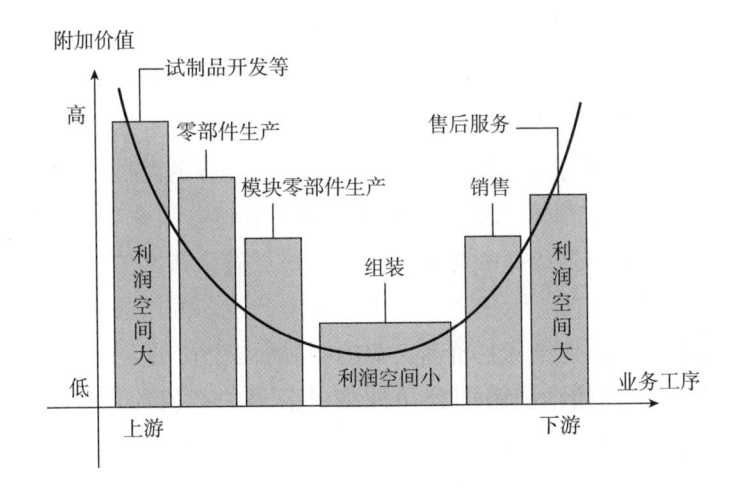

图2-2 微笑曲线示意

资料来源:经济产业研究所:《模块化》,东洋经济新闻社2000年版,转引自关志雄《模块化与中国的工业发展》,日本经济产业研究所(http://www.rieti.go.jp/cn/index.html)。

第六节 全球生产网络要素国际流动的治理

全球生产网络在改变世界生产方式的同时也影响着世界政治经济的权力结构。苏珊·斯特兰奇（2006）认为，全球生产网络中生产结构的变化好像重新洗牌之后发牌给大家一样，发达国家和发展中国家的政府、政党、公司、银行、工会、农场主和利益集团在决定如何出色地打好新的一副牌时将面临新的难题。全球生产网络中多元化权力主体间错综复杂、相互交织的关系导致它们之间的边界很难划分，模糊的边界一方面使利益分配更加复杂和隐蔽，另一方面的结果则是在追求要素国际流动利益的同时却无人承担其后果。为了适应全球生产网络要素国际流动的特点，我们需要一个开放、多元与包容的混合机制来对其进行系统的规范与管理，在赋予各行为主体权力的同时明确其应承担的责任。

一 生产要素国际流动的网络内部治理

从本质来说，基于全球生产网络的要素国际流动是跨国公司在全球范围内进行区位选择、结构安排和要素配置的生产组织活动，因此生产要素国际流动的治理应该是全球生产网络内部治理的一个方面。嵌入全球生产网络中的企业以各自的优势进行互补性分工，企业之间相互依存并以一定正式的规则或契约联系在一起，形成了一种介于市场和企业之间的新的生产组织与治理模式。这种超越国家主权的跨国生产组织方式改变了传统的企业内部治理，强调生产网络中利益相关者的共同治理，需要网络中所有的企业都参与决策和安排。虽然强调共同治理，但领导厂商仍然是网络的核心治理者。生产要素国际流动的网络内部治理要求领导厂商在追求自身经济利益最大化的同时要关注企业的社会道德与责任，通过网络内部治理来协调生产网络中不同企业之间、不同要素所有者之间以及全球生产网络与主权国家之间的利益。生产网络的内部治理模式并不是一成不变的，要依据生产要素特点和地位的变化不断调整，实现对生产要素国际流动的动态治理。

二 生产要素国际流动的国家治理

全球生产网络多元化权力主体的出现大大削弱了主权国家调控监管的空间和能力，但是国家仍然是当今国际政治经济活动中最重要的行为主体。在全球生产网络中流动的生产要素必然有其来源国,同时这些要素只有在区位上嵌入某个东道国并与其要素相结合才能形成现实的生产力,所以不管是要素来源国还是东道国都拥有着生产要素国际流动的治理权力。主权国家对生产要素国际流动的治理主要包含以下几方面的内容:(1)通过制定科学合理的政策与措施对要素国际流动进行规范与管理,避免其对国内社会经济活动与环境的冲击,维护国家安全并获取相应的国家利益。(2)对于发展中国家来说,从国家可持续发展的战略高度引导要素的国际流动,在获取静态利益的同时最大限度地获取其动态利益。(3)制定有效的政府政策与管理机制,平衡国内不同利益集团在收益分配与风险分担中的矛盾与差距。(4)积极培育优质要素和优质企业,提升本国在全球生产网络中的地位与竞争力。

三 生产要素国际流动的全球治理

全球生产网络的内部治理和国家治理虽然能在一定程度上管理生产要素的国际流动,但是它们都只代表特定权力主体的私人利益,治理的范围和能力都有很大的局限性。要素国际流动对国际政治经济带来的很多影响都超越了传统主权国家和跨国公司全球生产网络的管辖权能,是多个国家甚至全球社会共同面临的问题。只有多元化权力主体共同参与的全球治理,才能实现各主权国家、各要素所有者、各利益集团以及各种价值取向之间的平衡,从而促进全球生产网络的健康平稳发展。当前全球生产网络"中心—外围"的结构必然导致发展中国家在全球治理中权力与利益的缺失,因此要素国际流动的全球治理必须要改变这种不平等的国际秩序,由发展中国家与发达国家共同参与治理,提高发展中国家的话语权与影响力。各种政府与非政府国际组织在国际政治经济活动中日益活跃,影响能力也不断提高。因此,生产要素国际流动的全球治理可以通过这些超国家主权的组织来干预和影响国际国内政策的制定、规范和协调各权力主体的行为,平衡各方的利益冲突。

第七节 中国参与全球生产网络的政策建议

从 20 世纪 90 年代开始,中国企业凭借劳动力成本优势积极地融入跨国公司主导的全球生产网络中,在一定程度上促进了劳动力就业,也解决了当时资金与技术缺乏的问题。但是，要素集聚产生的巨大生产规模和出口能力掩盖了我国在全球生产网络中利益分配的真相，我国企业承担产品价值链上低附加值的加工生产环节，获得的收益非常微薄；而制造业集聚对我国环境、资源、产业结构以及劳资关系等方面带来的负面影响却日益明显。为了改变我国在全球生产网络中的弱势地位并更大程度地获取分工利益，我国政府和企业可以从以下几个方面进行改善。

积极培育高级要素，向生产价值链的两端攀升。全球生产网络中国家利益的实现取决于该国生产要素的层次及其对生产价值链的控制能力。我国要积极适应全球生产网络中要素分工的特点，采取一定的政策与措施来鼓励企业、高校和科研机构积极培育高级生产要素，不断提高我国生产要素的质量与水平，促使我国的企业向产品价值链的两端攀升，从而扭转我国在全球生产网络中的分工与利益分配地位。

提高生产要素流动的管理水平，保证国家经济安全。全球生产网络的要素国际流动使国家之间的联系日益紧密，但是作为危机传播的载体，要素流动也加快了经济动荡在国家间的传导，对我国的经济安全提出巨大的挑战。为此，我们要不断完善与强化对生产要素市场的管理，在享受要素国际流动好处的同时防范其对国内经济的冲击。同时，要注重对跨国公司在本国活动的监管，减少我国企业参与全球生产网络的风险与不确定性，并保证国家利益的实现。我国还要积极地参与各种国际组织，强化我国在全球治理中的权力。

打造优势企业参与全球生产网络。一国在全球生产网络中的竞争力主要表现为该国企业在全球范围内整合各种生产要素并组织世界一体化生产的能力。要想提升我国在全球生产网络中的地位，除了培育高级生产要素，还要积极扶持和打造具有国际竞争优势的企业，并鼓励这些具备跨国生产经营实力的企业"走出去"，借助企业优势在全球范围内进行生产的组织与安排，参与国际价值分配，从而获取更多的分工利益。

从可持续发展的战略高度管理生产要素市场。我国要从可持续发展的战略高度制定生产要素市场的管理政策与制度，引导生产要素的跨国流动。不能为了追求短期的经济增长而降低对生产要素市场的管理要求，更不能损害国家长远发展所需的资源和环境。要借助生产要素的国际流动促进我国经济社会的健康发展。

第三章　全球生产网络中的企业行为

第一节　引言

在全球生产网络中，企业外部环境不是由单一国度的政治、经济、文化和自然禀赋构成的，而是全球各个国家政治、经济、文化及自然禀赋的综合。任何一国的政治、经济、文化及自然不可抗力等因素的变化都会使置身于全球生产网络的节点企业受到影响。而且，在全球生产网络中，企业面对的竞争对手遍布全世界，无数竞争对手的力量时刻发生着变化，由此引发的竞争格局演变不断地对市场产生冲击。因为，企业不仅是市场经济活动中的行为主体，更是整个人类社会体系中重要的组织单元。供应商、客户及其他利益相关主体共同构成了企业生存的外部环境。以产权一体化联结的人、财、物以及这些要素之间的结构和相互关系构成了企业的内部环境。企业行为主要包括经营目标选择、组织模式构建、运行机制设计及具体经营方式实践等内容，它是企业在内在动力结构驱使下对外部环境刺激的反应。企业的行为选择既受企业内外环境的约束，又受内外环境的驱动，同时，行为过程和结果又会反过来改变其内外环境。因此，企业内外环境是企业行为研究的基础。在全球生产网络中，企业所处的外部环境发生了巨大的变化，这些变化构成了企业行为变革的主要动因。全球市场比区域市场、国内市场更具变化性。区域经济、国内经济、国际经济、全球经济这四种经济形态代表了四种不同的市场范围，企业置身于这四种不同的经济形态中，其面对的市场范围具有很大的差异，由此决定的企业行为也具有很大的不同。在全球生产网络下，企业作为生产网络的节点，其相邻节点企业可以处于区域经济中，可以同是国内企业，也可以是远隔重洋的国外企业，不管相关企业在地理位置上的实际距离有多远，在生产网络中，尤其是互联网经济中，它们相互之间都是最为紧密的战略伙伴，互联网构筑的虚拟空间是没有时空边界限制的，置于其中的每一个企业都有无限的伸展空间。

本章对于企业行为的研究，不仅基于全球生产网络，更是基于更系统的、更高级的全球价值网络。全球生产网络属于全球价值网络的一个子网。迈克尔·波特（1985）将企业价值创造过程中的各个环节表示为一个价值链，并基于此来构筑竞争优势的战略。他认为，企业行为选择需要集中考虑竞争对手的力量、潜在进入者的威胁、替代产品或服务、供应商和消费者的讨价还价能力五种因素的影响。波特强调企业行为选择与环境之间的动态关系。Kogut（1985）也发现，价值创造的所有过程既可能集中于单个企业，也可能由众多企业联合实现，其中，每一个企业只占据价值链条的一个或者几个环节。面对瞬息万变的全球化市场，大而全、小而全的全能企业表现出突出的反应迟钝特征，因此，价值创造过程集中于单个企业的情况已不多见，基于脑体分离和再分离的分工及合作是现代企业突出的特征。

亚当·斯密（1776）在《国富论》中指出交换能力决定专业化分工水平，在这里交换能力是指市场的需求能力和供给能力，实际上主要是指市场的需求能力，专业化分工水平是指专业化细分的程度。专业化分工包含两个维度，一是规模经济维度，二是范围经济维度。从规模经济维度来看，生产过程的某一环节能够专业化，取决于下游环节的需求能力，如果下游环节需求能力强，那么，相对的上一环节的专业化就具备了规模经济的基础。如果该环节的产品可以为多种生产过程所需要，那么这一环节也将兼具范围经济。在区域分隔的市场经济环境中，受市场范围的局限，专业化分工的规模经济和范围经济受到了极大的制约。而在全球生产网络中，企业面对的市场规模达到前所未有的程度。任何处于生产网络体系中的企业都面对足以实行专业化经营的条件，并取得规模经济效益和范围经济效益。

图3-1描述了全球生产网络中企业行为的逻辑。在全球生产网络中，联盟价值创造是企业实现价值最大化的重要方式。产权一体化的企业基于全球价值网络型分工，成为具有核心能力的专业化模块单元。之所以称为模块，是因为这种企业通过开放的标准接口和其他企业建立联系。由于模块化企业属于完整价值创造的片段，需要和其他模块联合创

造价值，因此，模块整合是必然的选择。不同的是，在全球价值网络中，企业并不是通过产权一体化来进行功能整合，它主要是通过虚拟化运作，在主导企业驱动下形成具有完整价值创造过程的价值联盟。从价值体系的驱动因素来看，全球生产网络中，生产者驱动型、购买者驱动型的价值体系逐渐向平台驱动型的价值体系演变。这种体系融合市场和科层双重优势，使企业不仅具备灵活、弹性的组织结构形式，而且还具有无限的价值延伸和拓展能力。可见，模块化、联盟价值创造、市场与科层相融合的经营机制是全球生产网络中企业行为的典型特征。

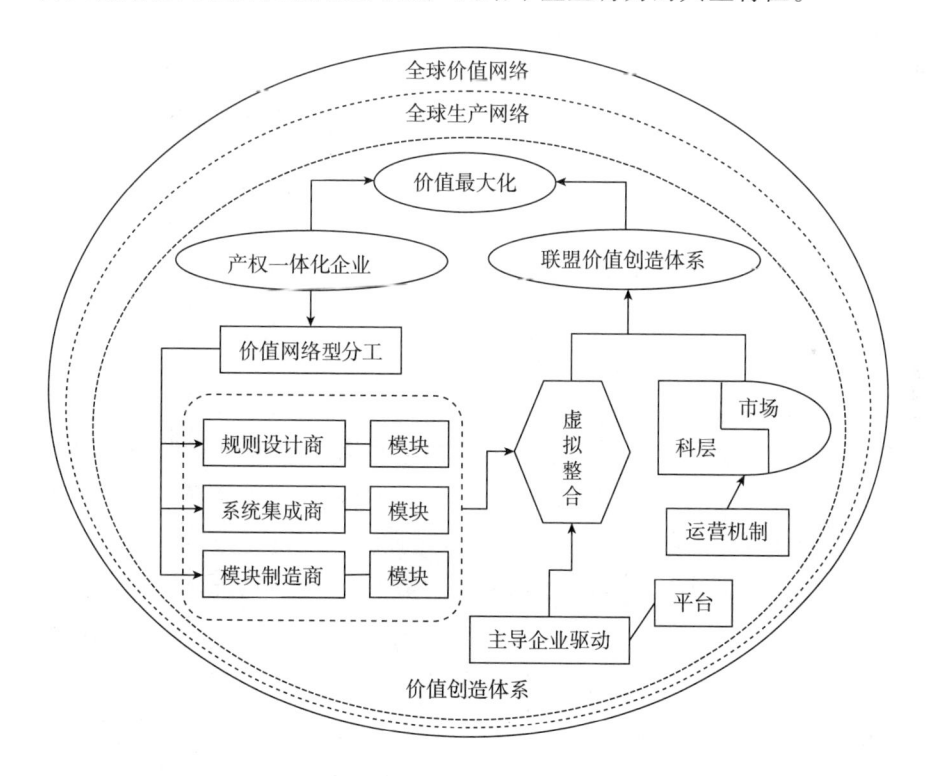

图 3-1　全球生产网络中企业行为的逻辑

第二节　企业模块化

日本学者国领（1995）、池田（1997）通过考察日本互联网产业和汽车工业的模块化，阐明了知识（设计）与产品的模块化是和信息交换与交易的网络化相辅相成、共同发展的，它对产业结构变革具有重要的意义。钱沼万里（1997）指出日本汽车竞争力重要的源泉来自核心企业与重要零部件供应商之间存在的一种设计上的模块化。美国学者鲍德温、克拉克（Baldwin and Clark，2000）通过对电脑产业的考察，指出模块化设计的方法提高了创新的速度，相比迅速的信息处理和信息交流等技术因素，模块化才是电脑产业环境急剧变化的主要原因，只有建立在模块化基础之上的经营战略才是应对行业市场变化的有效方法。[①] 模块化是指半自律性的子系统，通过与其他同样的子系统按照一定的规则相互联系而构成更加复杂的系统或过程（青木昌彦，2003）。这种半自律性是指模块本身的塑造还要考虑外部的规则约束，也就是内部的功能不仅要符合外部的需求，而且还要保持与外部之间联系的协调。这主要表现在，模块化组织需要遵守界面接口规则进入价值体系。但是，模块本身如何实现价值体系对其功能的需要具有全部的自主权，也就是它可以采用不同的方法来实现系统对其特定功能的需求。因此，模块化组织是半自律的系统。

一　模块化分离和模块化集中

模块化的完整过程包括模块化分离和模块化集中。模块化分离是将完整的价值创造过程分割成各种独立的功能片段，模块化集中刚好相反，将具有不同功能的模块单元按照一定的规则组成一个相对完整的价值创造体系。在电脑产业中，一部完整的电脑产品包括显示器、主机、键盘、鼠标等硬件，以及操作系统、应用程序等各种软件。和早期电脑由一家企业独立进行生产不同，现代的电脑实行模块化生产。IBM360系统是最早的模块化型电脑，IBM设立了中央处理器管理部，明确定义了主机、显示器、键盘、鼠标、存储卡、打印设备、应用软件及其他输入输出设备的功能，并设定了各功能模块之间的联系规则。通过功能的定义，电脑生产的完整价值创造过程被分割成多个更小的模块化单元。按照预先设定的规则，这些相对独立的功能单元能够实现高度的协调。然后，IBM将各功能模块交给分散在世界各地的不同的设计队伍来做，这种模块化生产方法使IBM在与客户交易和资金方面取得了巨大的成

[①] 转引自[日]青木昌彦、安藤晴彦《模块时代：新产业结构的本质》，周国荣译，上海远东出版社2003年版，第11页。

功。模块化后，价值创造过程就成了价值体系的行为，不再是单独企业的行为。按照属性的差异，可以将价值体系中各模块划分为规则设计商、系统集成商、模块制造商三类。

模块化分离的过程是塑造企业专业化核心能力的过程，它包含业务核心化和团队核心化两个阶段。

第一，业务核心化。传统企业通常是一个多功能的集合体，企业组建各种部门开展各种业务。这样，在企业内部，总会出现有些业务能力闲置与有些业务能力不足并存的现象。能力过剩被闲置，能力不足却得不到提高，由于所有资源服务范围是以企业内部系统为边界，企业综合业务的发展能力就被局限在这个边界之内。将子系统模块化，就是使其成为相对独立的市场竞争单元。然后，将各种能力过剩或者能力不足的模块化单元都加入市场的"淘汰赛"中。这就会带来两种效果：一是能力强的模块化子系统，其价值创造的能力因为选择机会的不断增加而无限拓展。因为模块化组织是相对较小的子系统，更确切地说，它是专业化能力体，在全球市场上，巨大的市场规模为专业化分工提供了良好的规模效应基础，所以不用担心专业化效率不能得到充分发挥，特别是不用担心模块化子系统能力过剩，也就是其业务开工率不足的问题，在互联网构筑的虚拟市场中，各种专业化合作的机会都集中在统一的虚拟空间中。高效率的信息技术，将各种具有专业化能力的模块化组织的选择和被选择的信息成本降到了最低。这样，企业模块化后，每一个子系统模块的价值创造不再局限于企业内部，其价值创造的选择空间拓展到了全球市场。二是能力不足的子系统要么主动革新以强化自己的市场竞争力，要么在淘汰赛中被淘汰掉，退出价值体系。这样一来，通过模块化和模块化淘汰赛，最终留在企业的都是具有竞争能力的专业化模块体系，而不具备核心能力的模块就被企业剥离掉了。由此一来，经过模块化后的企业，其保留的业务都成了价值创造能力强、效率高的核心业务。当业务精简以后，非核心部门也会随着被剥离的业务一起被去掉。当企业中大量能力不足的部门退出时，留下来的部门就较少了。通过结构上的"瘦身"，企业的目标将更为清晰和明确，更为重要的是，简洁的组织面对市场变化能够更为灵活有效地进行反应。同时，引入市场机制也打破了企业和市场之间的边界。

第二，团队核心化。确定了核心业务，企业就需要选择最适合的团队来执行。团队是人力资本的组织,因为人力资本是主动性资本,它的效率主要取决于成员的主动性和积极性。周其仁(1996)指出人力资本最优的配置方式是激励,因此,核心团队一定不是只由权威指挥的系统。根据前面的分析,核心业务是市场机制优胜劣汰的竞争结果,它的选择过程是置于一个开放的市场环境中进行的。因此,执行业务的核心团队也必须以开放的形式融入市场。为此,必须将其有形的边界打破,消除传统企业中团队由特定成员组成的模式,让它直接面向市场,以市场机制决定团队成员的选择。当市场机制被引入核心团队的组织,成员的绩效就完全根据市场结果来衡量。市场机制的法则是优胜劣汰,随着市场的变化,原来处于团队中的成员,在竞争中如果被超越,那就会被价值体系所淘汰,他所占据的位置就会被超越他的人所替代。在竞争激烈的市场环境中,为了能够赢得自身的竞争力,争取或维持在团队中的位置,每一位成员都有充分的激励发挥工作的主动性和创新性,这样一来,每一个团队成员就成了一个独立的战略业务单元,即 SBU,每一个 SBU 都是一个资本单元、市场单元、学习单元、创新单元和利润单元(李海舰、郭树民,2008)。因为,核心业务团队中的成员直接面对市场,权威指挥在资源配置中的作用被市场价格机制所替代,从而繁杂的管理层就失去了存在的基础,没有了厚厚的垂直管理体系,核心团队就成了简洁的扁平化组织。并且,团队成员直接面对市场,使每个成员都能够直接对市场变化进行感知,作为 SBU 战略单元,他们有充分的主动性和积极性为应对市场变化而进行努力和创新。在市场竞争机制的作用下,团队成员的去留遵循市场优胜劣汰的法则,即使是企业核心能力的发展方向发生了变化,也不会给团队成员造成大的影响,这样,企业核心能力转型的成本就会更低,团队组织也就更具有弹性。

模块集中化的过程是构建完整价值创造体系的过程,它主要依靠各个功能模块相互之间的接口规则进行集中。按照规则的动态变化特征,可以将其分为独立演化、协同演化和竞争性协同演化三种。

其一,独立演化联系规则。依靠这种规则建立的价值创造体系事先就安排好了各个功能模块之间的界面接口规则。在由规则设计商、系统集成商和模块制造商构成的价值体系中,界面接口规则只由规则设计商决定,系统集成商和模块制造商只是被动地按照界面接口规则加入价值体系。当环境发生变化，只有规则设计商有权决定改变联系规则。青木昌彦（2003）将这种价值体系的联系规则称为金字塔形分割。在整个价值创造过程中，规则设计商发出的信息属于系统信息，是价值体系中每一位成员都可见的，对于市场来讲，这些信息是公开的。而其他模块各自功能的实现过程对于系统来说是隐蔽的，属于不公开的个体信息。IBM360型电脑的模块集中化属于典型的独立演化规则形式，IBM公司属于规则设计商，生产显示器、键盘、鼠标，及其他各种应用软件、硬件设备的模块化生产商按照IBM制定的接口规则或标准进行各部件的生产。

其二，协同演化联系规则。价值体系形成以后，规则设计商就联系规则和各个模块进行充分的互动，当环境发生变化，界面联系规则互相协同调整。各个子模块之间可以单独进行局部联系规则的细微调整。青木昌彦（2003）将这种联系规则称为信息同化型联系（丰田型）。王凤彬等（2011）考察了丰田汽车公司在开发"普锐斯"过程中的模块化联系机制与创新之间的关系，他们指出超模块化组织促进了模块之间协调规则的效率演进。在"普锐斯"开发过程中，通过车身设计投标竞争，全球四个设计室分别独立开展车身造型设计，车身工程部门的专家从一开始就并行地开展一些初步结构工程工作，他们以各自假想的、将胜出的车身外形方案为基础，采用多方案法绘制出了数以百计的车身结构草图。这与传统上在各模块的设计独立完成后再开展工作的迭代法明显不同，丰田是在各模块开发团队并行提出的各种不同的多方案集的交叠中最终产生使彼此相匹配的设计方案的，这是典型的协同演化联系规则。

其三，竞争性协同演化联系规则。前两种具有典型的"规则设计商"中心主导特征，其他功能单元围绕其规则进行模块化。但是，同类产品的个性化竞争决定了价值体系呈现双重规则演化特征：一是在以主导企业为中心的模式下进行界面联系规则演进。二是基于非主导企业界面规则的演进而演进。青木昌彦（2003）将这种联系规则称为信息异化型·进化型联系（硅谷型）。市场中，同一行业具有多个独立的规则设计商，对于不同的规则设计，系统集成商和模块设计商通常具有通用的功能。但是，在市场实践中，这些模块可能保持与特定的规则设计商匹配。当这种模块在市场上具有显著竞争优势时，需要它的其他价值体系必须依照其界面规则来适应它，而不是通过让其改变接口规则适应价值体系。所以，这种模块集中化，是找出最适合的模块组合，形成规则联系体系。在硅谷中，IT产业的模块化超出了电脑行业的范围，网络通信、移动电话、电子商务等模块化在各个行业突飞猛进的发展。在PC行业，个性化的PC企业一方面自己制定界面接口规则进行模块化定制，另一方面也会根据其相关模块组织的界面接口规则的演化而演化。例如，随着移动通信技术的发展，各PC生产厂家主动调整接口规则适应3G通行的标准。

二 模块化生产的优势

全球生产网络是基于全球化市场分工的、高度专业化的分工网络体系，模块化生产使企业成为价值创造过程的一个功能环节，具有高度的专业化形态。在全球生产网络中，模块化的优势不仅仅表现为专业化的效率，它更体现在标准化、创新激励和市场反应效率上。

第一，标准化。标准化降低了由专业化分工所带来的交易成本（专业协作成本）增加。科斯（1937）指出企业是用一体化的行政机制对市场价格机制的替代，原因在于行政机制可以节约市场交易成本，但是，行政机制同时又产生了管理费用。那么，是否存在一种方式，既能够和企业的行政机制一样可以降低交易成本，又没有行政机制那么高的管理费用？标准化就是这样一种有效的方式，是介于市场和企业中间的一种机制，相当于嵌入市场的科层，它比企业行政机制发挥的作用范围大，又不同于市场完全的自由交易。当模块化分离将完整的价值创造过程分解为各种相互独立的、具有各自价值最大化目标的功能片段时，必然在模块化集中过程中，也就是形成完整价值创造体系的过程中出现目标的冲突和各自之间功能协调的冲突。而标准化就是协调这种冲突的有效途径，这种标准化就是界面接口规则。威廉姆森（1979）指出在信息不对称的条件下，不确定性、交易重复频率、资产专用性程度是影响机会主义行为的关键因素，机会主义行为构成了交易成本的重要内容。模块化分离后，通过模块化集中形成新的价值创造体系，其包含的各个子模块之间主要是依靠市场交易契约联结在一起的。因为这种契约具有功能协调的规定，也就是界面接口规则通常是标准化，而且其规则信息是完全公开的，所以交易者之间就没有信息不对称的情况，这就自然降低了由此带来的交易成本。此外，在规则透明的条件下，价值体系中各个子模块进出价值体系具有充分的选择自由。因为都以规则为标准，而规则明确定义了各模块之间功能的协调原则，所以可以避免相互之间的目标冲突和功能不协调的问题。

第二，创新激励。标准化节约了交易费用，进一步促进了专业化分工的纵深发展，从而会使价值创造体系在模块化分离过程中被分割成更多、更为专业化的细小功能片段。分离后的各个模块单元成了市场中独立的竞争企业，市场效率成了衡量其行为价值的标准。模块化分离表现的专业化程度越精细，各个模块在不同价值创造体系中的作用就会越具有通用性。这同时增加了模块化企业和价值创造体系相互选择的机会空间。亚当·斯密（1776）的劳动分工理论指出，专业化作业可以节约劳动在不同价值创造环节的转换时间，可以增强劳动的熟练程度，可以促进技术创新和工具发明，从而促进专业化效率的提高。如果价值创造过程的每一个环节都实现了专业化效率，那么，整体的价值创造能力就会提升。当然，这有一个前提条件，即各个专业化环节在整个价值创造过程中，相互之间的衔接是顺畅的。模块化生产依靠公开、透明的联系规则进行相互之间的功能协调，对于子模块来讲，联系规则的信息是可见的，也就是各个模块之间如何保持运行的一致性是明确的。而关于自己模块内部功能实现过程的信息是隐蔽的，这使模块通过竞争进入和退出价值创造体系成为可能。市场效率机制决定了价值体系必然选择功能最匹配的模块，模块单元选择能给自己带来最大化价值的价值创造体系，双方选择依据市场"淘汰赛"机制。为了能够强化竞争力，每一个模块都有充分的创新激励。例如，在硅谷中，存在多种价值创造体系、无数个模块化生产和研发企业，因为专业化分工的高度精细化，每一个模块都具有多个可选择的价值体系可供进入，同时，价值体系中的某一个功能节点的价值预期又会吸引多个模块来角逐这一职位。为了赢得这一机会，通常是多个企业同时展开竞争，激烈的市场竞争使硅谷始终保有充分的创新激励。

第三，市场反应效率。有效应对市场变化，需从两个方面着手：一是及时、准确捕捉到市场变化的信息，二是针对变化采取及时、有效的应对策略。因此，"速度"对于企业塑造市场竞争力尤为关键。在全球化市场上，单有规模实力还不够，因为它并不一定能使企业保持强大的竞争力。互联网经济中流行一句谚语"快鱼吃慢鱼"，大鱼如果行动缓慢，就会被行动灵敏的小鱼所吞噬。模块化后，企业成为结构简洁、功能专业化的核心组织，它在市场反应效率上具备信息、专业化创新的速度优势。(1) 缩短了和市场之间的距离。捕捉市场信息最有效的方法，就是使企业完全置于市场之中，与市场零距离接触。在规模庞大、结构和功能复杂的企业中，很多部门依靠上级或其他部门间接了解市场信息，当这种火炬传递式的信息获取方式中的传递者的数量很多时，不仅会引发信息接收的严重时滞，更重要的是，多重传递使信息在传递过程中被遗漏、歪曲的可能性增强，极易使信息失真。模块化后，原来一体化企业中的各个功能单元成了市场交易中的客户和供应商，它们之间的行政关系变成了市场关系，其相互之间的功能协调从行政控制变成了市场竞争控制。每一个模块化的功能单元，成了市场中独立的竞争主体，完整的价值创造过程，决定了它必须关注周围网络节点的动态变化，因为它本身置于市场，对任何市场变化信息的感知不依靠中间传递，从而避免了信息时滞和信息失真现象。(2) 及时、有效的应对策略。鲍德温和克拉克 (2001) 比较了在 20 世纪 80 年代电脑工作站市场中的领先企业: SUN (太阳微系统) 公司和阿波罗公司。他们发现两个公司都进行模块化生产，但是，阿波罗公司只有部分模块从外部引进，大部分硬件仍自行设计。而 SUN 公司在产品设计上充分利用市场上现有的通用模块，采用被广泛应用的 UNIX 操作系统等现成的软硬件组合。它自己不需要为适应整体体系而设计所有特殊的模块，这与阿波罗公司自行设计特殊模块有所不同。从性能上看，阿波罗公司生产的工作站稍稍领先于 SUN 公司，但在开发成本上比 SUN 公司落后很多。SUN 公司简单、灵活的模块化生产结构，使其具备较强的市场反应能力，在市场高速发展中，能采取主动进攻的战略。SUN 公司的优势很快被很多电脑制造商识破，竞争对手纷纷效仿，激烈的市场竞争促进了产业创新层出不穷，企业应对市场变化表现出前所未有的专业化速度。①

---

① [日] 青木昌彦、安藤晴彦：《模块时代：新产业结构的本质》，周国荣译，上海远东出版社 2003 年版，第 42—45 页。

第三节 联盟价值创造

一 主导企业驱动下的虚拟运营

通过模块化分离，企业成为具有核心能力的专业化组织，它需要和其他模块化企业组成联盟来实现价值创造。每一个价值联盟都是在主导企业的驱动下形成的。虚拟运营是价值联盟的主要经营方式。

在互联网构筑的虚拟空间中进行生产经营。传统上，企业的经营活动都是基于有形物质资源，具有特定形式的组织、工作人员、设备及场地。因为时间和空间的边界严重限制了资源的流动效率和资源的丰裕程度，因此企业的经营活动在很多方面存在能力限制。亚当·斯密指出市场规模决定分工水平，分工水平决定企业生产效率。在实体空间中，地理边界将全球市场分隔成不连续的片段市场，每一片段市场规模有限。全球生产网络是互联网经济下的生产方式，企业基于虚拟空间进行生产活动的开展是其重要特征。在虚拟空间中，计算机通信技术、多媒体技术、模拟仿真技术及各种智能技术将现实世界在这里进行了逻辑再现，现实世界中片段化的市场空间在这里得到了无边界的缝合，信息在这里高度聚集并高效流动，资源配置的交易成本大幅度降低。联盟各企业之间的各种行为主要在虚拟空间中进行协调。例如，美国的Threadless公司，它是一家专业经营T恤的网络公司，这家公司的产品从设计、研发、生产、销售、物流、售后等所有过程都在虚拟空间中展开。

虚拟化联盟。肯尼斯·普瑞斯（Kenneth Preiss）等（1991）在一份题为"21世纪制造业企业研究：一个工业主导的观点"的报告中首次对虚拟组织进行了概念阐释。虚拟组织不同于传统的实体组织，它围绕核心能力，是利用计算机技术、网络技术及通信技术将分布在世界不同地区具有核心能力的企业进行互利性合作或联盟所形成的。当合作目的实现后，联盟关系随即解除。虚拟组织的形式实现了对全球各处资源快速为我所用的目标，从而大大缩短了将理念变为现实价值的时间。传统企业的研发、制造、销售、物流都依靠自己的力量组建专门的团队来开展，因为单个企业能力是有限的，企业只能在能力范围之内来组建团队。因为企业的各种资源有边界，从而其相应的活动也只能在自身的能力边界之内进行。在虚拟空间中，团队高度社会化，价值联盟组织的成员在现实中的身份可以完全隐匿，任何成员都是某项工作职责的履行者。因此，不同职责是标识虚拟团队的成员身份的主要标准。并且在团队中，大家都是平等的职责履行者，民主决策是虚拟团队的主要决策机制。由于虚拟空间覆盖现实世界人类活动的每一个角落，虚拟空间中的社会化程度要远远高于现实世界中的任何一个地区。企业在虚拟空间的虚拟团队成员，都是这个高度社会化组织中的成员。他们所处地域、工作时间都没有边界限制。虚拟团队工作以目标为导向，维系团队的是共同的利益和价值观。经济活动目标直接和市场需求相联系，因为需求是动态变化的，所以目标总是根据需求进行动态变化。当目标达成，团队功能达到了，团队就可以解散，随着新的目标的出现，组建新的团队。这种动态联盟根源于市场需求的多样性，多样性的需求需要多样性的产品和服务，多样性的产品和服务需要更为细分的专业化分工，多样化的专业分工将需要多样化的人力资本。在虚拟空间中，具有各种专业知识的专业化人力资本可以很好地满足建立具有各种功能的团队的需求。这样，虚拟团队与传统的实体团队相比具有两方面的优势：一是人力资本的丰裕程度。因为虚拟团队的基础是没有时空边界的高度社会化群体，来自全世界的人力资本都可以被利用。二是专业化水平。传统团队和企业之间是稳定的契约关系，成员的专业化人力资本和团队功能的动态变化在匹配上滞后和非效率。虚拟团队是根据团队功能需要而组建的，在虚拟空间各种专业的人力资本流动壁垒很小，具有充分的流动性，可以保证最合适、最有效率的人才流入团队，从而团队的效率会远远高于传统团队。

过程虚拟化。研发流程、制造流程、销售流程以及由此产生的商流、物流、资金流等在虚拟空间都被以各种手段进行了信息化模拟。传统上的企业操作层面的活动就变成了信息生产、信息存储、信息传输、信息加工、信息转换和控制、信息输出等活动。经营过程虚拟化，与传统实体经营相比具备两方面的优势。一是大大降低了活动成本；二是大大提高了活动的效率。传统研发、制造、销售、物流等各活动的开展也是依靠大量的信息流动和信息控制来实现的。然而，传统上主要是依靠纸这种介质来进行信息储存，而且借助传统的手工和机械的方式进行信息交换和传输及处理。虚拟空间中，信息以电子介质的形式，通过网络传输，大大提高了企业运营的效率。

通过虚拟运营，企业可以将外部丰富的资源纳入企业价值创造过程。基于全球生产网络的分工，将企业变成了具有核心能力的专业化组织，它不再拥有价值创造所需的全部功能，而只是所需功能的某一部分，或整个价值创造过程的一个片段。然而，具备核心能力的企业并不是通过产权一体化来获得价值创造过程所需的其他功能。它通常以市场契约的方式与所需的其他功能所有者进行价值联盟，通过联盟进行虚拟运营。在无边界的全球化市场中，对于价值联盟来讲，存在无数个潜在的具有核心能力的企业可供选择，对于单个企业来讲，有无数个价值体系可供选择加入。这一方面保证了企业有无限可供利用的外部资源，另一方面也为企业挑选最优质的外部资源进行联盟提供了保障。虚拟运营，使企业价值创造能力无边界发展成为可能。

二 价值联盟从生产者驱动、购买者驱动向平台驱动演化

如图3-2所示，在经济活动中，产品和服务是价值的载体，是价值创造活动的核心，目的是满足需求。价值创造体系在一定的主导因素驱动下形成，其功能是生产产品和服务。价值创造体系可以分为生产者驱动型、购买者驱动型和平台驱动型三种。

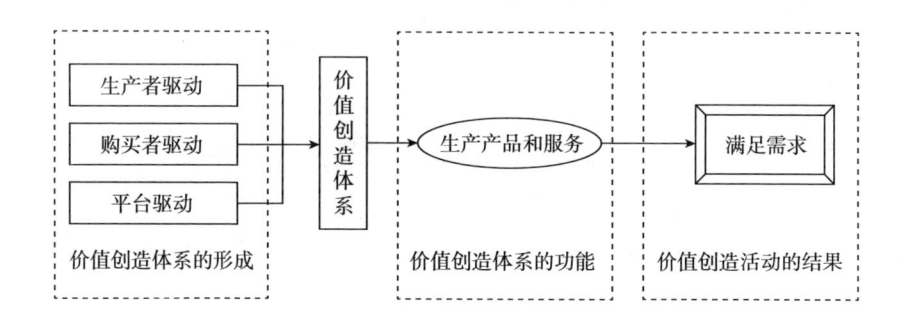

图3-2 经济活动中的价值运动过程

价值创造过程是系统性工程，Borrus（1997）是最早用"生产网络"这个词来描绘这个过程的人。在全球生产网络中，完整的产品或服务生产过程，通常建立在多个独立企业的合作基础之上，这些企业之间错综复杂的关系构成了具有独特运行机制的价值网络。每一个完整的价值创造体系都由一个主导企业或一类主导企业驱动。关于价值创造体系形成的驱动因素,传统理论分析都是基于 GVC(全球价值链)的视角。Gereffi 和 Korzeniewicz(1994)把全球价值链分为生产者驱动型(Producer – Driven)和购买者驱动型(Buyer – Driven)两种。Henderson(1998)比较了两种驱动因素的不同特征。在生产者驱动型的价值体系中,主导企业通常是资本和技术密集型的跨国公司,它通过投资来推动市场需求,从而形成价值创造的全球化垂直分工体系。汽车、飞机制造业都属于生产者驱动型的价值创造体系,在这两个行业中,大型跨国制造企业如波音、GM 都是典型的主导企业。在购买者驱动型的价值创造体系中,主导企业通常拥有强大的品牌优势或有竞争力的流通渠道,它通过贴牌或全球采购来推动市场需求,以此形成价值创造体系。服装、农产品等传统的劳动密集型产业大多都是购买者驱动型(池仁勇等,2006),耐克、国美、沃尔玛、戴尔等都是典型的购买者驱动型价值创造体系的主导企业。

GVC 理论将价值创造过程视为链式结构,基于单维价值链条的完整运动过程来分析价值体系各构成环节之间的分工结构、联系机制、演化创新特征。因此,该理论强调基于价值链来构筑企业参与分工的战略。然而,生产网络中,企业行为是跨价值链的,如果以企业为节点来勾画其价值创造的运动轨迹,就会发现各个企业都置于一个立体的价值网络,如图 3 – 3 所示。

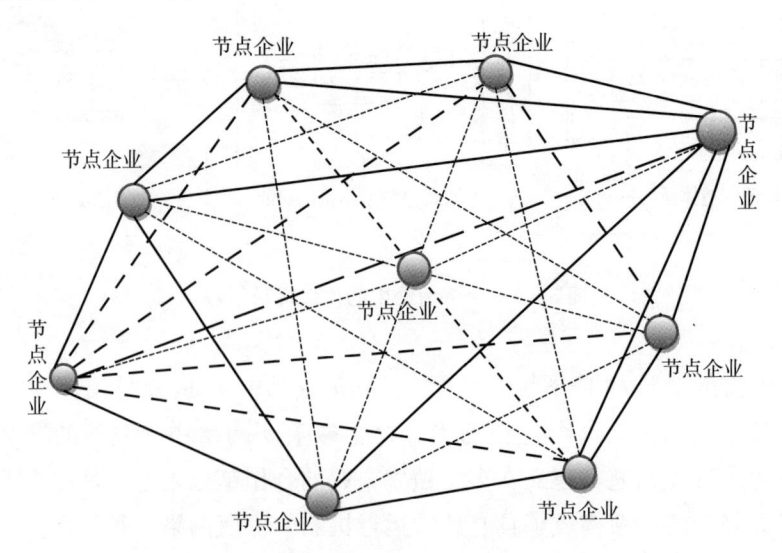

图 3 – 3　生产网络中的节点企业分布

在立体的价值网络中，每一个企业都可以同时是多条单维价值链的节点，这就为其价值延伸提供了广阔的空间。节点企业能够进入的价值链条（完整的价值创造过程）越多，其专业化的功能在不同价值创造体系中的通用性越强，其价值创造能力就越大。为了获得这种能力，各个节点企业必然选择基于由多个价值链条交织组成的价值网络来构建其分工战略。生产网络中的分工是由产业间分工、产品间分工、产业内分工、产品内分工、职能分工、流程分工、片段分工等各种分工交织融合所形成的。所以，价值网络分工是比价值链分工更为高度精细化的分工模式。更为重要的是，在价值网络中，不再局限于只有生产者企业和购买者企业这两种市场活动的中坚力量，专门为生产者和购买者服务的平台企业，正以其前所未有的整合、弹性、灵活、创新等优势蓬勃发展。从互联网经济的发展现状来看，平台企业不仅带来了一种全新的商业模式，而且它给产业创新和升级带来了革命性的变化。

平台（Platform）是一种现实或虚拟空间，该空间可以导致或促成双方或多方客户之间的交易（徐晋、张祥建，2006）。市场中，分属不同时间、空间中的经济活动群体之间互相彼此需要，这些需要借助特定的方式才能满足。平台就是使这些需求得到有效满足的一种方式，它通过特定的方式将各种市场活动主体聚集在一起，为它们创造独自无法取得的价值。基于平台聚集在一起的企业，各自正的外部性被平台凝聚在一起，任何进入的企业都可以获得这种外部性所带来的价值。在 eBay 和淘宝网上，各种企业和消费者都被聚集在一起，从而形成了强大的市场规模，置于其中的每一个客户都能获得规模外部性和范围外部性。相比生产者和购买者，平台企业是一种新型企业，而且已经发展成了一个产业。三种驱动型价值体系的比较如表 3-1 所示。前面已经介绍了生产者驱动型和购买者驱动型的价值体系特征，对于平台驱动型价值创造体系来讲，平台企业在整个产品和服务的价值创造过程中，既不表现为生产者的特征，也不表现为购买者的特征，它通常是生产者和购买者的服务提供商，生产者和购买者是其客户。平台企业的最大优势是信息整合，这种优势极大地降低了企业间的交易费用，更能促进企业的专业化水平向纵深发展，从而增强企业的核心能力。

表 3 – 1　　　　　　　　三种驱动型价值体系的比较

生产者驱动型	购买者驱动型	平台驱动型
资本和技术优势	品牌优势和销售渠道优势	信息整合效率
由生产者投资来推动市场需求，形成全球生产供应链的垂直分工体系	贴牌加工（OEM）或采购等生产方式组织起来的跨国商品流通网络	利用平台将各种经济活动主体有效整合在一起，可以驱动多个价值创造体系同时形成
汽车、飞机制造业等，大多属于生产者驱动型价值链。在这类全球价值链中，大型跨国制造企业（如波音、GM 等）发挥着主导作用	服装、鞋类、农产品等大多属于这种价值链，发展中国家企业大多参与这种类型的价值链	Apache、iPhone、Amazon、eBay、Facebook、threadless.com、京东商城、淘宝、QQ 等

资料来源：笔者整理。

多边市场融合。同一平台企业能够同时驱动多个价值创造体系形成，将多个市场活动主体整合在统一的市场空间中，让每一个进入平台的客户都能增加福利。在互联网市场经济中，一个软件平台企业，通过定义软件体系各个功能模块的"接口规则"，将不同的软件开发商整合在一起。基于平台多边市场融合并不是简单地将各种消费者群体集合在一起，如果那样，只不过是将小市场变成大市场。依靠平台融合的多边市场表现出典型的科层特征。成功运行一个平台需精心筹划，要有正确的价格结构，平衡不同用户群体的需求，并培育各边市场（David S. Evans，Andrei Hagiu，Richard Schmalensee，2006）。例如，对于信用卡公司来讲，如果消费者不使用信用卡，各商家也不会接受信用卡。腾讯公司免费提供 QQ 号码申请，通过积累用户规模将广告商客户、游戏开发商客户等各种群体融合在一起。从信用卡公司和腾讯公司的价格策略来看，它们共同的特点是结构化定价，客户群体之间价值关联度高。信用卡公司通过刷卡免年费的形式向持卡人提供信用卡服务，与商家分成刷卡消费获取的利润。腾讯公司向 QQ 号码用户免费，向广告、游戏运营商收费。

开放接口。接口是价值创造体系各个功能单元实现功能协调的联系通道。这个通道表现为明确的规则，在市场交易中属于公开信息。而每个功能单元的功能实现过程是隐秘的，属于企业私有信息。平台企业通过公开接口规则，将具有不同功能的其他企业整合在一起。在一个第四方物流公司搭建的服务平台上，它对各类客户进入平台的方式进行了规则定义。这些规则是开放的，通过不同接口规则进入的客户信息被平台自动分类，从而可以被另一类客户方便使用。运输公司、仓储企业、支付机构、物流需求者，只要遵循开放的接口规则，就可以低成本进入第四方物流平台，获取平台提供的服务。现代证券交易过程通常在一个统一的软件平台上进行，上市公司、券商、投资者、其他金融服务公司都是具有专业化功能的模块单元，它们通过证券交易软件的界面接口整合在一起。证券交易软件运行在互联网构筑的虚拟空间中，它实行分布式并行作业，能够进行全世界 24 小时联网交易，因此，它有效提高了国际金融市场的资本配置效率。

竞争与整合的商业生态系统结构。平台是置于价值网络的，高度专业化的分工将原来各种完整的价值创造过程，分解成多个独立的模块单元，这些模块单元一方面获得了更多的价值创造选择空间，具备充分的竞争激励，另一方面也面临价值整合的模块间协调效率问题。一方面，平台采用公开统一的界面接口规则，模块间的竞争是透明的；另一方面，平台是价值创造体系的主导企业，对各种接口规则的定义是非市场的科层行为，这种科层行为能够保证竞争有序进行。由此，基于平台构建的价值创造体系是一个跨行业的商业生态体系。京东商城、当当、淘宝三家平台企业服务的客户群体涵盖服装、数码电子、家居、建材、食品、医疗保健、汽车、配件、图书、休闲娱乐等多个行业。对于平台中各种企业客户来讲，遍布互联网空间的消费者是终端客户，正是这些终端客户直接或间接将它们吸引到统一的平台之上。平台在各种经济活动主体间发挥平衡砝码的作用，它利用竞争和接口整合融合市场与科层双重优势，从而增进平台上所有活动主体的价值。

宏基公司总裁施振荣用微笑曲线形象地描述了价值链中的价值分配特征。在一个价值体系中，同生产制造与加工相比，研发与设计、品牌管理与营销位于价值链的高端，占据了价值体系中的大部分价值。价值在价值链上的分配呈现出两头高、中间低的微笑曲线形状。然而，价值链上的各个节点是价值创造过程不可或缺的环节。微笑曲线只能描述置于价值链中的各种企业价值分配的特征，因为价值链是完整的，有边界的，所以，置于其中的企业价值创造能力必然受价值链边界的局限。然而，在互联网经济中，有些企业是超越价值链条存在的，平台企业就属于其中的一种。平台企业本身可以不具备价值链上任何环节的功能，但它可以为价值链提供服务，使价值链的价值创造效率更高，从而实现价值增值。在实践中，平台企业往往是和价值链条某个环节融合在一起的，正是这些企业的存在，使原来独立、完整的价值链条被融合成有机的价值网络体系。此外，同一个平台并不局限于只驱动一个价值创造体系，它能够同时驱动多个价值体系形成。当平台企业进入价值创造过程时，价值分配的微笑曲线就发生了很大的变化。如图3-4（b）所示，原来处于价值链条各个环节的企业都可以将自己发展成为平台型企业，从而占据价值创造体系的高端，打破生产和制造企业只能获取较少价值分配的局限，实现自身价值增值。不管是研发与设计企业、品牌管理与营销企业，还是生产制造与加工企业，它们都可以通过将自己发展成平台型企业，以此提升其价值实现空间。当每一个价值创造环节都可以获得高的价值分配时，微笑曲线就变成了波浪形。

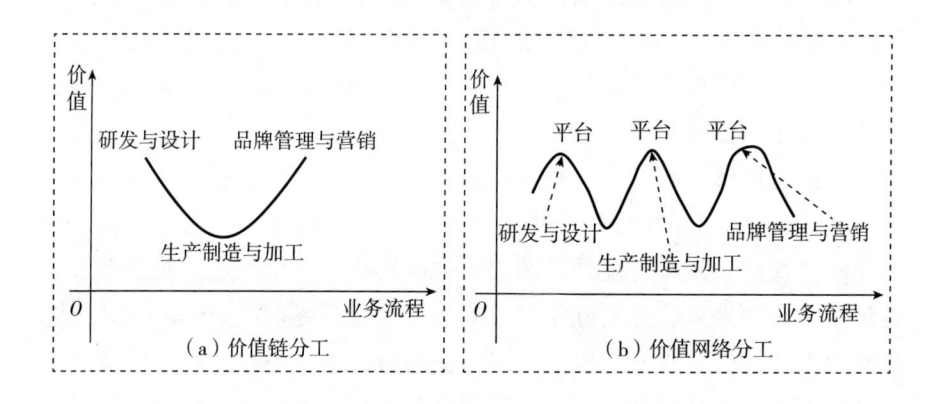

图3-4　价值分配结构示意

第四节　市场与科层融合的经营机制

一　市场和科层的比较

企业运行机制直接决定企业价值创造的效率。企业运行机制也就是企业制度，它是企业围绕产权而设定的行为规则，而这种行为规则主要体现为对产权的各种安排。约翰·罗杰斯·康芒斯（John Rogers Commons）指出制度是集体行动的规则，道格拉斯·C. 诺斯（Douglass C. North）认为制度是群体对个体行为的限制（余菁，2011），其实质是关于产权的各种规定。产权的构成要素主要包括财产的所有权、使用权、收益权和处置权。产权的各种形态在市场交易中具有相对独立性、可分离性和流动性，各自在市场上交易价格的差异引致了它们不同的分化和组合，从而形成不同的企业制度形式。而不同的制度形式对在企业内部资源配置形成了不同的激励和约束效率。因此，企业关于物质、能量、信息的产权安排直接影响其流动性及流动效率。这主要表现在，围绕物质、能量、信息的所有权、使用权、收益权和处置权不同的组合方式将对这些资源产生不一样的配置激励，从而导致不一样的经济结果。

行政关系控制下的产权配置效率。一体化企业中的产权关系主要表现为行政关系，其产权配置范围具有显著的控制权边界特征。资源的流动在控制权边界的约束下，价值创造空间被置于企业单元之内，这就极大地限制了资源价值创造能力的发挥。资源按照能动性标准可以划分为人力资本和非人力资本。非人力资本作为被动性资源，通常其所有权、占有权、支配权、使用权、收益权和处置权可以被企业完整地拥有，但是，人力资本是主动性资源，其所有权和自然人具有天然不可分性，不能像非人力资本那样通过交易将所有权从一个主体转移到另外一个主体。企业不能获得人力资本质量的所有信息，而且，甄别人力资本是否充分供给的成本非常高昂，甚至根本不可能。因此，企业不能通过产权转移得到完全的人力资本的所有权，而只能得到部分的控制权。产权的所有内涵都是依附于人的，离开了人，所有权、占有权、支配权、使用权、收益权和处置权就失去了依托和区分的意义。因此，人力资本是企业制度框架中的核心要素。一体化权威指挥机制依靠行政关系来配置产权，对于非人力资本的控制效率可能会较高，但是，对主动性的人力资本控制效率有限。原因在于：第一，人力资本输出质量的量化难度太大，对其监督的成本太高；第二，行政指挥机制导致被指挥者不用关心市场发展状况，当指挥者决策存在偏差或者决策失误时，没有一个良好的纠错机制；第三，行政关系控制下的产权受到企业边界的约束，资源价值创造的动力不足，尤其是人力资本，在企业的控制权约束下，人力资本的薪酬体系对其创新的激励有限。鲍德温和克拉克（1997，2000）考察 IBM360 模块化制造过程时发现，同一个员工，在一体化的 IBM 体系中依靠指示进行工作和变成了独立的模块制造者后自主进行工作，其创新性判若两人，而造成这种差异的根本原因在于产权安排的激励机制不同。企业一体化产权安排机制束缚了人力资本的创新性。人力资本的主动性特征决定了对其最有效的制度安排是激励，这就需要市场"看不见的手"的配合。

二 企业在内部引入市场机制

将市场交易契约的关系引入企业，能够通过市场机制弥补企业权威机制在人力资本激励方面的不足。关于物质、能量、信息的所有权、使用权、收益权和处置权都依附于人，并且这些产权形式能被分离，这样通过交易可以实现在不同交易主体之间的流动。根据科斯定理，当交易成本为零的时候（在这里可以理解为产权可以自由无障碍的流动），只要产权界定清楚，不管产权的初始状态如何安排，市场机制会自动使资源配置达到帕累托最优。传统经济学认为在交易双方信息不对称的条件下，有限次博弈必然产生机会主义行为。这种博弈实际上基于一个前提，那就是利益损失的一方不能有效地将对方机会主义行为的信息传递给潜在的其他交易者。虽然交易费用为零是一种理想状态，但是在互联网经济中，交易者之间的博弈环境发生了根本性的变化，信息技术有效降低了交易费用，信息交流的效率得到了极大提高，对于机会主义行为进行监督的成本被大大地降低了。如果存在这样的信息有效传递手段，那么，任何存在机会主义行为动机的交易者必须审慎行事，一次性的欺骗，可能招致所有潜在交易伙伴对其施行交易拒绝。虚拟空间信息扩散的速度和扩散的范围，给机会主义行为构成了巨大的潜在成本，从而引进市场机制可以降低企业对于机会主义的监督成本。企业和市场融合实际上是去掉了企业和市场之间的边界，用模块化替代一体化企业中的子系统，用模块间市场竞争关系替代子系统间的行政科层关系，用交易契约界面替代产权指挥界面，如图 3-5 所示。

用模块替代一体化企业中的子系统，在上面阐述核心能力塑造的过程中已经做了说明。通过模块化，一体化的产权关系运行机制发生了很大的变化，主要表现在以下几个方面。

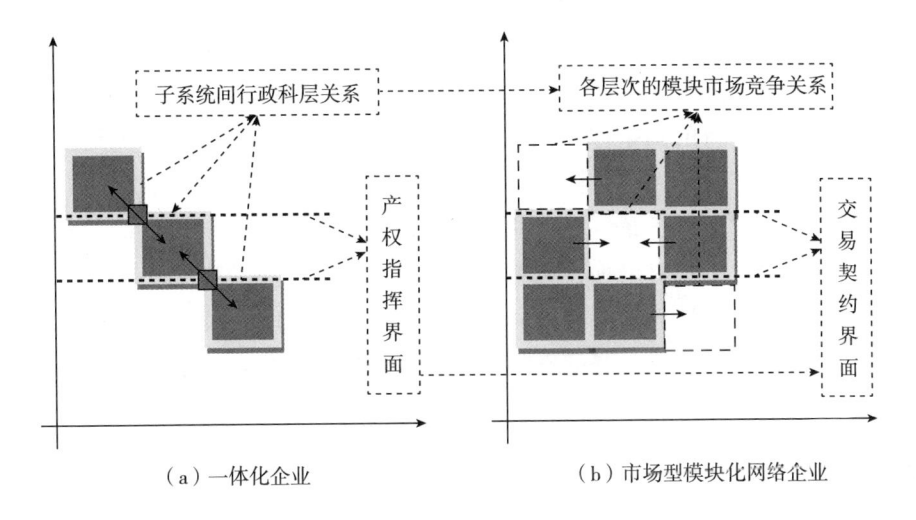

图 3-5 一体化企业与市场型模块化网络企业

（a）一体化企业　　（b）市场型模块化网络企业

一体化企业中子系统间的行政指挥变成了市场中的模块化整合。在一体化企业中，子系统是企业支配的功能单元，它依靠权威控制者的行政指挥来运行。不同子系统间属于行政隶属关系，单个子系统行动具有权威指挥的边界约束。模块化后，一体化的子系统变成了相对独立的半自律性的功能模块，这种模块不完全隶属于某个一体化企业，它和一体化企业之间是合作关系，或者是市场交易关系，每一个模块单元成了交易主体。原来意义上的一体化企业成了由界面规则支撑的开放框架体系，如图 3-5（b）所示，图中灰色方块代表具有实际功能的模块系统，白色方块代表的是没有实体的规则框架，这个框架说明了在其内部要安放具备什么样功能的模块，实际就是明确表达了对特定功能的需求。图中的黑色箭头从灰色方块指向白色方块，代表具有实体功能的模块的运动方向。处于每一层次的灰色模块，相互之间通过"淘汰赛"来竞争白色方块的位置。这样就保证了进入白色方块位置的灰色模块一定是最适合要求的，从而也保证了企业子系统模块的运作效率。当处于特定层级的功能需求发生了变化，使现存模块不能适应时，这个模块就会被处于外围市场中的更能适应需求的模块所替代，从而使现存模块退出；或者，原有模块进行自我变革和创新，使自己适应新的需求，从而维持在企业中的位置。这样一来，企业就具备了灵活的市场应变能力。如果企业中的所有实体模块都市场化，那么，企业就成了一个纯粹的规则体系，其本身就成了在制定规则上具有核心能力的模块组织。

产权指挥关系的界面变成了市场交易契约的界面。在图3-5（a）中，与横轴平行的两条虚线代表子系统间联系的界面，灰色方块代表一体化企业的各个子系统。因为一体化的企业对其内部各个子系统拥有完全的控制权，所以子系统与企业之间是控制与被控制的产权关系。当一体化的纵向垂直层级增加，或者横向跨度加大时，行政科层就会形成多个层次的产权指挥界面。整个行政指挥体系运作呈现指挥流水线形态。在各个灰色大方块对角线处有一个小四方块依次将它们联结在一起，运行命令依靠次序传递和反馈，如图中对角线上双向箭头所指方向。中间任何一个环节出现问题，整个体系的运行进程就会受到影响，进程中止或瘫痪。行政关系的紧密相连特征使一体化体系具有稳固的层级结构，即使市场环境发生变化，也不容易调整。在图3-5（b）中，一体化企业中的子系统被相对独立的模块所替代，图中平行横轴的虚线从产权指挥界面变成了交易契约界面。交易契约将原来产权指挥界面同时关注过程和结果转变成了只专注结果，而将过程决策的权力完全交给模块组织。这就降低了企业体系运行的过程管理成本。这是因为它有效减少了价值体系中领头企业协调和控制体系运行所需的信息量。鲍德温和克拉克（2000）将模块化信息系统分为"看得见的信息"和"看不见的信息"，青木（2001）将其分别称为"系统信息"和"个别信息"，界面规则实际上就是看得见的系统信息，而模块化内部运行过程对于企业体系来说就成了看不见的个别信息。在图3-5（a）所示的一体化企业里，产权指挥界面要发挥指挥功能，必须同时拥有两方面的信息，这就造成了权威指挥需要很高的信息成本。而在图3-5（b）所示的模块化网络企业中，交易契约界面只要求企业体系做好看得见的系统信息就可以了，不用花费高昂成本去获取权威控制所需的个体信息。这样，企业就从复杂的过程控制和指挥中被解脱出来，它只需要集中精力做好交易契约界面的设计。此外，由于界面已经清楚标明了功能需求，各个系统只要达到最终需求的结果，过程完全可以进行并行处理，从而可以提高整个体系的运作效率，而不再受制于流水线式的衔接和等待。

交易契约界面的动态演化性。产权指挥界面是相对稳定的，这主要是因为企业和子系统之间相互的选择空间被锁定了。行政指挥的作用范围以其所控制的产权为边界，而被指挥的资源则以命令为边界进行价值创造，这样就构成了二维锁定的边界约束。如图 3-6 所示，子系统 a、子系统 b，一直到子系统 n 等的价值创造空间局限于企业控制权边界。

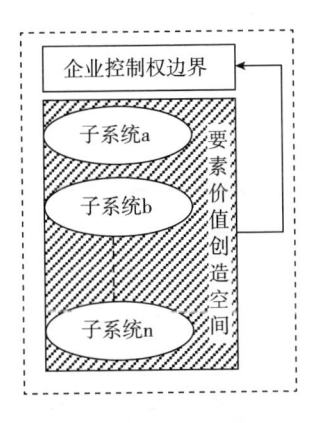

图 3-6　产权控制界面下的资源价值创造空间

而在图 3-7 中，市场由无数个价值体系所组成，图中标出了两个价值体系，每一个价值体系实际上都是一个模块化网络，实体模块在市场空间中是相对独立的单元，在空间中自由移动。在实体模块没有进入价值体系之前，价值体系表现为由 n 个界面规则组成的框架。在市场空间中，模块 a 既可以选择进入价值体系 1，也可以选择进入价值体系 2。而且，在进入价值体系的过程中，它有 n 种进入选择，可以选择按照界面规则 a 进入体系，也可以选择按照界面规则 b 进入，或者选择其他的界面规则 n 进入。这样一来，如果市场空间中有 m 个价值体系可供选择，每一个价值体系有 n 种进入界面规则，那么，每一个模块组织就有 mn① 个价值实现的选择空间，从而比一体化条件下多了 mn-1 种选择方式。如果每一个模块通过复制，同时加入多个价值体系，那么，模块价值创造的机会就会呈现几何数字增加。市场是变化的，企业必须调整界面规则的结构来适应市场变化，这种界面结构的调整可以是局部的适应性调整，比如只修改单个模块功能区的界面规则。这样就能提高系统的灵活性，因为，模块间的淘汰赛以界面规则为核心，当规则发生变

---

① 从 m 个价值体系中选择一个，就是 C_m^1，选定了一个价值体系，有 n 种途径进入，就有 C_n^1，从而单个模块系统价值实现方式就有 $C_m^1 \times C_n^1$ 种。

化，进入的模块也会发生变化，而变化单个区域不需要整个体系变动，这既可以保证整体的有序性，又可以增强其市场反应的灵活性。由此可见，从一体化的产权指挥界面到交易契约界面，企业打破了产权控制下要素价值选择空间的边界限制，用动态演化的交易契约打破了产权控制的僵化机制，使体系在市场变化中保持充分的灵活性。

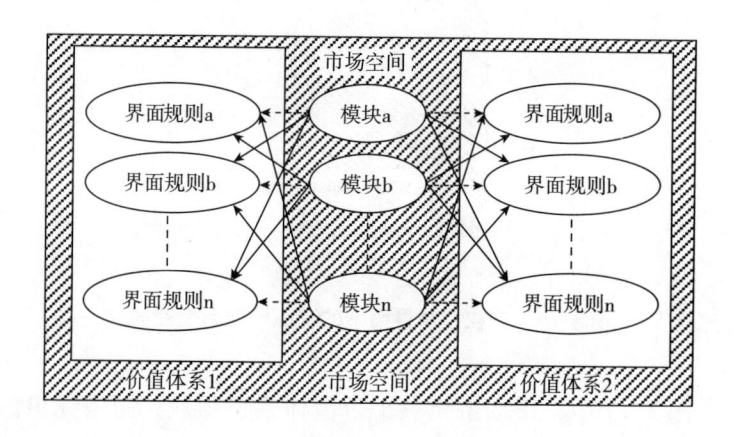

图 3-7 交易契约界面下的模块价值

三 企业以科层的方式嵌入市场

亚当·斯密将市场视为"看不见的手"，钱德勒将企业视为"看得见的手"。斯密"看不见的手"实际指的是市场价格机制是交易主体通过自发进行交易决策来配置资源的行为机制。钱德勒"看得见的手"指的是企业依靠企业家权威指挥资源配置的机制。因为市场价格机制引导下的资源流向事前是不确定的，它流向哪里取决于经济人交易中的自由博弈状态，根据古典经济学均衡理论，信息完全条件下，自由博弈总能达到效率均衡状态，就好像有一只无形的手在推动一样，而在企业中，各种资源的流向是靠控制权所有者进行指挥的，所以，事前就知道资源的流向，正因为如此，钱德勒将企业视为"看得见的手"。然而，古典经济学的完全信息假设和现实距离较大，需要将这个假设放松。当放松这个假设，市场信息不再完全，交易主体间的自由博弈就失去了自动达到效率均衡的基础，市场失灵现象到处可见，"无形的手"还需要"有形的手"给予支援。因此，青木昌彦将模块化组成的企业网络化模块体系视为"看得见的手"和"看不见的手"之间的联合。图 3-5

(b) 和图 3-7 所示的就是市场中嵌入科层的组织形式和资源的价值配置机制。根据科斯关于企业性质的理论，市场中嵌入科层可以降低交易费用。不过，本书所指的嵌入科层不是科斯所指的对市场价格机制的完全替代，而是对价格机制的补充。交易成本包括信息成本、签约成本和契约实施成本，交易成本造成企业和市场有两个方面的不同，如图 3-8 所示。

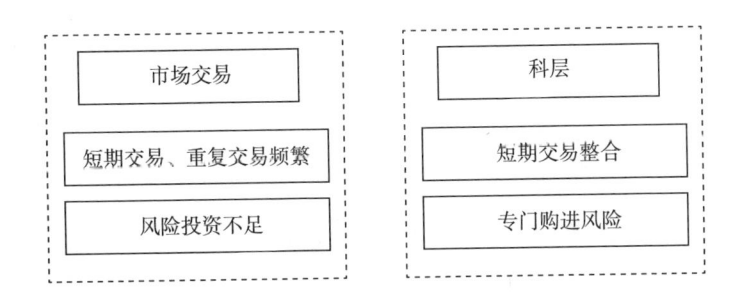

市场交易	科层
短期交易、重复交易频繁	短期交易整合
风险投资不足	专门购进风险

图 3-8 市场和企业的重要特征比较

在信息不完全的情况下，市场交易存在不确定性，交易双方为了达成交易，谈判通常是反复性的，每一次交易都需要订立一次契约，这种契约可能是口头的或者是书面的，可能是显性的或者是隐性的。因为信息不完全，契约也是不完全的，由此引发的交易纠纷往往使契约执行成本很高。这种频繁的短期交易和重复交易形成了巨大的市场交易成本。在投资过程中，尤其是在专用性投资过程中，因为市场交易的不确定性，很容易使专用性资产形成可占用性准租，从而导致市场上专用性资产的投资不足。分工是促进生产力提高的重要途径，专用性投资对于分工细化和专业化具有核心影响作用。科层在解决这两方面的问题上具有显著的优势：首先，科层降低了短期交易和重复交易的次数，从而避免了每一次交易都重新订立契约的成本。其次，科层通过购进剩余索取权，将专用性投资风险分散和降低，从而刺激专用性投资水平的提高。

引入"舵手"将科层嵌入市场。市场将信息汇集在一起，这是市场的优势所在，然而，信息的无序流动对交易主体产生不了有效率的价值。科层正是从市场信息处理在此方面存在的不足这个缺口嵌入市场，青木昌彦（2003）借用阿罗、赫维兹（1960）的"舵手"概念将模块集中化过程中处理系统信息乃至创造出"看得见的信息"的过程定义为"舵手"负责处理专业的、排他的系统信息,并事先决定模块的联系规则的过程。"舵手"实际就是科层,强调计划性,是将市场内在的"隐匿的有序运行规律"以"看得见的规则"表达出来,并以此协调和控制相关模块的经济行为。由此可见,科层是"舵手",是规则"设计师",它正是以"设计师"的身份嵌入市场,履行实现价值创造的职能。青木昌彦(2003)设想了三种模块集中化的基本形式:①金字塔形联系。"舵手"事先决定模块体系的联系规则,体系形成后,即使系统环境发生很大变化,只有"舵手"有权改变联系规则。②信息同化型联系。"舵手"和价值体系中的其他模块持续互动,交换经常发生变化的系统信息,两方共同驱动界面联系规则的调整。③信息异化型·进化型联系。多个类似"舵手"并存,形成了"模块集约地",多个模块发出的"看得见的信息"不一定是相同的,这种异化的信息由"舵手"从其本身所处的环境加以解释,并以简明形式在模块集约地呈现。分散的信息在处理、传达和交换的过程中经过子系统模块的比较、解释和选择,模块间的联系规则不断被筛选,呈现进化发展形态,"舵手"通过事后对整体规则的整合,找出最合理的模块联系规则,形成价值创造体系。

第四章 全球产业分工格局对不同国家经济的影响

——以离岸外包为例

第一节 导言

20世纪末以来,随着信息技术的发展和运输成本的下降,垂直一体化的企业越来越被垂直分解的企业所代替,企业将资源集中于最具有竞争优势的业务,而把不具有竞争力的业务外包给其他企业。外包既可以发生在一国之内,又可以发生在国际范围。由于国家间要素禀赋的差异要比国内大得多,离岸外包成为外包的主要形式。在离岸外包模式下,企业在全球范围内整合价值链中的资源,将那些在国外生产具有竞争力的环节外包给国外的企业。离岸外包与蓬勃发展的国际投资、国际贸易结合起来,形成全球离岸外包的浪潮(The Outsourcing Tidal Wave)。在美国,离岸外包成为2004年总统选举期间的主要话题,主要报纸、杂志持续地对该问题给予报道。在2004年2月底美国《纽约时报》就"50年后再回过头来看2003年的美国,你认为什么事情对你影响最大?"的问题所做的一项调查中,40%的人将离岸外包作为第一选择,反恐反倒排在了第二位。

离岸外包实际上是国际分工的一种新的形式。从全球范围来看,离岸外包的结果就是全球生产网络的形成:一件产品或者服务的生产或提供需要依赖分布在全球范围(多个国家)的多个企业来共同完成。这种全球生产网络的形成,不但改变了国际贸易的形式和跨国公司配置资源的方式,即从产业间分工转向产业内或产品内分工,从全价值链的国内自己生产转向全球范围内的价值链整合,而且改变了参与离岸外包各国的产业结构、创新模式、企业绩效、就业与资源消耗等多个经济、社会的重要方面。大多数经济学家认为，离岸外包就如同传统的国际贸易一样，能够发挥参与外包双方的比较优势，能够增加交易双方的福利。但是也有不同的声音，例如诺贝尔经济学奖获得者保罗·萨缪尔森（Paul Samuelson）和约瑟夫·斯蒂格利茨（Joseph Stiglitz）等人都表达了对离岸外包负面影响的关注。由于离岸外包所造成的诸如就业岗位流失、环境污染等负面影响直接关系到个人，对离岸外包的反对声在媒体和公众之中更为强烈。

各国在离岸外包中扮演的角色有很大不同，技术水平和资本实力的差异使这种不同更多地表现在发达国家与发展中国家之间：发达国家作为发包方，发展中国家作为承包方。离岸外包开始主要集中于一些劳动密集型的制造业领域，例如发达国家的企业将服装加工、电子产品组装等外包给低成本的发展中国家的企业。但是随着服务业可分割性的加强，特别是信息技术的发展使交易成本大为降低，例如芯片设计、基础研究、软件设计、呼叫中心、会计、金融分析等服务性业务也开始向发展中国家转移。在离岸外包中角色的差异使离岸外包对发包方和承包方的影响迥异，各国学者和公众关注的焦点也不尽相同。例如在美国，更关注离岸外包对就业的影响。离岸外包对就业岗位的影响一度成为21世纪以来的热门话题，福雷斯特研究公司（Forrester Research）预测，到2005年年末转移到国外的就业岗位有83万，到2015年这一数据将达到340万。Ron Hira和Anil Hira（2005）甚至认为，外包对于美国公司来说不是不理性，而是短视。而对于中国这样大量承接离岸外包活动的发展中国家来说，学者虽然承认外包能够获得大量的就业机会和市场需求，但是也关注在全球离岸外包中被锁定于价值链低端环节的风险，以及由于承接高耗能、高污染环节所产生的能源消耗增加、环境污染加剧等问题。

离岸外包不仅是一个经济问题，而且还是一个政治问题。对于政府来说，必须要协调外包的经济效益与失业等社会问题之间的矛盾。同时，许多国际问题的争论也与离岸外包密切相关。例如，发达国家将许多劳动密集型的生产活动外包到发展中国家，可能造成发达国家对发展中国家的贸易逆差。发达国家认为发展中国家应该采取措施减少对发达国家的顺差，而发展中国家则认为实际的出口被离岸外包放大了，离岸外包的实际收益大部分被发达国家获得了。又如，发展中国家可能因承接国际产业转移而造成能源消耗的快速增长，在降低发达国家能源强度的同时，会遭到发达国家的指责或者更高的减排要求。

美国是世界上最大的经济体和最发达的国家，由于技术领先和劳动力成本高，也是世界上离岸外包最大的国家。相应地，中国是经济发展速度最快的国家之一，也是出口增长最快的国家和最主要的承接离岸外包的国家之一。因此，把美国这个最大的外包国和中国这个最大的承接外包国拿来分析具有典型性。同时，对于离岸外包有关现实问题的回答还能应对两国之间的一些经济的、政治的摩擦和争论。例如，中国承接大量美国离岸外包导致的对美贸易顺差，美国国内将失业增加归咎于发展中国家承接离岸外包，中国能源消耗的快速增长以及对国际大宗商品价格造成的影响等。对于中国而言，美国面临的许多离岸外包的负面影响可能也是中国将来需要面对和解决的。中国之所以成为世界的制造基地和承担离岸外包最主要的国家，很大程度上得益于其低廉的劳动力成本。但是随着经济的发展，中国的劳动力成本快速提高。20世纪90年代初，中国的劳动力成本处于发展中国家最低之列，但是目前已超过印度、菲律宾、印度尼西亚等发展中国家。基于劳动力成本等初级要素的竞争优势是非常脆弱的，中国原来承接的许多制造业和服务业的外包活动有再次被外包到其他国家的风险，从而造成国内就业岗位的流失。本章将以中国、美国为例对离岸外包现象及其对发达国家和发展中国家的影响展开分析。

第二节　离岸外包的内涵和发展

一　离岸外包的内涵

企业生产最终产品需要各种各样的中间投入（可能是实物产品，也可能是服务），它们可以选择自己生产这些中间品，也可以从其他企业购买这些中间品，这是典型的"自制或购买"决策。企业停止自己生产某种中间投入而转向由外部供应商采购的现象就被称为"外包"（Gnuschke et al., 2004）。企业既可以将中间投入的生产外包给本国的供应商，也可以外包给其他国家的供应商。当企业将原本在企业内部进行的价值链活动（中间投入的生产）外包给位于母国之外的外部供应商时，就是离岸外包，也有人称之为国际外包。Antras 和 Helpman（2004）认为，离岸外包是生产过程的国际片段化提高的表现。企业离岸外包的内涵包括以下几个特点：(1) 失去对一个或多个主要价值链活动的直接控制；(2) 未来潜在的战略创新过程依赖于与独立的、国外经营者的合作；(3) 依靠新的能力来处理与其他国家新合作者的、增加的认知距离（Maskell et al., 2006）。OECD 的一份报告比较了离岸（Offshoring）、外包（Outsourcing）与离岸外包（Offshore Outsourcing）的区别。外包指将原本在企业内部进行的工作或过程转移到外部供应商，而不论供应商的地理位置；离岸指将工作或过程转移到国外，而不区分是国外的供应商还是附属的内部企业。因此，外包的概念包括生产活动在国内或国外的重新配置，而离岸仅指国际性的重新配置（Olsen，2006）。有不少研究将离岸和离岸外包等同（如 Levine，2011），但实际上二者存在着根本性的区别。离岸外包与离岸的根本不同在于，离岸业务既可以属于母公司也可以外包给专业化的供应商；离岸外包发生时，企业需要将业务的所有权转移给供应商，同时控制权从内部的科层转向以合同为基础的治理，即必须要有所有权和控制权的转移，活动由外部的供应商实施而不是内部单元（Htnen，2009）。如图 4-1 所示，离岸包括国际（离岸）外包和国际内包，国际内包与国际直接投资和企业内贸易相联系。之所以很多研究不区分离岸和离岸外包，主要是出于数据获得性的考虑。获得离岸的统计数据非常困难，要得到离岸外包的数据更是难上加难。

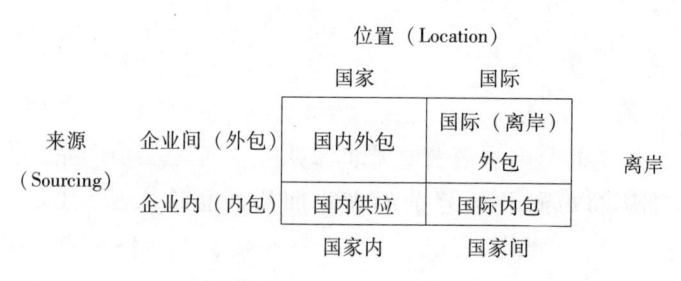

		位置（Location）		
		国家	国际	
来源 （Sourcing）	企业间（外包）	国内外包	国际（离岸）外包	离岸
	企业内（内包）	国内供应	国际内包	
		国家内	国家间	

图 4-1 内包、外包和离岸外包的示意

资料来源：Olsen（2006）.

由于研究的重点不同，不同学者对离岸外包所包含的产业范围的理解也不尽相同。一些学者认为离岸外包既包括商品，也包括服务（如 Gnuschke et al.，2004），另一些学者则认为离岸外包仅包括服务业（Levine，2011）。本书采纳广义的外包内涵。此外，我们需要注意离岸外包的相反过程，如果在一国生产的商品或服务被其他国家的非附属企业采购，那对该国来说就是进岸（Liu and Trefler，2008）。例如，如果中国企业购买美国非附属企业生产的产品作为投入，美国就发生了进岸；换言之，美国的进岸就是中国的离岸。但是，本书主要还是从离岸外包的角度展开研究。

二 离岸外包的发展

实际上，离岸外包早已有之，之所以离岸外包成为当今的热点，是因为其涉及的产业范围、规模以及影响深度和范围都要比以往大得多。离岸外包最早发生于20世纪50年代，当时美国等发达国家的基础制造业开始转移到经济欠发达的海外国家（Clott，2004）。受国外廉价劳动力以及轮船和铁路带来的不断降低的运输成本以及全球化不断深入的推动，通过将制造环节外包到其他劳动力成本更低的国家，企业可以进行劳动套利（Labor Arbitrage），比仅在本国生产获得更多的利润（Olsen，2006）。离岸外包最初发生在制造业领域，发达国家的纺织业在20世纪70年代和80年代转移到拉美，90年代又转移到中国；70年代开始，美国的电子计算机和通信设备产业将集成电路板、半导体等电子部件外包到东南亚（Gary，2004；Hill，2007）。Hummels、Ishii和Yi（2001）从10个OECD成员和4个新兴市场国家收集的数据显示，外包的零部件贸易占到这些国家出口的21%，国际外包在1970—1990年大约增长30%。Bettis（1992）等将外包看作20世纪末期西方呈现出的产业景象的重要部分，为了应对80年代早期以来终端产品市场上不断增长的竞争压力，将关键部件甚至全部系统外包给亚洲的伙伴企业成为发达国家企业的普遍做法，外包的范围从消费电子、计算机、汽车、纺织到产业机械，其范围涵盖从简单组装到复杂的高附加值的品牌产品（Clott，2004）。由于工业化国家担心外包会通过制造业的空心化（Hollowing Out）削弱它们的长期竞争力，制造业的离岸外包在20世纪80年代末期和90年代初期曾引起巨大关注（Ellrama et al.，2008）。

即使在今天，低技能的工作仍然继续由发达国家外包到低成本的国家，只是离岸外包的范围从制造业扩展到服务业。就像Bhagwati等

(2004)所指出的,与20世纪80年代外包主要被看作生产过程的片段化不同,目前的外包模式包括对来自国外服务的长距离购买。与制造业的离岸外包类似,服务业的离岸外包也受益于成本的下降,主要是信息技术快速发展带来的通信成本的大幅度下降和通信效率的提高。服务业的离岸外包出现于20世纪80年代后期和90年代早期,主要是与顾客服务有关工作的外包(Olsen,2006)。美国服务业的外包是对80年代早期连续经济衰退的反应,通过聚焦于核心业务并外包外围活动,从而提高效率、降低成本;2001年的经济衰退进一步促使美国企业将外包范围从蓝领的工厂工作扩展到服务业的白领工作(Levine,2011)。服务业离岸外包的快速发展还受计算机千年虫问题(Y2K)的推动,90年代中期,美国IT服务业大规模外包给印度软件企业。如果说早期的服务业外包主要是蓝领等工作的话,那么现在高专业技能的白领服务业工作也越来越多地外包到国外,并且外包的范围从信用卡账单处理、软件代码编写等简单服务工作扩展到处理住房贷款申请、解释病人的CT扫描、为投资者进行公司财务分析等,并且企业越来越希望将产品设计、研发、工程服务、软件开发等高技能的创新活动外包到国外(Levine,2011)。制造业离岸外包与服务业离岸外包的对比详见表4-1。

表4-1　　　　　　　　　制造业和服务业离岸外包对比

制造业离岸外包	服务业离岸外包
主要是蓝领工作	主要是白领工作
主要在制造业	跨产业,包括制造业内部的服务性工作
相似的、相接的技能、岗位被影响,导致制造业的空心化	不相似、无关的技能和岗位被影响,导致经济中的许多领域受到损害
工资和生产网络驱动	工资、英语、制度适应性和兼容性
导致服务业就业的溢出增长	导致服务业的重新洗牌
导致蓝领和白领职业增长的不平等	导致白领职业内增长的不平等
需要高资本投资,物流结构复杂	需要低资本,物流简单

资料来源:Kroll, Cynthia A., "Globalization and Local Development: The Case of Offshore Outsourcing", Poster Presentation to the APA National Planning Conference (S307), San Francisco, March 19-22, 2005, http://staff.haas.berkeley.edu/kroll/KrollAPA0305.pdf.

Garner（2004）认为以下四类工作最易于外包：（1）劳动密集型工作，例如电话呼叫中心、法律抄写服务等；（2）信息相关工作，例如会计、账务、工资等信息收集、处理和组织工作；（3）代码编写工作；（4）高透明性工作，在服务提供者和顾客间交换并且顾客容易测量和验证，如公司的财务比率分析。Blinder（2009）则按离岸的难易程度将职业分为以下四类。（1）高度离岸的：计算机程序员和系统分析员、电话销售员、簿记员、会计和审计员；（2）可离岸的：计算机软件工程师、会计师、机器操作员、团队装配工和生产工人、收账员；（3）难以外包的：总经理和运营经理、仓库管理员、订单填写员、船务、接收与运输职员；（4）不能离岸的：业务营运专家、健康和安全工程师、音乐导演、摄影师、邮政服务。

离岸外包目前已经进入了一个新的阶段，并引起公众的强烈关注。但是由于缺乏专门针对离岸外包的统计数据，离岸外包的规模主要依赖于专家的估计并且存在很大差异（Bahrami，2009）。Levine（2011）指出，没有正式的对因离岸外包失去工作的美国工人总体数据的收集，只有美国劳动统计局（BLS）2004年对裁员50人以上的制造业企业进行的一项关于长期、大规模裁员的调查。虽然没有特别准确的统计数据，但是一般认为美国是最大的离岸外包方，其次为日本和欧洲经济体（Sen and Islam，2005），并且离岸外包的程度不断加深。例如，英国EquaTerra咨询公司对超过400家外包企业的研究发现，英国企业使用离岸外包的比重从2007年的57%提高到2008年的66%（Mari，2009）。承接离岸外包最大的国家是中国和印度，分别在制造业和服务业。近年来，中国承接服务业离岸外包的增长速度很快。根据工业和信息化部软件服务业司2011年的报告，2010年我国软件与信息服务外包产业中，信息技术外包（ITO）业务规模为1550.0亿元人民币，同比增长31.6%；基于信息技术的业务流程外包（BPO）规模为1200亿元人民币，同比增长40.1%。

第三节 离岸外包对国家经济的影响

离岸外包不仅是学术问题，而且是政治问题，其之所以被广泛关注，就在于它的影响不局限于经济发展、企业增长，而且对居民生活也产生了重要影响。离岸外包作为国际贸易的一种特殊形式，也遵循比较优势理论——如果参与离岸外包的双方能够专业化于各自具有比较优势的生产过程（例如，发达国家专业化于资本、技术密集型过程，发展中国家专业化于劳动密集型过程），那么双方具有比较优势领域的市场需求都会扩大，从而双方能够投资于各自具有比较优势的领域，各种产品的总产量都会比离岸外包前增加，能够促进参与双方国家福利的增长。但是，离岸外包也会具有同自由贸易一样的危害。Deardorff（2006）认为，离岸外包有可能损害团体、国家乃至世界。贸易条件的变化可能会对未参与离岸外包的国家造成负面影响，例如产品价格的下降可能影响该产品的净出口国。贸易条件的恶化同样会对离岸外包的参与国造成负面影响。例如，发达国家虽然可能因投入品价格的下跌受益，但是会因最终产品价格的下跌而受损，最终产品的净出口国遭受净损失是有可能的。在不存在扭曲的世界中，贸易（离岸外包）会使世界的净福利增长，但扭曲事实上是存在的，因此在存在扭曲的世界中，离岸外包会损害世界的福利。

外包可以分为成本推动的和创新推动的（Bengtsson and Berggren，2008）。相对于企业内离岸，离岸外包更多的是劳动密集型的（Antras，2003），也就是说是成本推动的。按照 Grossman 和 Hart 的不完全合同理论，给予做出关键投资的一方以激励非常重要，因此资本劳动比 K/L 成为外包还是一体化选择的关键决定因素。相对于从同一地区 FDI 附属机构采购的企业，离岸外包企业的资本密度更低（Tomiura et al.，2011）。Paul 和 Wooster（2010）也发现，降低成本的需要是制造业企业将运营活动配置到国外的重要决定因素，降低行政支出影响服务企业的外包决策。因此，本章的分析也主要针对成本推动型的离岸外包。

一　对就业的影响

以美国为代表的发达国家对离岸外包的关注主要是担忧离岸外包造成就业的减少、工资水平的下降、生活标准的降低以及离岸外包利益的分配不均（Weerdt，2006）。2004 年美国对外包的关注出现爆发性增长，公众将外包看作工作丢失的同义语，工作向海外的转移被看作就业市场疲软的主要原因。

虽然比较优势理论认为，如果各国专业化于具有比较优势的产品并出口，同时进口不具有比较优势的产品，那么参加国际贸易使各国的福利都能增加。但是，国际贸易能增加参与国的福利是建立在贸易参与国的劳动力都能充分就业的严格假设之下的。从短期来看，由于国际贸易而失去工作的劳动力不得在其他产业（甚至要移动到其他地区）以获得新的工作岗位（Paul and Wooster，2010）。但是，一方面，每个产业对劳动技能的要求不尽相同，因此失业的劳动力短期不能适应新的工作岗位；另一方面，具有比较优势的产业未必能够因为国际贸易增加足够数量的就业岗位，失业的劳动力不得不转向不可贸易部门，但是很多不可贸易部门的工资较低。在劳动力不能获得充分就业的情况下，国际贸易未必能够提高参与国的福利水平。此外，离岸外包造成的失业大军也会给国内工资造成下降的压力，特别是在那些面临国外劳动力竞争的部门。从长期来看，劳动力会改变产业、位置甚至技能，其中的一些人还会赚得更多。但即使在长期，如果离岸外包的规模非常大以致影响国家的要素市场，那么要素价格会发生改变，一些要素的所有者会消失。如果离岸外包主要替代非熟练劳动力，那么从长期看非熟练劳动力会消失（Deardorff，2006）。

福雷斯特研究公司一份被广泛引用的较早时期的统计报告预测，到2005年，累计有83万个美国工作被离岸；2003—2008年累计有120万个服务业工作被离岸；到2015年将有340万服务业工作转移到海外（McCarthy，2004）。根据Investors 2010年的一份研究估计，由于工作加速转移到印度及其他离岸地区，到2014年将会有130万个额外的工作消失。Occupational Group集团的预测也显示，美国服务业转向离岸的工作数量增长很快，总量从2003年的31.5万人增加到2008年的120万人（见表4-2）。与发达国家的就业岗位随离岸外包的转移相对应，发展中国家因承接离岸外包的劳动密集型产业而获得了大量非熟练技能的就业岗位。尽管发展中国家因此增加了就业岗位，但是需要注意的是这些岗位的工资很低。

表4-2　　　转向离岸的美国服务领域工作累计数量预测　　　单位：千人

年份 主产业	2003	2004	2005	2006	2007	2008
行政支持	146.0	256.0	410.0	475.0	541.0	616.0

续表

年份 主产业	2003	2004	2005	2006	2007	2008
计算机	102.0	143.0	181.0	203.0	228.0	247.0
商业和金融经营	30.0	55.0	91.0	105.0	120.0	136.0
管理	3.5.0	15.0	34.0	42.0	48.0	64.0
销售	11.0	22.0	38.0	47.0	55.0	67.0
建筑	14.0	27.0	46.0	54.0	61.0	70.0
法律	6.0	12.0	20.0	23.0	26.0	29.0
生命科学	0.3	2.0	4.0	5.5	6.5	9.0
艺术、设计及相关	2.5	4.5	8.0	9.0	10.0	11.0
合计	315.3	536.5	832.0	963.5	1095.5	1249.0

资料来源：Levine（2011）.

尽管离岸外包造成发达国家就业转移/消失的总量比较可观，但是经济学家更看重离岸外包的长期效应（普通人更看重短期效应），除了考虑离岸外包造成的工作流失，他们还考虑同一时期被创造出的工作数量（Weerdt，2006）。离岸外包也是一种国际专业化分工和国际贸易方式，一国在离岸外包没有竞争力产业的同时，其他国家也经历着同样的事情，也就是说该国离岸外包产业虽然缩小，但同时具有竞争力的产业在扩大，从而在流失工作岗位的同时，也有新的工作岗位因为专业化分工而被创造出来。Garner（2004）认为，离岸外包能够带来更低的生产成本，从而产品和服务的价格可以降低。首先，高科技产品的价格下降有助于新技术的采用、新产品市场的扩大；其次，更低的价格有助于减轻通胀压力，消费者能够更多地消费；最后，低价格能够提高外包国产品和服务的竞争力，扩大产品出口。这三方面都有利于扩大对外包国产品的市场需求，促进经济发展，从而创造出更多的就业机会。此外，外包企业利润的增长也有利于它们扩大在本国的生产规模，从而增加新的就业机会。进口商品和服务的美国公司能够以低价格销售更多种类的、更高质量的产品给消费者，发展中国家的工人增加他们对美国商品和服务的需求，扩大了美国企业的市场。从事服务离岸的企业本身是最大的受益者，使用从低成本投入获得的收益来增加股东的分红，通过回购提高了股票价格，从事更多的并购而不是再投资，促进美国经济的增长（Levine，2011）。Liu 和 Trefler（2008）认为在考察离岸外包对就业影响的同时，还应考察其反面即回岸对就业的影响。他们使用1996—2006 年 CPS（March–to–March Matched）数据检验了对工作和产业转换、失业的周数占劳动力周数的比重和收入的影响，发现回岸小的正效应和离岸更小的负效应，净效应为正。Mclernon（2004）也指出，美国经济受益于外国公司的回岸，这些公司将工作外包到美国，外国公司在美国的分支机构雇用了640万工人，平均工资比美国公司高19%。

对离岸外包如何影响就业的回答要根据是短期还是长期。基本上所有经济学的研究都表明，从长期来看，离岸外包对就业造成的影响微不足道，离岸外包对经济的净收益为正（Bhagwati，Panagariya and Srinivasan，2004）。离岸外包造成的工作流失被夸大了，特别是占就业总规模的比重被扩大了。以美国为例，离岸外包造成的就业流失与整个美国劳动力规模及其波动幅度相比非常小。Sachs 等（1994）发现，虽然国际化确实对制造业岗位（特别是低技能工人）的下降有贡献，但是正如 Krugman 和 Lawrence（1994）以及 Lawrence 和 Slaughter（1993）等所说，仅凭国际化的深化不能解释劳动力市场趋势的大部分。Sachs 等（1994）估计，1978—1990 年的净进口大约与制造业生产工作的7.2%下降和制造业非生产工作的2.1%下降有关。Baily 和 Farrell（2004）指出，即使每月流失3万个工作，与美国一个月中常发生的两百万或更多的工作变化相比微不足道。即使在20世纪90年代经济扩张的顶点，每月也有接近10万工人因大规模裁员失业。Borga（2005）测量了1994—2002 年美国企业从海外机构进口的商品和服务的变化，并检验了进口与就业之间的关系，发现近年来与外包相关的活动在数量上不大，增长也并不显著。Mankiw 和 Swagel（2006）指出，福雷斯特研究公司预测的2015年转移到海外的340万工作与劳动统计局（BLS）2015年1.6亿就业岗位的预测相比也很微小，甚至与过去十年3500万新增工作相比也很小，且不说这3500万工作是更大数量的工作增加与工作减少的净结果。他们进一步指出，离岸外包对大规模解雇的影响也可忽略：工作在国外的重新配置（包括公司内和公司外）占到2004年第一季度到2005年第二季度6个季度大规模裁员的1.6%。Weerdt（2006）对失业率、大规模裁员、贸易赤字、GDP 和工资率的统计分析显示，美国大规模的裁员不是因为离岸外包的增长，而是因为经济的衰退。服务业的离岸外包不仅没有直接增加贸易赤字，实际上美国还有贸易剩余，服务进口占 GDP 的比重在 2% 左右，仅占 GDP 相对较小的份额。服务业工资率在过去十年的大多数时期都在增长，仅仅在过去两年有些许下降。离岸外包显示出对社会产生了整体的净收益。Levine（2011）对美国劳动统计局被替代工人调查（Displaced Worker Survey）数据的分析也显示，宏观环境而不是离岸外包能够解释近年来工作流失增长的大部分。

二 对绩效的影响

（一）对生产率的影响

按照国际贸易理论，甲国专业化于具有比较优势的产品 A 并通过出口从乙国换取不具有比较优势的产品 B，则相当于甲国更高效地"生产"产品 B，乙国更高效地生产产品 A（克鲁格曼、奥伯斯法尔德，2002）。离岸外包有助于发达国家生产率的提高。通过将无效率的生产过程配置到以更低成本生产的发展中国家企业，发达国家企业可以聚焦于它的核心业务和擅长的、有效率的业务，其生产率会有显著的提升。Amiti 和 Wei（2005）发现，服务业的离岸外包对美国的生产率有正的影响，离岸外包能解释美国 1992—2000 年生产率增长的 11%。由于生产率的增长，企业能够以更低的成本生产更多的产品或者服务，从而增加利润。从企业的层面考察，外包的动因除了节约成本（降低运营成本、控制成本，将资源用于更有利润的业务单元），还包括：过程改进、聚焦于核心能力、通过内部的重组或转型实现灵活性、加快项目、减少上市时间、获得柔性的劳动力、突出业务重点；能力提升，包括获得内部没有的资源和高水平的劳动力、改进服务质量、获得现成的创新、弥补内部缺乏的专门技能、获得新的技术/技能（Htnen, 2009）。对于运营于高竞争领域或正经历业绩低下的企业来说，外包是有效的成本降低战略（Paul and Wooster, 2010）。Bahrami（2009）认为，离岸外包能够从几个方面提高企业的绩效：第一，离岸外包能够使企业将价值创造活动布局于世界效率最高的地区从而实现区位经济（Location Economies）。追求该战略的企业能够降低它们的生产成本，实现低成本的市场定位。Mann（2003）估计，在硬件产业（Hardware Industry），贸易和全球生产在 1995—2002 年对低价格和高生产率的影响使美国 GDP 增加了 2300 亿美元。第二，企业通过将支撑功能转移到其他国家从而聚焦于核心业务，能够提高产品质量和降低成本。由于将国内资源从低生产率的领域转移到生产率更高的领域，从长期来看能够提高生产率。第三，通过离岸外包，外包国的企业能够获得更广泛的知识来源，由于在其他国家获得专业化的才能，企业可以提高产品质量、提高竞争能力。Kurz（2006）使用企业层面的数据考察了外包企业与非外包企业之间的生产相关特征的差异，发现外包企业相对非外包企业不仅效率更高，而且具有更高的生产率增长。Grg 和 Hanley（2005）利用以色列电子产业企业层面的数据分析了中间投入品离岸外包对生产率的影响，发现原料的外包对低出口密度企业的生产率增加有显著影响。这主要是因为，高出口密度企业已经获得来自外包的额外灵活性，而低出口密度企业能够从国际市场获得投入品从而优化生产过程和生产能力。

（二）对竞争力的影响

参与离岸外包的双方因为专业化于具有比较优势的产业，因而能够以更高的效率和更低的成本进行生产，与不参与国际外包的国家相比，它们在其专业化的产业领域的竞争力也会得到提升。从企业层面看，外包使企业将资源从非核心活动中解放出来并聚焦于核心业务，通过聚焦于核心能力并且从全球范围内采购非核心能力的投入品（其他企业的核心能力），从而提高企业的产品开发速度、降低成本。当产品涉及许多不同能力的时候，企业要保持竞争力必须要依靠外部的创新者（Bengtsson and Berggren, 2008），即从自制转向外包。《展望2010年》对"外包所带来的具体好处"的调查结果能够更为具体地反映出企业对外包利益的感受。其中，"工序外包可带来更低的成本"被68%的调查对象选择，"全面提高经营业绩"为62%，"更集中于核心业务"为57%，"获得外部专业知识/技能"为53%，"提高外包工序质量与效率"为52%，"获得竞争优势"为44%，"创造新的收益来源"为18%。《未来组织设计》一书中认为，非成本方面的外包原因主要包括：（1）专注于核心业务；（2）克服内部变革阻力，为企业注入新思想；（3）集中精力创业，促进增长；（4）弥补所缺乏的技能缺口；（5）借助于专业化的外包供应商，提供最佳服务；（6）通过外包供应商的帮助吸收市场波动，增加公司的灵活性（经济学家情报社等，2000）。

Paul 等（2010）对企业层面的研究发现，2003—2006年，外包企业的增长率和运营绩效超过非外包企业。他们认为，旨在限制企业离岸外包能力的政策很可能会妨碍企业保持竞争力的能力，从长期看会造成企业的停产，被替代的工作甚至超过生产过程外包时流失的工作。从传统上看，企业离岸外包低技能的工作而在国内保留高技能、创新密集型的工作，然而近来的趋势显示离岸外包已经包括更加复杂的任务（Modarress and Ansari，2007）。离岸外包并不仅包含发达国家向发展中国家的外包，发达国家同样是重要的离岸外包地。发达国家跨国公司的国际直接投资主要是为了保证市场份额、降低生产成本和获得国内没有的资源（Paul and Wooster，2007），发达国家企业的离岸外包则多是成本推动的（Mankiw and Swagel，2004）。而向发达国家的外包则具有知识寻求的特征，Un 称之为技术离岸外包。技术离岸外包是从其他国家的企业获得更先进的技术，用于提高其竞争力（Un，2010）。Paul 和 Wooster（2010）认为，竞争性产业中的企业比集中产业中的企业面对更大的降低成本的压力。他们以标准普尔 500 企业为样本的研究发现，是否为外包者与在竞争性产业环境中削减成本目标及保持财务活力等财务特征显著相关。平均来说，与其他标准普尔 500 企业相比，外包企业具有相对较差的运营绩效、更高的行政开销和更高的劳动开销。他们发现，2003—2006 年，外包企业在运营绩效、增长率方面超过非外包企业，显示外包能提高企业的财务前景。如果没有离岸外包，发达国家的制造业会由于成本太高而无法在世界市场中生存；通过离岸外包不具有比较优势的高成本生产环节，发达国家的企业能将成本降低得足够多，从而保持竞争优势、避免倒闭的命运（Deardorff，2006）。

虽然离岸外包如何影响发展中国家竞争力的专门研究比较少见，但是接受离岸外包的发展中国家企业实际上处于全球价值链的一个环节，全球价值链理论对此给予了回答。当发达国家的企业将低技能、劳动密集型工序外包给发展中国家的独立企业时，为保证所采购的投入或者外包产品能够满足严格的技术要求，发达国家企业会为提高供应商或 OEM 厂商的技术能力提供帮助。如果双方建立起长期合作关系，发达国家企业还可向供应商或 OEM 厂商转移产品技术、工艺技术和组织管理诀窍。通过进入发达国家企业的全球生产体系，发展中国家企业可以直接接受跨国公司技术、管理的溢出，提升自己的技术和管理水平，使产品质量达到国际标准（联合国贸易与发展会议，2002）。全球价值链理论提出过程升级、产品升级、功能升级和链条升级四种价值链升级方式（Gereffi，1999；Gereffi and Kaplinsky，2001）。众多对国际经验的研究表明，存在一条沿以上四种方式升级的路径可循（Gereffi，1999；Lee and Chen，2000）。一般而言，升级过程依循从过程升级到产品升级再到功能升级最后到链条升级的路径。在依循此路径的升级过程中，企业的自主权不断增大，对价值链中非实体活动的参与越来越多，对市场的影响和控制越来越强，获得的附加价值越来越多。

与发展中国家企业在离岸外包中的学习相对应，发达国家企业也面临风险。第一，发达国家之间的离岸外包在获得自身没有的资源和能力的同时，也使发达国家企业丧失对能力的控制。Modarress 和 Ansari（2007）以波音飞机的例子对此进行了说明。表4-3显示，波音公司的飞机生产表现出依赖国际生产网络的趋势。波音727飞机的关键部件全部在美国生产，波音767的部分部件已在日本生产，波音787的生产已经高度国际化，波音公司的外包安排已经从简单的结构工作扩展到例如中央翼盒等核心技术的工作。外国公司控制设计和制造的项目安排会破坏美国未来的商业飞机产业。第二，发达国家将生产外包到发展中国家时也存在类似的风险。它们在将原来企业内部实施的业务外包给发展中国家企业的同时，也必须让外国企业掌握如何进行原有业务的知识。如果发展中国家原来不具有这些专门化/非通用的知识，那么发达国家的企业必须将自己拥有的这些知识转移给它们。伴随离岸外包转移的还有生产率文化以及工作和管理水平的改进（Deardorff，2006）。离岸外包企业有可能由于外包设计和工程功能而丧失核心能力，并可能由于全球性知识产权实施法律的缺乏而面临知识产权风险（Tarbouni，2004）。第三，企业在实施离岸外包后，创新在企业中的地位更加重要，但是发达国家的企业可能会由于外包丧失创新能力和对系统创新的控制。现代社会的很多产品或服务都是一项复杂系统，需要系统内部各个单元之间的相互配合才能发挥整个产品的功效。企业核心能力的发挥不能离开支撑能力，然而如果非核心能力都被外包，企业利用核心能力的能力就会受到损害。尽管合同制造有利于改进能力的利用、降低成本，但是组织的片段化与关键内部技能的丧失会使利用外部资源实现创新非常困难（Bengtsson and Berggren，2008）。由于许多的默会知识产生于干中学（Learning by Doing），外包会使企业丧失它在特定领域的默会知识，失去承接外包企业在干中得到的难以模仿或预期的学习的利益（Ellram et al.，2008），进而丧失对系统创新的控制和整合能力。在创新是系统性的或具有相互依赖性时，学习的困境表现得更为突出。此外，离岸外包还可能使外包企业失去对外包过程的价格和绩效进行准确评估的能力（Ellram et al.，2008）。这些都会缩小发达国家与发展中国家企业的技术差距，提高发展中国家企业的生产率，有可能给发达国家企业培养潜在的竞争对手。例如，中国台湾手机企业宏达电（HTC）成立于1997年5月15日，2006年以前的宏达电属于代工企业性质，没有自己的品牌，主要接国外运营商和部分品牌的订单。2010年开始，宏达电宣布"停止代工业务，专注品牌"，HTC一度成为销量最大的智能手机之一。

表4-3　　波音飞机关键技术的外包

波音机身	727	767	777	787
机翼	美国	美国	美国	日本
中央翼盒	美国	日本	日本	日本
前机身	美国	日本	日本	日本/美国
后机身	美国	日本	日本	意大利
尾翼	美国	美国	外国	意大利/美国
机头	美国	美国	美国	美国

资料来源：Modarress和Ansari（2007）。

发展中国家面临的离岸外包风险则正好相反。迈克尔·波特（1997年中文版）将企业的竞争优势大致划分为低成本和差异性两类，他（2002年中文版）又将一国的生产要素区分为初级生产要素（Basic Factor）和高级生产要素（Advanced Factor）。发达国家企业的竞争优势主要来源于现代化基础设施、高素质的人力资本和科研基础等高级生产要素，表现为在技术、设计、品牌等方面的独特优势，这种独特优势能够使企业获得超过平均价格水平的溢价，并且难以模仿。反之，发展中国家高级生产要素供给不足，企业普遍缺乏独特优势，比较优势主要来源于自然资源和非技术与半技术工人等初级生产要素，体现为低成本也即价格优势。初级生产要素只需要简单的投资就能拥有，因此在国家和企业的竞争力上的重要性越来越低，"当国家把竞争优势建立在初级与一般生产要素时,它通常是浮动不稳的,一旦新的国家踏上发展相同的阶梯,也就是该国竞争优势结束之时"(波特,2002年中文版)。同样,这种建立在初级生产要素基础之上并表现为低价格的竞争优势无论对一家企业、一个地区还是整个国家来说都是非常脆弱的,都很可能在更低成本的竞争对手面前迅速衰落。一方面,随着低成本竞争国家的经济发展,其劳动力、土地、资金、环境成本会不断上涨,使价格优势不断缩小;另一方面,世界上存在许多低收入国家,当这些国家政府恢复稳定,经济走上良性轨道后,就会对先前低成本竞争的国家产生威胁。因此,如果不能在参与离岸外包的过程中发展出超越低成本的新的竞争优势,当自己的成本优势丧失或者有成本更低、产品质量更高的国家进入全球市场后,先前承接离岸外包国家的相关产业将会衰落下去,随之而来的就是失业的增加和经济的衰退。

(三) 对利润的影响

一般来说,在离岸外包的过程中,发达国家是将低附加值的生产过程转移到低成本的发展中国家,而保留乃至扩大高附加值的生产过程,因此离岸外包的收益在参与的双方之间的分配不均衡。1992年,中国台湾宏基集团董事长施振荣在描述生产个人电脑的各个工序的附加值特征时提出了"微笑曲线"的概念。他指出,在价值链上,上游大量使用智慧财产的研发环节与下游和客户直接接触的营销环节的附加值高,而中游制造环节的附加值低。如果用图形表示价值链各环节的附加值,好似微笑的嘴形,故而被称为微笑曲线。在微笑曲线中,价值链上游的研发和主要零部件的生产以及下游的销售和售后服务的附加值很高,而中游的组装在各工序中附加值最小。在南北垂直分工的格局下,发达国家进行整个产品的生产,随着产业可分性的增强,发达国家逐渐与发展中国家之间形成产业内,甚至产品内分工格局,发达国家将附加值低的组装环节离岸/离岸外包到发展中国家。随着发达国家离岸外包的不断深化,这种分工格局被进一步强化。而且随着市场竞争越来越激烈,价值链中价值的来源出现从源于有形活动向源于无形活动的转变,价值链曲线变得越来越陡峭,中游组装环节的附加值被进一步压缩,微笑曲线成了大笑曲线(见图4-2)。所以从在价值链中所处位置的角度看,发达国家与发展中国家参与离岸外包实际上仍然是一种地位不平等的垂直分工的格局,只不过与第二次世界大战之前相比,垂直分工的内容发生了变化,但发展中国家处于被剥削地位的本质并未发生根本改变。

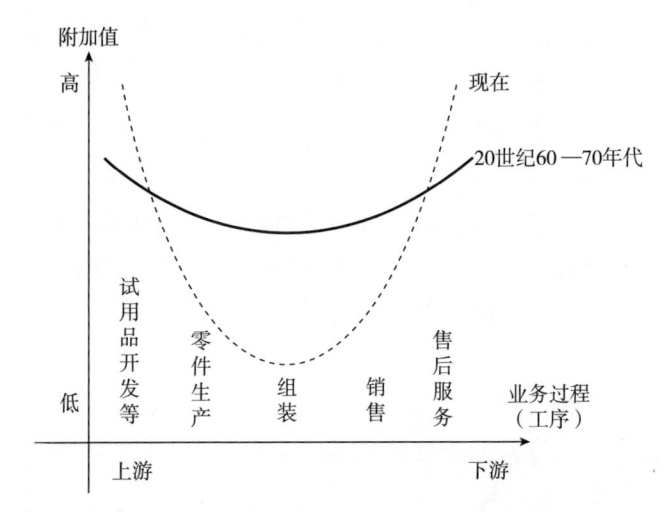

图 4-2 随着时代变化的微笑曲线的形状

资料来源：关志雄：《微笑曲线向谁微笑？——中国应慎防"谷贱伤农"的陷阱》，日本经济产业研究所，http://www.rieti.go.jp/cn/index.html。

世界贸易组织 1998 年的一份报告能够在一定程度上反映离岸外包的利益分配（WTO，1998）：生产一辆典型的美国汽车，汽车价值的 30% 是韩国的组装，17.5% 是日本的零件和先进技术，7.5% 是德国的设计，4% 是中国台湾和菲律宾的较次要的零件，2.5% 是英国的广告和营销服务，1.5% 是爱尔兰和巴巴多斯岛的数据处理。这意味着只有产品价值的 37% 是在美国产生的。再比如芭比娃娃的生产过程（Tempest，1996）：芭比娃娃的原材料（塑料和毛发）从中国台湾和日本获得；在像菲律宾这样的国家组装，但现在已经转移到印度尼西亚、马来西亚和中国这样具有最低工资水平的国家；模子来自中国，但芭比娃娃的设计在美国；除了劳动力，中国还提供用于制作衣服的棉布。从中国香港出口到美国的 2 美元离岸价格中，中国的劳动力仅占 34 美分，原材料成本占 65 美分，剩下的是运费、企业管理费用和中国香港的利润。芭比娃娃在美国大约卖 10 美元，其中，美泰（Mattel）公司至少赚 1 美元，剩下的部分用于支付在美国的运费、营销费用、批发和零售费用。因此，大部分增加值来自美国的活动。芭比娃娃以每秒钟两个的速度在全世界销售，仅芭比娃娃在 1995 年就为美泰赚了 14 亿美元。耐克公司是另一个著名的例子。在亚洲大约有75000人被雇用来为耐克生产鞋和衣服，但只有其中的几百人是由耐克雇用的。其他人由与耐克有合同安排的工厂雇用，这些工厂可能由例如韩国企业的第三方控制。在亚洲雇用大量劳动力的同时，耐克在美国有2500名雇员。1993年，耐克鞋在全球产生了3.6亿美元的销售利润（Tisdale，1994）。

麦肯锡的研究表明，离岸2/3的收益又回到美国经济（Schroedder and Aepeal，2003），外包给印度的每1美元的工作，美国获得的总收益为1.12—1.14美元，每1美元的离岸外包的美国收入净增长12—14美分；每1美元美国外包，印度获得0.33美元的总收入（Weerdt，2006）。以中国为代表的发展中国家尽管承接离岸外包的规模很大，但是附加价值和利润很低。美国、俄罗斯、日本的增加值率是0.55左右，德国、英国、澳大利亚的增加值率是0.47—0.50，而中国2000年的增加值率[①]只有0.36，并且相比于改革开放之初有逐年下降的趋势。[②] 中国单位资源产出平均只相当于发达国家的1/20—1/10，从业人员生产率只相当于1/40—1/30（陈清泰，2007）。中国国际价值链低端的分工地位和加工贸易为主的出口结构，使中国出口的很大一部分产品只是在中国完成产品价值链最后的组装、加工活动，而主要不是在中国增值，中国企业主要依靠低价获取微薄的利润，利润率很低。例如，中国2005年服装出口的平均价格仅为3.51美元，中国出口8亿件衬衫的价格才抵得上一架空客380，出口一件衬衣平均利润只有30—40美分；又如，罗技公司每年向美国出口2000万个中国制造的鼠标，这些鼠标在美国的售价大约是40美元，中国仅从中获得3美元，且工人工资、电力、交通和其他经常性开支都包括在这3美元之中（王珏，2007）。因此，对发包国来说，外包虽然意味着工作的转移或者说流失，但是能够获得成本更低的商品，有利于分享发展中国家创造的财富。

三　对资源环境的影响

能源不仅是经济发展的基本原料，关系到一国的经济安全，而且减

[①]　指经济总体的增加值率。一般来说，第一产业和第三产业的增加值率要明显高于第二产业的增加值率，例如2000年中国一二三产业的增加值率分别是0.587、0.280、0.492。但是，该指标也能近似反映各国工业和制造业增加值率的差异。

[②]　1981—1987年，中国的增加值率是0.44—0.48，与英国和澳大利亚的增加值率相差不多。参见沈利生、王恒《增加值率下降意味着什么》，《经济研究》2006年第3期。

少由能源消费造成的温室气体排放已经成为世界各国的义务。为了减轻温室气体排放对全球气候的影响，1997年12月，149个国家和地区的代表在日本东京召开《联合国气候变化框架公约》缔约方第三次会议，通过了旨在限制发达国家温室气体排放量以抑制全球变暖的《京都议定书》（Kyoto Protocol）。发展可再生能源成为解决能源短缺和减少温室气体排放问题的重要手段。2009年召开的联合国气候变化大会（哥本哈根峰会）尽管没有通过具有法律约束力的《歌本哈根协定》（Copenhagen Accord），但是大会就发达国家实行强制减排和发展中国家采取自主减缓行动作出了安排，减少二氧化碳排放无疑将是世界各国的必然选择。例如，中国政府承诺，到2020年单位国内生产总值二氧化碳排放比2005年下降40%—45%。此减排目标将作为约束性指标纳入国民经济和社会发展中长期规划，需依此目标制定相应的国内统计、监测、考核办法。通过大力发展可再生能源，到2020年中国非化石能源占一次能源消费的比重达到15%左右。环境问题对于一国的经济发展、人民生活水平的提高同样具有重要意义。

离岸外包的文献较少涉及资源、环境问题，然而离岸外包的发展却影响到世界能源消费格局与离岸外包参与国的环境状况。由于离岸外包本质上是国际贸易的一种形式，能源经济学对能源与贸易问题的研究能够部分回答离岸外包对各国能源消费的影响。发达国家向发展中国家离岸外包的主要是非熟练性工作，这些生产环节除了具有劳动密集型的特点，常常具有高污染、高能耗的特点；而发达国家保留的主要是研发、设计及核心部件生产等技术密集型的制造业和服务业，这些行业具有低污染、低能耗的特点。国际商品的流动过程实际上也是蕴含在其中的能源流动的过程。所谓内涵能源是指产品上游加工、制造、运输等全过程所消耗的总能源（陈迎等，2008）。

离岸外包及其形成的生产环节在国家分布的差异，造成能源消费和排放流动的不平衡，能源消耗和污染伴随离岸外包也在向发展中国家转移。此外，发展中国家在向发达国家提供大量廉价商品和服务的同时，还遭受发达国家承担温室气体排放义务不公平的指责。在统计数据中很难准确判断哪些是离岸外包活动，因此利用国际贸易数据只可以对此问题进行近似的考察。Shui和Harriss（2006）对1997—2003年中美贸易中内涵能源的问题进行研究，认为美国从中国进口的商品如果在美国生产，那美国的温室气体排放要增长3%—6%，中国生产用于出口美国的产品所排放的温室气体占中国目前总排放量的7%—14%。英国Tyndall中心的一份政策简报称，2004年中国出口商品的内涵排放为14.9亿吨二氧化碳，进口商品的内涵排放为3.81亿吨二氧化碳，净出口内涵排放11.09亿吨二氧化碳，占中国当年总排放（47.32亿吨）的23%，略少于日本的总排放，大致相当于德国和澳大利亚的总排放，是英国总排放的两倍（Wang and Watson，2007）。陈迎等（2008）的研究表明，2002年中国最主要的三个出口部门为服装及其他纤维制品制造、仪器仪表文化办公用机械、电气机械及器材制造业，它们占出口贸易总额的比重分别为17.4%、13.5%和11.8%；这三个部门也是出口内涵能源最多的部门，占总量的比重分别为13.4%、12.3%和12.5%。这种一致性在一定程度上反映出离岸外包与能源流向的关系。他们的研究进一步表明，中国内涵能源净流向美国、日本、德国等主要贸易伙伴。尹显萍、程茗（2010）的研究表明，2000—2008年，中国通过中美贸易对美国内涵碳的年净出口量高达1.42亿—6.73亿吨，占中国当年化石燃料碳排放总量的4.7%—10.9%。中美贸易使中国本土的碳排放增加，而美国则避免了0.55亿—2亿吨的年碳排放量，占美国当年碳排放总量的1.0%—3.6%。他们还发现，2000—2008年，中国因中美贸易多排放的二氧化碳量始终大于美国因中美贸易而减少的二氧化碳排放量，也就是说，因两国贸易而产生的碳排放总和大于无贸易情境下的碳排放总量。碳泄漏（Carbon Leakage）理论从另一个角度看待这一问题，认为在只有部分成员参与的国际联盟下，承担减排义务的国家会通过国际贸易、国际产业转移等方式减少碳排放，并导致不采取减排义务的国家增加排放（谢来辉、陈迎，2007）。政府间气候变化专门委员会（IPCC）在2001年发布的第三次评估报告中指出可能发生的一些碳密集产业向非附件Ⅰ国家转移，以及价格变化对贸易流向的影响，可能导致的泄漏率为5%—20%。Babiker等（1999）认为，到2010年，《京都议定书》对附件Ⅰ国家（除东欧外）造成的经济福利损失为GDP的0.5%—2.0%，中国对碳泄漏的"贡献"将达到30%。能源经济学的研究成果表明，由于目前的国际碳减排核算原则是基于生产侧的，国际贸易及离岸外包的结果是使发展中国家替发达国家承担了一部分碳排放责任，而发达国家则对应地少承担了碳排放责任。

发达国家在能源利用技术及能源利用效率方面优于发展中国家的情况，例如 G20 成员的 GDP 占世界的 76% 而温室气体排放占世界的 69%（The Climate Institute and E3G，2009）。如果考虑发达国家的人均生活能源消费及二氧化碳排放明显高于发展中国家的情况，则其生产领域的能源利用效率优势更为明显。因此，与离岸外包能够使参与双方的经济福利同时增加不同，大量高耗能、高排放产业向发展中国家的产业转移会使能源总消耗量及二氧化碳总排放量增长。发达国家征收碳关税的趋势也非常值得关注。早在 2006 年，法国就提出针对未遵守《京都协定书》的国家征收惩罚性的碳关税的建议；2009 年 6 月，美国国会众议院通过了《清洁能源安全法案》，授权美国政府自 2020 年后，对因拒绝减排而获得竞争优势的国家的出口产品征收碳关税（胡安彬，2010）。2008 年，欧盟将航空业纳入欧盟排放交易机制，该法案于 2009 年 2 月 2 日生效，并于 2012 年 1 月 1 日起正式实行。如果按照欧盟碳排放的征收方法，中国民航业仅 2012 年一年就要支付约 8 亿元人民币购买碳排放配额，2020 年则超过 30 亿元人民币。一国采取单边碳减排措施可能导致碳泄漏和竞争力的问题，这是发达国家主张实施碳关税的重要理由（林伯强、李爱军，2010），但碳关税在运行过程中也能成为发达国家贸易保护主义的新工具。有研究表明，如果按 45 美元/吨二氧化碳的欧盟碳排放交易市场价格对中国产品征收关税，那么中国进入欧美市场的产品关税将在目前 3%—4% 的水平上提高约 14 个百分点（胡安彬，2010）。特别是国际金融危机以来，发达国家出现再工业化的趋势，碳关税成为限制发展中国家商品（包括中间产品）出口的有力武器，发达国家的离岸外包（特别是制造业）趋势也会因此受到抑制。

第四节 结论与政策建议

一 支持还是反对离岸外包

离岸外包已经成为当前国际贸易和国际投资的重要组成部分，也是参与各国国内政策的热点领域，各国政府都在尽量利用离岸外包的好处而减少其负面影响。发达国家希望减轻离岸外包对国内就业的不利影响，民间、新闻界和政界甚至出现反对离岸外包的声音。在 2004 年总统选举期间，美国把工作向海外外包成为广泛讨论的话题，并由此产生超过 180 件立法提案以限制公司和政府参与外包；2008 年的总统选举期间，缓慢的工作增长以及对经济衰退的担忧再度给议员和总统候选人很大压力以考虑限制美国公司将工作外包到海外（Paul and Wooster, 2010）。离岸外包增加了发展中国家的就业，促进了经济发展，因此发展中国家对离岸外包主要持支持态度，特别是在中国这样的中央—地方财政分权体制下，地方间的竞争导致对离岸外包不但持欢迎态度，而且给予各种优惠以吸引离岸外包落地。但是，离岸外包造成的能源消耗、二氧化碳排放及环境污染问题也日益受到关注。

国际金融危机后，发达国家面对经济衰退和失业增加的情况，提出重振制造业，贸易保护主义也重新抬头。但是，发达国家抑制离岸外包的政策只会起到有限的、短期的影响，因为参与离岸外包的有多个国家、众多的企业，它们很难形成一致的集体行动。这是因为，（1）企业与国家的目标不一致。政府除经济目标外还有社会、政治等方面的目标，而企业的目标就是追求利润最大化。这就导致，尽管普通百姓由于担心离岸外包对他们自己及后代的不利影响而反对离岸外包，并进而影响国家政策（特别是在大选年份），但企业界则普遍认为离岸外包是一件好事情。如果政府采取抑制离岸外包的政策，虽然就业短期内会改善，但是企业的竞争力则会因此被削弱，从而会抵制政府的管制政策。（2）国家间利益不一致。当某一个发达国家采取抑制离岸外包的政策时，其他国家的企业由于能够享受离岸外包带来的低成本从而获得竞争优势，管制会使该国企业与其他国家使用离岸外包的企业相比丧失竞争优势，造成业绩下滑、市场份额缩小，最终导致就业岗位减少。抑制离岸外包的管制只会有有限的、短期的影响，限制企业离岸外包的政治压力会降低企业对运营和竞争挑战的灵活性，使美国公司与其他国家使用离岸外包的公司相比失去竞争优势（Paul and Wooster, 2010）。

二 政策建议

本章的分析表明，如同国际贸易一样，离岸外包增加了参与双方的经济福利。虽然离岸外包对发达国家的就业有一定的负面影响，但是并不显著；发展中国家虽然有价值链低端锁定的风险，但其原因也并不在离岸外包本身。为了应对离岸外包的负面影响，离岸外包参与各国的政策重点应包括以下几个方面。

对于发达国家来说，其比较优势在于资本和技术密集型产业，因此应该加大对前沿技术创新的投入，不断增强创新能力，壮大既有的技术密集型产业，培育和发展新的战略性新兴产业。适度保留不具有比较优势的产业环节，借鉴日本"母工厂"体制，对核心能力的发展和创新活动提供必要的支撑。加强对劳动力特别是下岗工人的技能培训，以使其能够转移到新的产业领域。放宽对高技术产品和服务业（如教育）的出口限制，更好地利用国内的产业优势，改善与发展中国家的贸易条件。

对于发展中国家来说，其比较优势在于劳动密集型产业，竞争优势主要依赖于低成本，而低成本的优势又很容易被其他国家替代，因此在参与离岸外包的过程中，要充分利用与发达国家企业合作的机会，不断提高自身的技术和创新能力，将比较优势逐步转移到中度资本和技术密集型产业。要加强资源、环境的保护，消除价格扭曲，使环境、资源的成本能够充分反映到产品价格中去，避免经济发展的同时造成环境污染的老路，走出一条经济和环境协调发展的新型工业化道路。对于中国来说，还应大力促进内需，将经济增长从主要依靠投资和出口拉动转移到平衡发展的轨道上来，减少与发达国家的贸易摩擦。

第五章 比较优势、竞争优势与中国企业"走出去"

随着经济 30 多年的高速增长,中国已经成为世界第二大经济体和第一制造业大国。中国企业也随之成长并逐步向海外扩张,FDI (Foreign Direct Investment) 流出量快速增长,跨境并购 (Merge & Acquisition, M&A) 活动日趋活跃。跨境并购 (Cross – Border M&As) 是并购企业和目标企业的总部位于不同国家的并购活动;那些总部位于同一国家的并购虽然通常被划分为国内并购,但是在其整合分布于不同国家的运营活动时,也会包含跨境问题 (Shimizua, 2004)。跨境并购是国际直接投资的主要形式,也是并购活动的重要组成部分。例如,在 1987—1999 年的第四次和第五次并购浪潮期间,无论是跨境并购的数量还是价值都占到全部并购活动的 25%—30% (Brakman et al., 2005)。据中国国际贸易促进委员会于 2009 年 12 月至 2010 年 3 月开展的第四次"中国企业对外投资现状及意向调查",被调查企业在对发达国家和发展中国家的投资中,采取兼并或收购海外公司的方式进行投资的企业比例分别达到 22% 和 15%,比 2008 年调查时有了显著提高。

根据波士顿咨询公司的研究,中国企业对国外公司或其分支机构的并购可以追溯到 1986 年,1986—2006 年,中国企业的海外并购以每年 17% 的速度增长,海外并购案共有 223 宗,总额达到 180 亿美元 (BCG, 2006)。中国企业在制造业领域比较著名的并购包括 TCL 先后收购施耐德、汤姆逊的彩电部门和阿尔卡特的手机部门,联想集团收购 IBM 的 PC 事业部,上汽集团并购韩国双龙和大宇公司,南京汽车集团收购 MG 罗孚,吉利汽车收购沃尔沃。以联想收购 IBM 的 PC 事业部等为代表的中国企业跨境并购已经引起了世界的瞩目,英国《经济学家》杂志感叹"中国买下世界"(Economist, 2010)。

第一节　中国对外直接投资和跨境并购的概况

在过去 20 年，并购已超过绿地投资成为占优势的国际直接投资方式，特别是在发达国家表现得更为明显（UNCTAD，2010）。在中国对外直接投资不断增长的同时，中国的海外并购也在快速增长，并成为中国企业国际直接投资的重要方式。中国改革开放后的对外直接投资起步于 1982 年，当年 FDI 流出量为 4400 万美元。此后至 2005 年，FDI 年流出量虽然增长很快，但是规模均在 100 亿美元以下，且与 FDI 的年流入量相比存在很大差距。2005—2008 年的中国对外直接投资增长很快，到 2008 年，FDI 流出量达到 521.5 亿美元，占世界 FDI 总流出量的比重达到 2.70%（2000 年、2004 年分别仅为 0.07% 和 0.60%）。受国际金融危机的影响，2009 年中国 FDI 流出量比 2008 年有所下降，但由于发达国家 FDI 流出量的下降更快，中国占世界 FDI 总流出量的比重进一步提高到 4.36%（见图 5-1）。按照 UNCTAD 的数据，1990 年中国企业海外并购仅 4 宗，总金额达 13.4 亿美元，占世界并购数量和金额的比重分别为 0.2% 和 1.4%，占发展中国家并购数量和金额的比重分别为 3.7% 和 17.7%。到 2009 年，中国企业海外并购数量增加到 97 宗，总金额达到 214.9 亿美元，占世界并购数量和金额的比重分别为 2.3% 和 8.6%，占发展中国家并购数量和金额的比重分别为 13.0% 和 29.1%（见图 5-2）。

但即使如此，中国企业的全球化程度仍很低，海外并购仍然较少。中国企业在国际商务的全球投资中所占的比重仅为 6%，历史上英国和美国分别在 1914 年和 1967 年的最高点时的比重大约为 50%（*Economist*，2010）。尽管中国 2009 年的跨境并购数量已占世界并购总量的 2.3%，但仍低于美国、加拿大、英国、德国、法国、日本、瑞士、荷兰等发达国家（见表 5-1）。对比市值最大的前 100 家公司可以发现，2006 年，中国台湾地区、韩国和印度的公司从海外业务中获得的收入分别是中国公司的四倍、三倍和两倍，海外资产所有权和雇用海外员工数量的情况也大致与此类似（见图 5-3）。对比中国企业的并购数量和被并购数量也可以发现这一点：2008 年、2009 年，中国企业跨境并购

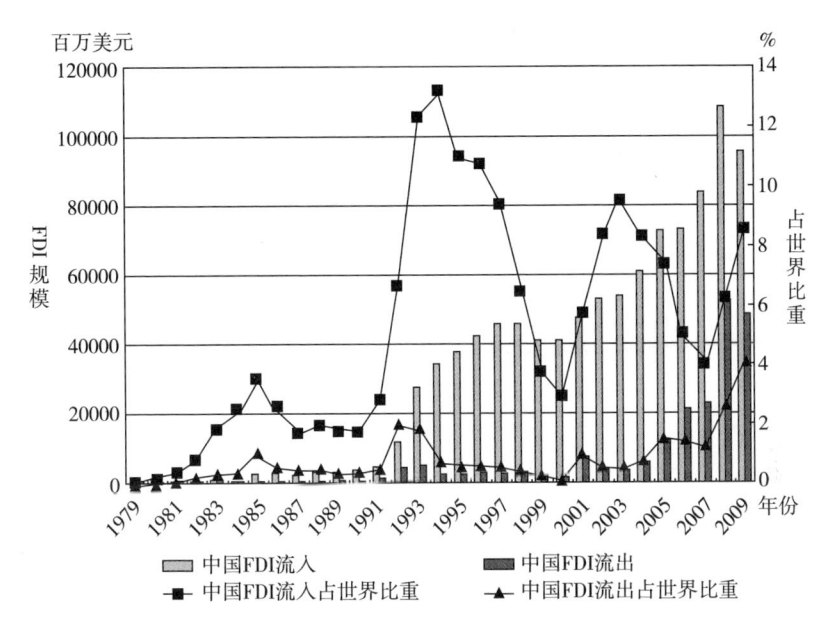

图 5 – 1　1979—2009 年中国的 FDI 流入和流出

资料来源：UNCTADstat 数据库。

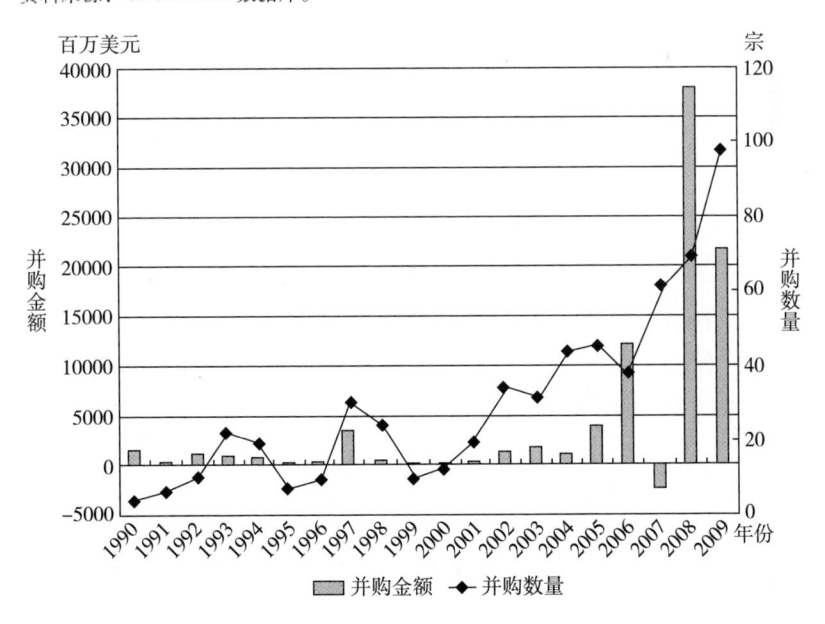

图 5 – 2　中国企业的跨境并购数量和并购金额

注：跨境并购按以下方式计算：母国跨国公司对国外公司的购买 – 在母国的外国机构的销售；指最终并购公司所在国的净购买。数据仅包括并购股权比重超过 10% 的交易。

资料来源：UNCTAD cross – border M&A database（www.unctad.org/fdistatistics）。

数量分别为69宗、97宗,被并购数量则达到236宗、142宗。以上比较说明,中国企业的国际化和跨境并购仍有很大的潜力。

表5-1　　　　　世界主要国家/地区跨境并购数量　　　　单位:宗

国家/地区	2006年	2007年	2008年	2009年	1990—2009年合计
美国	1063	1241	1085	582	16862
英国	681	814	600	231	8689
法国	265	404	381	191	4383
加拿大	395	426	351	306	5001
德国	229	264	286	196	4701
荷兰	146	173	221	104	2751
日本	137	161	185	160	2115
瑞士	119	125	174	133	1838
印度	134	175	163	56	869
瑞典	185	207	161	94	2335
澳大利亚	246	363	153	58	1763
意大利	59	121	119	45	1255
马来西亚	117	123	113	63	1079
中国香港	118	116	110	88	1381
中国	38	61	69	97	591
世界	5747	7018	6425	4239	23429

资料来源:UNCTAD cross-border M&A database(www.unctad.org/fdistatistics)。

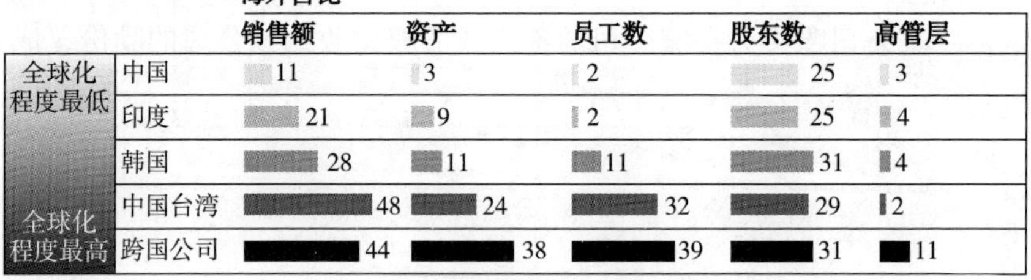

	海外占比				
	销售额	资产	员工数	股东数	高管层
全球化程度最低　中国	11	3	2	25	3
印度	21	9	2	25	4
韩国	28	11	11	31	4
中国台湾	48	24	32	29	2
全球化程度最高　跨国公司	44	38	39	31	11

图5-3　2006年市值最大的前100家公司(百分比)

资料来源:Meagan C. Dietz、欧高敦、邢臻:《中国企业如何才能在海外获得成功》,《麦肯锡季刊》2008年第5期。

第二节　中国企业跨境并购的特征

本书以下部分利用 Zephyr 数据库的跨境并购数据对中国企业的跨境并购特征、绩效以及与产业国际竞争力的关系进行分析。需要说明的是，运输、通信成本的大幅度下降极大地促进了企业在全球范围内配置资源，企业的国家特征日益模糊，注册地、上市地、总部所在地、控股股东所在地分离的现象已经非常普遍，因此对一国跨境并购的统计只能是近似的。例如，并购方在中国大陆的企业可能实际上是外国直接投资企业，注册地在其他国家或地区（如开曼群岛）的企业反而是中国投资的企业；同理，被并购方在外国的企业也并不一定都是外国企业，其中有一些可能是中国企业投资设立的子公司。由于企业的股权构成和治理结构可能非常复杂，对大量数据进行一一甄别的难度很大，甚至是难以做到的，因此本书将 Zephyr 数据库中并购企业在中国、被并购企业在外国的并购认定为中国企业的跨境并购。Zephyr 数据库包含 2000—2010 年宣布或完成的中国企业跨境并购活动，剔除个人作为并购方的条目，共获得有效数据 398 条。

一　并购类型：全部为收购方式，且以控股收购为主

并购是兼并（Merge）和收购（Acquisition）的简称。兼并是由两个或更多个经济实体形成一个经济单位的交易，通常由一家占优的公司吸收其他公司，原来各公司的股东通常也是新公司的共同所有者；收购则是一家公司购买另一家公司的资产或股权，收购该公司的股份，成为该公司的所有者，被收购公司成为收购方的附属公司（Sudarsanam，1998；威斯通等，1998）。兼并是企业规模扩大的重要方式，许多大企业都是通过兼并形成的，兼并在国际并购活动中也屡见不鲜。但是在 Zephyr 数据库中的 398 宗中国企业跨境并购交易中，全部为收购方式，并且显示了控股收购的特征。剔除 63 条缺少数据或不明确的记录外，共有股权比例发生变化的收购 53 宗，且均转变为控股甚至 100% 控股的状态；100% 股权收购 180 宗，控股收购 96 宗，仅有 6 宗收购的股权比例在 50% 以下。

二 时间特征:跨境并购趋于活跃

与 UNCTAD 的数据一致,从 Zephyr 数据库同样可以看出中国企业跨境并购趋于活跃。中国企业跨境并购数量 2000 年仅为 9 宗,2003 年、2004 年并购数量大幅度增加,2009 年、2010 年增加到 60 宗左右(见表 5-2)。出于避税、上市等原因,很多企业选择在中国香港、维尔京群岛、百慕大群岛、开曼群岛、萨摩亚群岛注册,因此对上述地区的跨境并购可能带有同一投资主体内部资本运作的特征。剔除对中国香港等五地的并购后,我国企业跨境并购数量同样表现出不断增长的趋势,但大幅度增长始于 2004 年,比包含中国香港等五地略有延迟,2009 年和 2010 年并购数量分别达到 45 宗和 37 宗(见表 5-2)。

表 5-2 2000—2010 年我国企业跨境并购数量 单位:宗

年份	并购数量	并购数量(剔除中国香港等五地)
2000	9	5
2001	9	6
2002	12	10
2003	25	14
2004	41	29
2005	35	23
2006	45	33
2007	45	29
2008	53	24
2009	65	45
2010	59	37
合计	398	255

注:根据并购宣布时间划分时间段。
资料来源:根据 Zephyr 数据库整理。

三 地域特征:集中于发达国家和地区

中国对外直接投资显示出向亚洲和非发达国家集中的特征,按照《2009 年度中国对外直接投资统计公报》,中国对外直接投资存量的地区分布为:亚洲 75.5%、非洲 3.8%、欧洲 3.5%、拉美 12.5%、北美

2.1%、大洋洲2.6%；对发达国家①（地区）（不包含中国香港）的投资存量仅占7.4%。中国企业的跨境并购与国际直接的地域分布大相径庭，表现出明显集中于发达国家（地区）的特征。2000—2010年，中国企业对发达国家（地区）企业的并购达到285宗，占71.6%；如果按照《2009年度中国对外直接投资统计公报》的标准将中国香港剔除，对发达国家（地区）企业并购仍占到47.4%。如果剔除中国香港等五地，则对发达国家（地区）企业的并购占到并购总数的74.1%（见表5-3）。

表5-3　　　2000—2010年中国企业跨境并购的地域分布　　　单位：宗，%

	包含中国香港等五地		剔除中国香港等五地	
	数量	比重	数量	比重
总计	398	—	255	—
发达国家（地区）	285	71.6	189	74.1
剔除中国香港等五地	189	47.4		
中国香港	96	24.1		
美国	45	11.3		17.6
维尔京群岛	29	7.3		
德国	21	5.3		8.2
新加坡	17	4.3		6.7
英国	15	3.8		5.9
法国	14	3.5		5.5
日本	14	3.5		5.5
澳大利亚	13	3.3		5.1
加拿大	11	2.8		4.3
百慕大群岛	8	2.0		
印度尼西亚	8	2.0		3.1
开曼群岛	8	2.0		
中国台湾	8	2.0		3.1
智利	6	1.5		2.4
意大利	6	1.5		2.4

---

① 对发达国家（Advanced Economies）的定义按照IMF的标准，参见IMF, *World Economic Outlook* (*October 2010*): *Recovery, Risk, and Rebalancing*, 2010, Washington: IMF, p.150。

续表

	包含中国香港等五地		剔除中国香港等五地	
	数量	比重	数量	比重
哈萨克斯坦	6	1.5		2.4
比利时	5	1.3		2.0
荷兰	5	1.3		2.0

资料来源：根据 Zephyr 数据库整理。

四 产业特征：集中于服务业、制造业和矿产业

冼国明、欧志斌（2009）认为，我国企业的跨境并购主要集中在初级产品部门和制造业部门，服务业涉及较少。但是我们利用 Zephyr 数据库的分析显示，服务业是我国跨境并购最为集中的领域，并购数量占 61.6%，制造业和矿产业分别占 39.2% 和 12.7%，农业、公用事业和建筑业的跨境并购很少（见表 5-4）。如果剔除中国香港等五地，服务业、制造业和矿产业跨境并购的比重分别为 44.9%、48.8% 和 16.9%。服务业内部主要集中于金融保险业，批发贸易业，专业、科学和技术服务业，信息业。按产业的技术水平划分，制造业的跨国并购主要集中于计算机和电子产品制造，电气设备、工具和零部件制造，化学制造，机械制造，运输设备制造等高技术和中高技术产业①，占到制造业跨境并购数量的 68.7%（剔除中国香港等五地后为 71.0%）（见表 5-5）。

表 5-4　　2000—2010 年中国企业跨境并购的产业特征　　单位：宗，%

名称	数量	比重	剔除中国香港等五地	比重
11 农业、林业、渔业和狩猎业	7	1.8	6	2.4
21 矿产业	50	12.7	43	16.9
22 公用事业	8	2.0	6	2.4
23 建筑业	13	3.3	2	0.8
31、32、33 制造业	154	39.2	124	48.8

---

① R&D 强度大于 5% 的是高技术产业，R&D 强度为 1.5%—5% 的是中高技术产业，0.7%—1.5% 的是中低技术产业，小于 0.7% 的是低技术产业。划分标准参见 UNCTAD, *World Investment Report* 2005: *Transnational Corporations and the Internationalization of R&D*, 2005, New York and Geneva: UNCTAD, p.108, Table III.3.

续表

名称	数量	比重	剔除中国香港等五地	比重
42 批发贸易业	53	13.5	28	11.0
44.45 零售贸易业	6	1.5	4	1.6
48.49 运输和仓储业	19	4.8	7	2.8
51 信息业	30	7.6	14	5.5
52 金融保险业	65	16.5	18	7.1
53 房地产和租赁业	11	2.8	7	2.8
54 专业、科学和技术服务业	33	8.4	22	8.7
55 公司和企业管理业	7	1.8	0	0.0
56 公共、支持和废物管理及修理服务	2	0.5	2	0.8
61 教育服务	1	0.3	1	0.4
62 卫生保健和社会保障业	2	0.5	2	0.8
71 艺术、文娱演出和娱乐业	2	0.5	1	0.4
72 住宿和饮食服务业	8	2.0	6	2.4
81 其他服务业（除公共行政）	2	0.5	1	0.4
92 公共新政	1	0.3	1	0.4
服务业合计	242	61.6	114	44.9
合计	474（393）	120.6	295（254）	116.1

注：产业分类依照 NAICS（North American Industry Classification System，北美产业分类系统）2007 标准；由于有的并购被划入两个或两个以上的行业，合计比重超过 100%，括号中为剔除重复记录后的数量。

资料来源：根据 Zephyr 数据库整理。

表 5-5　2000—2010 年中国企业跨境并购的产业特征（制造业）

单位：宗,%

名称	数量	比重	剔除中国香港等五地	比重
311 食品制造	11	7.1	10	8.1
312 饮料和烟草产品制造	6	3.9	5	4.0
313 纺织	1	0.6	1	0.8
314 纺织制品	2	1.3	2	1.6
315 服装制造	2	1.3	1	0.8
316 皮革和类似产品制造	3	1.9	2	1.6

续表

名称	数量	比重	剔除中国香港等五地	比重
321 木制品	3	1.9	3	2.4
322 造纸	0	0.0	0	0.0
323 印刷及相关支持活动	0	0.0	0	0.0
324 石油和煤炭产品制造	3	1.9	1	0.8
325 化学制造	15	9.7	11	8.9
326 塑料和橡胶产品制造	7	4.5	7	5.6
327 非金属产品制造	3	1.9	2	1.6
331 初级金属制造	9	5.8	6	4.8
332 金属制品	4	2.6	4	3.2
333 机械制造	34	22.1	32	25.8
334 计算机和电子产品制造	19	12.3	14	11.3
335 电气设备、工具和零部件制造	13	8.4	10	8.1
336 运输设备制造	25	16.2	21	16.9
337 家具和相关产品制造	3	1.9	3	2.4
339 杂项制造	6	3.9	3	2.4
合计	169 (154)	109.7	138 (124)	111.3

注：产业分类依照 NAICS2007 标准；由于有的并购被划入两个或两个以上的行业，合计比重超过 100%，括号中为剔除重复记录后的数量。

资料来源：根据 Zephyr 数据库整理。

五 并购规模：普遍规模较小

Zephyr 数据库中具有并购交易价值的有效记录 277 条，不包括中国香港等五地的记录 157 条。从图 5-4 及基本统计描述量可以看到，中国企业跨境并购的交易规模普遍较小。虽然并购交易的平均规模达到 2.08 亿美元，但大部分交易在千万美元规模，中位数为 2000 万美元。从具体行业来看，交易规模一亿美元以上的并购主要集中于矿产业、制造业（主要是运输设备制造、计算机和电子产品制造、化学、橡胶和塑料产品、食品等产业）、金融业、房地产和租赁业、运输和仓储业、公用事业等产业。

(a) 277条记录

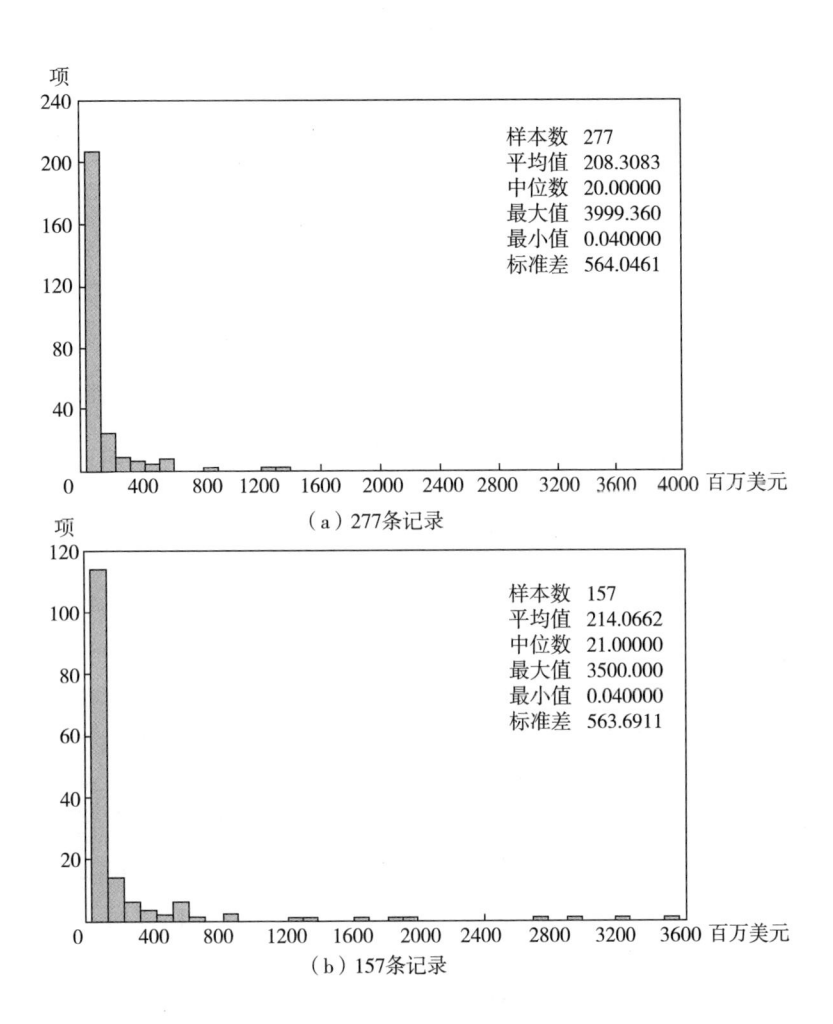

样本数 277
平均值 208.3083
中位数 20.00000
最大值 3999.360
最小值 0.040000
标准差 564.0461

(b) 157条记录

样本数 157
平均值 214.0662
中位数 21.00000
最大值 3500.000
最小值 0.040000
标准差 563.6911

图 5-4　2000—2010 年中国企业跨境并购规模分布

资料来源：根据 Zephyr 数据库整理。

六　绩效：被并购企业绩效普遍提高

本书用并购交易前后一年的息税前利润（Earnings Before Interest and Taxes，EBIT）衡量并购后被并购企业绩效的变化。在 Zephyr 数据库里以中国企业为并购方的并购中，同时具有被并购方并购前后 EBIT 的有效记录有 107 条。在 107 条有效记录中，被并购企业在并购前后业绩改善的有 69 宗，占 64.5%，其中业绩提升在 20% 以上的有 54 宗，所占比重为 50.5%。如果剔除中国香港等五地，得到有效记录 72 条。在 72 条有效数据中，并购前后业绩改善的有 54 宗，所占比重达到

75.0%，其中业绩提升在20%以上的有42宗，所占比重为58.3%。虽然对Zephyr数据的分析显示中国企业跨境并购能够提高被并购企业的绩效，但是具有并购前后EBIT的并购仅占全部并购的一小部分，因此该结论的准确性还有待进一步检验。

第三节 对跨境并购高失败率的理论解释

许多研究表明，跨境并购在并购后阶段会遇到巨大的挑战，其中很高比例的并购（大约50%）以失败告终（Child et al.，2001）。[①] 毕马威（KPMG）的一项研究发现，53%的跨境并购会破坏股东价值，只有17%能给股东创造价值（*Economist*，1999）。Peng（2011）指出，各种对新兴经济体跨国公司跨境并购效率提升的经验研究远非定论，因为据报道70%的跨境并购是失败的。麦肯锡对全球20年中大型企业并购案的统计表明，取得预期效果的比例低于50%，其中中国有67%的海外并购不成功（转引自张莫、周玉洁，2010）。中国企业并购失败的案例也常常见诸报端。TCL集团于2004年7月并购法国汤姆逊公司彩电业务，同年又并购了法国阿尔卡特的移动电话业务，结果前者持续亏损，后者在合资仅一年后就以失败告终。上汽集团于2004年10月以5亿美元收购双龙汽车48.92%的股份，成为最大股东，但后来上汽集团与韩国双龙的争端加剧，被韩国激进分子扣上"技术窃取者"和"资源掠夺者"的帽子。2009年年初，双龙申请破产，上汽对双龙的并购以失败告终。虽然2010年吉利成功收购沃尔沃，但是外界对于这一并购的质疑不绝于耳——无论资金实力还是技术水平都不足的吉利能否取得这场"蛇吞象"并购的成功并不被看好。在我们对Zephyr数据库里中国企业跨境并购的数据分析中，也有30%左右的被并购企业在并购一年后业绩没有出现改善。

一 传统的理论解释

对跨境并购给出解释的传统理论是邓宁的国际生产折中理论

[①] 本书所指的并购失败不是指没有完成对目标企业的并购，而是指并购完成后，被并购企业的业绩低于并购前的水平，出现亏损或者拖累并购企业/整合后的企业的业绩。

(OLI)和交易成本理论(TCE)。国际生产折中理论认为,有三个基本要素决定企业的国际直接投资,即所有权优势、区位优势和市场内部化优势。所有权优势是指一国企业拥有的相对于国外企业的技术、资金、成本等方面的优势,是国际投资发生的必要条件;市场内部化优势可以避免市场失败给企业带来不利的影响;区位优势决定了企业投资地的选择。但是,国际生产折中理论不能解释发展中国家企业的跨国投资行为,因为发展中国家很少有企业在技术、资金、品牌等方面具有世界性的优势,甚至还存在所有权劣势。交易成本理论基于有限理性和机会主义两个假设与资产专用性、不确定性和交易频率三个维度,认为企业选择能够最小化交易成本(信息的搜寻、谈判、监督、执行等成本)的治理机制。当交易成本低时,理性的企业会选择市场治理的机制;当交易成本太高以致超过企业内部的协调成本时,企业就会选择内部治理结构,并购行为就会发生(Williamson,1975)。无形资产(知识、技术)往往构成企业开拓国际市场的优势,但是无形资产通过市场机制的解码、传递具有很高的交易成本(比如机会主义行为),因此旨在降低交易成本的跨境并购就会成为企业国际化的方式(Zhao,Luo and Suh,2004)。交易成本理论对跨境并购的解释是建立在企业已经进行国际直接投资的前提之上的,而没有说明为什么企业会进行国际直接投资。也就是说,交易成本理论强调的是国际直接投资活动为什么会采取并购的形式。

近年来,国外学者对跨境并购进行了比较深入的研究。Shimizua等(2004)对前期的跨境并购研究从跨境并购作为进入国外市场的模式、外国文化动态学习的过程和价值创造战略三个方面进行了综述,认为用于解释国外市场进入模式的主流理论是国际生产折中理论和交易成本理论。Brakman等(2005)对美国、英国、荷兰、法国、澳大利亚的研究显示,跨境并购常发生于具有较强比较优势(用Balassa的显示性比较优势指数RCA来衡量比较优势)的领域(强出口领域),无论作为并购方还是被并购方,这些国家跨境并购活动平均有50%以上发生在具有显示性比较优势的领域,其中美国达到了60%。Neary(2007)建立了寡头垄断一般均衡两国模型,其研究表明,国际技术差异是一国低成本企业并购另一国高成本企业的动机,跨境并购能够作为获得更多比较优势的工具。Nocke和Yeaple(2007)将管理战略文献中以资源为基础的企业异质性的观点引入企业跨国经济活动（绿地投资、并购、出口）的分析，认为企业的能力是异质的并且在国家间的可移动性不同，因此外国企业从利用它的无形的技术性优势与被并购企业的国家特性能力的互补性出发会从事跨境并购活动。也就是说，跨境并购被国际化的可移动和不可移动的能力互补性所驱动。能力的国际可移动性越低，跨境并购就越会成为进入国际市场受喜爱的模式。Sun 等（2010）建立了包括国家—产业要素禀赋、动态学习、价值创造、价值链重构、制度的改进和约束五个要素构成的比较所有权优势（Comparative Ownership Advantage）框架用以解释新兴经济体的跨境并购活动。

既有的研究大多关注发达国家之间或者发达国家企业对发展中国家企业的并购，发展中国家企业的海外并购是一个相对较新的现象，无论是理论还是实证研究均相对较少；但是，对发达国家企业海外并购研究的结论并不全部适用于发展中国家的海外并购。就影响跨境并购成功因素的研究来看，大多关注东道国的特征对跨境并购的影响，但是对并购企业本身及其母国的特征没有给予足够的重视。目前的跨境并购理论不能对类似中国这样具有较强产业竞争力但同时跨境并购失败率高的现象给出合理的解释。

二　比较优势、竞争优势的耦合与跨境并购

自改革开放以来，中国制造业的规模不断壮大，技术水平持续提高，国际竞争力也不断增强，在服装、电子等领域已经成为世界最主要的出口国，中国商品出口占世界的比重已经从 1980 年的 0.89% 提高到 2009 年的 9.62%。显示性比较优势指数（Revealed Comparative Advantage，RCA）是指一个国家某种商品的出口额占该国出口总额的份额与世界出口总额中该类商品出口额所占份额的比率，可用公式表示为：$RCA_{ij} = (X_{ij}/X_{tj}) \div (X_{iw}/X_{tw})$。其中，$X_{ij}$ 表示国家 j 出口产品 i 的出口值，X_{tj} 表示国家 j 的总出口值；X_{iw} 表示世界出口产品 i 的出口值，X_{tw} 表示世界总出口值。RCA 指数小于 1，表示该国的此产品的国际竞争力相对较弱，RCA 指数大于 2.5 表示具有极强的出口竞争力，RCA 指数介于 1.25 和 2.5 表示具有较强的竞争力。中国制造业的 RCA 指数从 1980 年的 0.90 提高到 2009 年的 1.40，显示出较强的国际竞争力。2009 年，中国纺织品、服装、办公和通信设备出口额占世界的比重分别达到 28.34%、33.98% 和 26.19%，RCA 指数分别为 2.95、3.53 和 2.72，

显示出很强的国际竞争力。无论是 TCL、联想，还是上汽，都是国内同行业的领导企业或领先企业，那么，为什么具有较强国际竞争力的中国产业即使其中的佼佼者在转向跨境并购后仍然会面临如此高的失败率呢？战略失误、缺乏国际化人才、文化制度差异等因素是普遍用于解释跨国投资失败的原因。我们认为，企业竞争力来源于企业自身核心能力（Core Competence）和具有国家特征的资源禀赋条件的耦合，并且在宏观上表现为一国的产业或国家竞争优势。在现阶段，中国企业的国际竞争优势主要依赖于中国所具有的资源禀赋条件，而企业自身的核心能力并不突出，这是从具有强国际竞争优势产业走出的中国企业跨境并购屡遭失败的重要原因。中国企业以跨境并购方式进入国际市场后，中国的资源禀赋条件并不能随中国企业进入东道国，东道国被并购企业的竞争力取决于中国并购企业自身的能力和东道国资源禀赋的耦合，而中国企业自身的能力并不明显优于当地企业，因此被中国企业并购的国外企业的竞争力很难有显著的改善。

（一）比较优势、竞争优势的关系

如果一个国家在本国生产一种产品的机会成本低于在其他国家生产该种产品的机会成本，那么这个国家在生产这种产品上具有比较优势（克鲁格曼等，2002）。自李嘉图提出比较优势理论以来，该理论一直被视为国际贸易能增加参与各国福利的原因。各国比较优势的差异产生于生产要素的相对丰度，而一个国家或地区的生产要素结构和丰度取决于该国或地区的自然资源禀赋和经济发展的阶段（林毅夫等，1999）。迈克尔·波特从企业竞争的角度出发提出竞争优势的概念并将之扩展到国家之间的竞争即国家竞争优势。他认为，产生比较优势的劳动力、自然资源、金融资本等物质禀赋的作用日趋减少，以生产成本或政府补贴作为比较优势的弱点在于更低成本的生产环境会不断出现。他认为竞争优势才是国家财富的源泉，比较优势应让位于国家竞争优势，并构建了形成国家竞争优势的钻石模型（波特，2002）。波特的国家竞争优势及产业竞争优势理论对实际政策部门产生了重要的影响。

然而，对于比较优势、竞争优势及其相互关系一直存在一些模糊的认识。例如，波特的理论被质疑是建立在对比较优势概念误解的基础上，尽管他声称他的理论是关于国家和企业的，但事实上他的竞争优势主要是指发达的工业国家中单个企业在市场经营中的成功（Warr,

1994）。比较优势和竞争优势理论的关系已经引起一些学者的关注。早在 1985 年，Kogut 就指出，比较优势是特定位置（Location – Specific）的相关优势，它建立在一个国家相对于另一个国家更低的要素成本之上；竞争优势是特定企业（Firm – Specific）的相关优势，它来源于企业的一些专有特性，这些特性，竞争对手要花费很大的成本才能模仿，且具有不确定性。Warr（1994）也认为，竞争优势和比较优势，一个关于企业，一个关于国家。比较优势理论与以成本为基础的优势的利用最相关，而竞争优势更强调成功的、差异化的产品发展；竞争优势关乎独立企业的商业绩效的决定，比较优势关乎国家层面的资源配置效率，尤其是在可贸易商品和服务的生产领域。

比较优势和竞争优势分别针对国家和企业，但是，二者并不是完全独立的。一方面，企业所在国家的资源禀赋优势进入企业的生产函数，能够为该国企业提供相对于其他国家企业的竞争优势，并在企业以商品贸易方式参与国际竞争时表现出来。比如，中国具有的丰富且低廉的劳动力供给就成为"中国制造"低成本竞争优势的重要来源。另一方面，基于资源禀赋的比较优势只能为处于该国内部的企业所享有，并且是公平的共享，当一家企业如果想在与本国企业的竞争中脱颖而出或者想在国际市场上获得更强的竞争优势，则需要通过持续的创新和积累形成自身独特的能力。

国家的资源禀赋有助于形成企业的竞争优势，反之，企业竞争优势也能促进国家比较优势的发展。杨小凯、张永生等（2000）将比较优势区分为内生比较优势和外生比较优势。在李嘉图的理论中，比较优势来源于各国产业间劳动生产率的差异，赫克歇尔—俄林模型中不同国家的生产函数没有差异，在他们的分析中比贸易伙伴拥有更好的特定要素禀赋的国家，其相应的产业具有比较优势（Warr，1994），他们所强调的是"人们作决策之前的天生差异"，即外生比较优势（杨小凯、张永生，2000），但是没有注意到除资源禀赋之外的竞争优势的第二个来源——技术（Costinot，2009）。例如，即使要素禀赋完全相同的国家的完全同质的企业，由于持续投资于不同的创新，专业化于不同的产品生产，也会形成不同的技术差异，进而表现出不同的优势。这种产生于企业不同专业化（方向或水平）决策的比较优势就是内生比较优势（Yang，1992）。如果一个国家的企业持续进行某方面知识的投资（虽然企业间的投资强度不完全相同),就会形成国家在某一领域的要素优势,从而在宏观上形成一国的(内生)比较优势。随着人类进入知识经济时代,自然资源、气候、区位条件、人口规模等先天存在的初级生产要素对经济发展的作用日益降低,而高素质人力资本、科研基础、创新体系等后天形成的高级生产要素发挥着越来越重要的作用。也就是说,外生比较优势的作用范围和强度减少,内生比较优势的作用范围和强度不断加强。

基于杨小凯对比较优势的二分法,我们也可以将企业的竞争优势划分为内生竞争优势和外生竞争优势。外生竞争优势来源于一国的资源禀赋差异,主要表现为一国企业相对于他国企业的竞争优势;内生竞争优势来源于企业通过学习形成的独特的核心能力,主要表现为某一企业相对于其他企业的竞争优势。内生竞争优势的看法来自管理理论企业异质性的观点,企业的资源观认为资源是企业的资产、知识、信息、能力、特点和组织程序,具有价值、稀缺性和难以模仿特征的资源,能够为企业带来竞争优势(坎贝尔、卢斯,1999)。企业的核心能力实际上也就是杨小凯所说的企业的分工和专业化问题。企业通过持续的分工和专业化,或者说通过长期的能力的创新和积累,就会形成区别于其他企业的内生竞争优势。这样,比较优势和竞争优势的关系可以用图 5-5 形象地表示。国家的要素禀赋形成该国的外生比较优势和企业的外生竞争优势;而企业核心能力的形成构成企业的内生竞争优势,具有相同或相似核心能力的企业的集合则构成一国的内生比较优势。

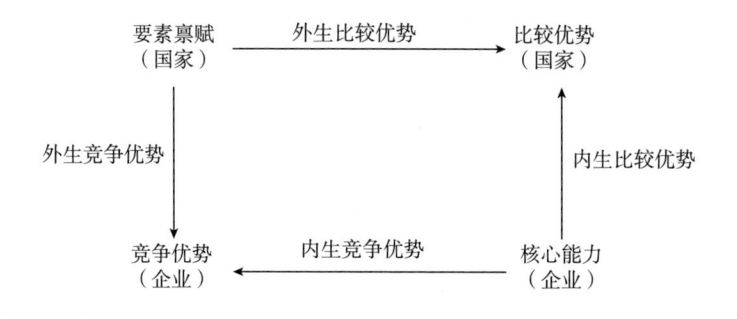

图 5-5 比较优势和竞争优势的关系

(二)要素禀赋与企业能力的耦合

从企业参与国际竞争的角度看,企业国际竞争力是国家层面的要素禀赋和企业层面的核心能力的耦合,换句话说,企业的竞争优势是内生竞争优势与外生竞争优势的综合体现,本书称之为综合竞争优势;同样,国家的比较优势是内生比较优势与外生比较优势的综合体现,本书称之为综合比较优势。Kogut(1985)虽然没有明确提出但已认识到要素禀赋和企业能力的耦合。他指出,企业的比较优势可以超过由于国家地理位置带来的比较劣势,当企业在规模、范围、学习等方面获得竞争优势时,它仍然能够在位置处于比较劣势时在竞争中成功。区位劣势越大,所需要的潜在竞争优势也越大;反之,如果国家的资源禀赋带来的比较优势比较强,就能够弥补企业竞争优势的不足,即使企业缺乏核心能力,该国的产业也能表现出较强的国际竞争力。Sun 等(2010)持类似的观点,认为新兴经济体的跨国公司从基于产业要素禀赋差异的国家特性优势(Country – Specific Advantages)和基于能力结构的企业特性优势(Firm – Specific Advantages)两个来源获得比较所有权优势(Comparative Ownership Advantage)。

具体到跨境并购问题,Shimizua 等(2004)认为,跨境并购作为进入国外市场的模式常常受到企业层面因素(如跨国经验、本地经验、产品多元化、国际化战略)、产业层面因素(如技术强度、广告强度、销售力强度)和国家层面因素(东道国的市场增长、国家间的文化特性)的影响。从比较优势和竞争优势的角度出发,本书认为,当企业以国际贸易的形式参与国际竞争时,企业的综合国际竞争力是自身能力和母国资源禀赋的耦合,企业在国际市场竞争力上的比较实质上是企业各自核心能力和各自母国资源禀赋条件的综合表现;而当企业以国际直接投资的方式(包括绿地投资和跨境并购)参与国际竞争时,企业的综合国际竞争力则表现为自身能力和东道国资源禀赋的耦合。因此,企业的核心能力就成为决定跨境并购成功与否的关键因素。下文将通过建立一个简单的模型对此加以分析。

考虑有两家企业生产同质化的产品,进行经典的古诺竞争。产品的反需求曲线为 $p = f(Q)$,$f'(Q) < 0$,其中 Q 是市场中所有企业的供给量 q_i 之和。当市场中只有两家企业时,$Q = q_1 + q_2$。

第 i 个企业的利润函数可写为 $\pi_i = q_i f(Q) - c_i(q_i)$,企业选择 q_i 以使自身利润最大化。利润最大化的一阶条件为:

$$\frac{d\pi_i}{dq_i} = q_i f'(Q) + f(Q) - \frac{dc_i}{dq_i} = 0 \qquad (5-1)$$

变化可得：

$$q_i f'(Q) + f(Q) = \frac{dc_i}{dq_i} \qquad (5-2)$$

为简化分析，假设存在线性的需求函数 $p = f(Q) = a - bQ$。因为仅有两家企业，所以 $Q = q_1 + q_2$。将 $i = 1, 2$ 分别代入，可得：

$$a - 2bq_1 - bq_2 = \frac{dc_1}{dq_1}, \quad a - 2bq_2 - bq_1 = \frac{dc_2}{dq_2} \qquad (5-3)$$

经变换可得：

$$q_1 = \frac{a + \frac{dc_2}{dq_2} - 2 \cdot \frac{dc_1}{dq_1}}{3b}, \quad q_2 = \frac{a + \frac{dc_1}{dq_1} - 2 \cdot \frac{dc_2}{dq_2}}{3b} \qquad (5-4)$$

令 $\Delta q = q_1 - q_2$，则有：

$$\Delta q = \frac{1}{b}\left(\frac{dc_2}{dq_2} - \frac{dc_1}{dq_1}\right) \qquad (5-5)$$

由该式可见，企业的边际成本越高，则其市场份额越小。如果两企业的边际成本相同，则有 $q_1 = q_2$ 或 $\Delta q = 0$。企业市场份额的差异 Δq 反映了企业竞争力的相对强弱，Δq 的变化能够反映企业经营业绩的变化。

假设企业的生产只有一种投入，即劳动，每单位产出需要固定的劳动投入 l，l 依赖于企业的技术水平 t，即 $l_j = l_j(t)$，工资水平为 w_j，则每单位产出的成本为 $p_j = w_j \times l_j(t)$，p_j 也是企业的边际成本。代入式（5-5）可得：

$$\Delta q = \frac{1}{b}[w_2 \times l_2(t) - w_1 \times l_1(t)] \qquad (5-6)$$

可以看到如上文所述，企业的竞争力既取决于国家特征的资源禀赋，本书中为工资水平 w_i，又取决于企业特征的企业能力，本书中为企业的生产函数 $l(t)$ 或技术水平 t。考虑跨国投资的情形，令 $j = D$，F，这里 D 代表母国（中国），F 代表东道国。这样，中国企业在国内的单位生产成本为 $C_D = w_D \times l_D(t)$，东道国企业的单位生产成本为 $C_F = w_F \times l_F(t)$，中国企业在国外投资（绿地投资或跨境并购）的生产成本为 $C_{CF} = w_F \times l_D(t)$。将单位生产成本代入式（5-6），如果中国企业以商品贸易的方式参与国外市场竞争，则有：

$$\Delta q = q_D - q_F = \frac{1}{b}(w_F \times l_F - w_D \times l_D) \tag{5-7}$$

如果中国企业以国际直接投资的方式参与国外市场竞争，则有：

$$\Delta q = q_{CF} - q_F = \frac{w_F \times (l_F - l_D)}{b} \tag{5-8}$$

可见，企业以国际贸易的方式参与国外市场竞争时，企业的综合竞争优势是母国资源禀赋和企业自身能力耦合的结果；企业以国际直接投资的方式进入国外市场后，母国的资源禀赋特征对被并购企业的绩效将不再起到作用，被并购企业的绩效主要受到企业的相对技术水平，也即企业能力的影响。产业竞争力是企业竞争力的集中体现，从而也是一国资源禀赋与企业能力的耦合，因此在产业竞争力相同的条件下，一国的资源禀赋优势越强，当该国企业参与国际直接投资时，就越需要更大的核心能力优势来弥补东道国资源禀赋的劣势。如果被并购企业的业绩要获得显著的提升，并购企业必须具有更强的核心能力。反之，如果并购企业的核心能力本身就弱或者根本缺乏核心能力，则被并购企业的业绩很难有显著的提升，甚至因为并购中的其他成本的影响而下降。这些潜在的成本劣势包括：识别和评估潜在并购目标（或新投资地点），与供应商和分销商建立本地联系，学习工作安全等方面的本地规章，跨地理和跨文化的协调、沟通，管理汇率风险，至少两种税收申报要求等（Dewenter，1995）。

Sun 等（2010）认为，新兴经济体的跨国公司会动态地吸收并购目标的有关区位和资源禀赋的国家特征优势，并将之通过学习整合入自己的企业特征优势。但是我们认为，这更多的是并购成功的结果而非前提，特别是制造输出型并购领域。当国家间的要素成本很接近（如发达国家之间）时，竞争完全被企业间的竞争优势的差异所驱动（Kogut，1985），因此各国企业相互间的国际竞争力主要表现为企业的内生竞争优势。反之，当国家间的要素成本差异很大（如发展中国家和发达国家之间）时，不同国家间企业的综合国际竞争力则是内生竞争优势和外生竞争优势耦合后的表现，如果并购企业自身不具备明显的内生竞争优势，则它们很难在与被收购企业所在国家的其他企业竞争中处于优势。因此，跨境并购多发生于那些企业拥有明显内生竞争优势的产业，或者如 Nocke 和 Yeaple（2007）所说，在企业差异主要存在于它们的可移动能力的产业，最有效率的企业会从事跨境并购；在企业差异主要存在于它们的国家特性的不可移动的能力的产业，跨境并购也会包括那些不那么有效率的企业。

就中国而言，基于相对较低价格的要素供给（如工资、工业用地价格、环境保护成本等）和完善的产业分工配套体系，中国制造业形成了显著的低成本优势或者说价格优势。中国的价格优势不仅表现在纺织、服装等传统产业，在 IT 等高新技术产业也很突出。中国产品凭借价格优势不断提升中国制造占世界的比重，以致《商业周刊》一篇名为"China Price"（中国价格）的文章指出，"中国价格"是最让美国工业界恐慌的词之一，它意味着比在美国所能达到的价格还要低 30%—50%（*Business Week*，2004）。虽然中国的出口商品能够表现出较强的低成本优势，但是中国企业并不一定具备低成本的控制能力，或者说并没有低成本的核心能力。低成本是要素价格和成本控制能力的综合体现，要素价格就是一国的资源禀赋，成本控制能力是企业的一项核心能力，是采购、生产、物流、分销、研发、行政管理、资金管理等各项企业运营成本的综合体现。日本在 20 世纪 80 年代也曾掀起跨境并购的狂潮，但是日本企业的跨境并购是建立在精益生产的低成本方式和比较先进的技术水平基础之上的。如果拿日本产业界普遍采用的精益制造生产方式来衡量，拥有低成本优势的中国企业在生产过程中的实物成本并不低。因此，在中国企业跨境并购海外制造业企业后，被并购企业处于国外高成本的要素环境中，实施并购的中国企业无法继续利用中国的低成本要素优势，兼之中国并购企业又不具备低成本的核心能力，因此被并购企业的成本不会出现明显的下降。特别是被并购企业的业绩往往较差，甚至面临经营困难，当其无法因并购改善其成本控制能力时，就已经基本注定了并购的失败。

第四节　中国知识寻求型跨境并购及其解释

一　中国强竞争力产业与并购产业的一致性

为了与跨境并购的产业分布情况进行对比，本书利用 Muendler（2009）提出的国际贸易标准分类（Standard International Trade Classification，SITC）到国际标准产业分类（International Standard Industrial Classification，ISIC）的转换对照表将之转换到 ISIC 标准，进而转换为 NACIS2007 的产业分类标准，在此基础上计算了 2002 年和 2007 年的制造业各产业的 RCA 指数。中国及世界商品出口数据（SITC Rev.2 分类）从联合国 UNcomtrade 数据库获得。之所以选择 2007 年，是为了避免国际金融危机造成的数据异常。从表 5-6 可以看到，我国具有强国际竞争力的产业部门是服装制造，家具和相关产品制造，纺织和纺织制品，皮革和类似产品制造；计算机、电子产品、电气设备、工具和零部件制造，金属制品，非金属产品制造，塑料和橡胶产品制造，石油和煤炭产品制造具有中等强度的国际竞争力。与 2002 年相比，服装制造、皮革和类似产品制造的竞争力虽然仍然较强，但有了较大幅度下降；纺织和纺织制品、金属制品、非金属产品制造、塑料和橡胶产品制造、石油和煤炭产品制造、木制品、食品制造、饮料和烟草产品制造等产业的国际竞争力下降；而计算机、电子产品、电气设备、工具和零部件制造，家具和相关产品制造，机械制造，运输设备制造，初级金属制造等行业的国际竞争力有明显的提高。我国企业的跨境并购未表现出与产业国际竞争力的一致性。国际竞争力最强的 4 个产业的跨境并购数量仅约占 7%；跨境并购主要集中于具有中等竞争力的部门如计算机、电子产品、电气设备、工具和零部件制造以及机械制造，都大约占并购数量的 20% 以上；另外，处于国际竞争劣势的运输设备制造和化学制造的并购数量也占相当大比重，分别约为 16% 和 9%。由于价值链垂直分解及其在全球范围内的配置（李晓华，2005），RCA 并不能完全准确反映某一产业真正竞争水平的高低。如果具体分析电子及机械两个产业我们会发现，我国这两个产业主要处于全球产业链的低附加值环节，以劳动力等低要素成本参与国际竞争，特别是电子产业的加工贸易比重在 2010 年仍然高达 77.9%（5 年前 89.2%），在真正反映企业竞争力的技术水平、增加值率、利润水平等方面与发达国家还存在非常大的差距。因此可以说，中国企业的跨境并购在制造业领域主要分布在不具有国际产业竞争力的部门。

表 5-6　　　　　制造业 RCA 与跨境并购比重的关系　　　　　单位:%

产业分类（NACIS2007）	RCA2002	RCA2007	跨境并购比重	跨境并购比重（剔除中国香港等五地）
315 服装制造	4.90	3.72	1.30	0.81
337 家具和相关产品制造	2.10	3.34	1.95	2.42
313+314 纺织和纺织制品	2.82	2.68	1.95	2.42
316 皮革和类似产品制造	3.75	2.44	1.95	1.61
334+335 计算机、电子产品、电气设备、工具和零部件制造	1.78	2.02	20.78	19.35
332 金属制品	2.07	1.92	2.60	3.23
333 机械制造	1.32	1.85	22.08	25.81
327 非金属产品制造	1.55	1.50	1.95	1.61
326 塑料和橡胶产品制造	1.61	1.29	4.55	5.65
324 石油和煤炭产品制造	1.50	1.23	1.95	0.81
321 木制品	1.05	1.02	1.95	2.42
331 初级金属制造	0.56	0.88	5.84	4.84
323 印刷及相关支持活动	0.61	0.73	0	0
325 化学制造	0.48	0.48	9.74	8.87
311 食品制造	0.65	0.43	7.14	8.06
336 运输设备制造	0.27	0.42	16.23	16.94
322 造纸	0.23	0.39	0	0
312 饮料和烟草产品制造	0.29	0.12	3.90	4.03

注：有的并购被划入两个或两个以上的产业，因此，合计比重超过100%。

资料来源：根据 UNcomtrade 和 Zephyr 数据库整理计算。

二　中国企业跨境并购与经典理论的矛盾

以中国为代表的新兴经济体的跨境并购是逆向跨境并购（李俊，2009）。相对于发达国家，包括中国在内的发展中国家企业并不具备技术、资金、品牌等优势，甚至处于所有权劣势，中国企业所具有的成本优势更多的也是来源于外在的国家层面的低工资、低土地价格等资源禀赋，而不是由于企业自身的成本控制能力带来的内生于企业的竞争优势。根据 OLI 理论，中国企业的跨境并购对象应该是经济社会发展水平更为落后的发展中国家的企业，这样中国企业才能够普遍具有所有权优势。但是前文的分析表明，中国企业的跨境并购主要集中于发达国家。Brakman 等对美国、英国、荷兰、法国、澳大利亚的研究显示，无论作为并购方还是被并购方，这些国家的跨境并购活动平均有 50% 以上发生在具有显示性比较优势的领域，其中美国达到了 60%。但是本书的分析表明，中国企业跨境并购的产业分布不是集中于中国具有强国际竞争优势的纺织、服装、皮革、家具等产业，而是集中于竞争力不强甚至不具有竞争力的产业。

按照 BCG（2006）的说法，中国企业的海外并购主要集中在矿业、能源和制造业领域，其目的在于保证自然资源的获取，发展国内领先企业并使其成为全球竞争者，为日益增长的外汇储备寻找多样化的投资渠道。在中国跨境并购集中的服务业、制造业和矿产业三大产业领域中，矿产业的并购动因比较好理解，主要是为了满足中国经济快速增长的原材料和能源需求。服务业、制造业的跨境并购虽然有助于开拓国际市场和多元化外汇储备的投向领域，但是从企业的角度出发，它们不具有帮助国家外汇储备投资方向多元化的义务和动力，更重要的是，跨境并购的失败率本来就很高（Child et al., 2001），中国企业完全可以采取国际贸易或者通过更具有地域优势的东道国分销商开拓国际市场。按照 OLI 理论，在不具有所有权优势的条件下，跨境并购并不是中国企业的理性选择。

三 矛盾的解释：基于知识寻求[①]动机的跨境并购

随着知识经济的兴起和全球竞争的加剧，知识、技术成为决定企业竞争成败的关键要素，企业战略的重点从下游的产品转向上游的能力，与能力积累和发展相关的问题成为重要的战略特征（Teece et al., 1990）。基于这一背景，Madhok（1997）指出，组织能力视角的基于价值的逻辑相比于交易成本/国际化理论，对企业的市场进入决策提供了更有力的，理论上更坚实的，更一般化、更加现实的解释。在企业能力

---

① "知识"是一个比"技术"内涵更丰富的概念，它既包括生产技术等"硬"知识，也包括管理等"软"知识，能够涵盖各种行业（包括制造业和服务业），因此本书采用"知识寻求"而非"技术寻求"的概念。

理论的视角下，企业获取、评估、吸收、整合、扩散、调配和开发知识的能力就变得非常关键。在这里，知识既包括使企业能够顺利和高效做事的、长期积累起来的实践技能和经验等相对默会的"Know-How"，也包括信息和"Know-What"等更为明会的、可言传的知识（Bresman et al.，2009）。

企业成长路径的差异造成了企业知识基础的不同，而在高度分工和专业化的现代经济体系中，企业的生产和服务需要各种不同类型知识的组合。企业可以从内部发展知识，但是内部发展具有一定的劣势，一是知识差异受到很大制约，二是在速度竞争的作用日益突出的环境中，并购在获得知识的速度方面具有企业内部创新不可比拟的优势，有利于并购企业迅速掌握关键技术、弥补技术缺口，在速度竞争中取得先机。企业也可以通过市场契约方式，但是无形资产（知识、技术、能力）的默示特征，通过市场机制的解码、传递，具有很高的交易成本（比如机会主义行为）（Zhao，Luo and Suh，2004），并且会受制于知识的提供方，也难以与竞争对手区别开来。采取并购方式就具有内部发展知识和市场获得知识不具备的优势。在并购和被并购企业之间存在单向的或双向的知识转移：从并购方到被并购方或者从被并购方到并购方（Bresman et al.，2009）。在早期的以 OLI 为代表的跨境并购理论中，知识构成并购方的所有权优势之一，并购方能够在并购后将自身具有的知识注入被并购企业从而改善后者的绩效。但是随着知识离散性的增强，中小企业在知识创造中发挥出越来越大的作用，因此基于获得被并购方先进技术的并购（国内的或跨境的）越来越普遍，也就是说并购中知识转移的重点正从并购方转移到被并购方。我们可以看到许多通过并购获得关键知识、技术，促进企业持续发展的经典案例。例如，自 1993 年进行第一宗收购后，全球领先的网络设备供应商思科（Cisco）迄今已收购了 100 余家公司；互联网巨擘 Google 仅 2010 年的收购交易就达到 48 宗，其收购目标仍放在小型新兴公司。无论是思科还是 Google，收购的主要目标是拥有独特技术的公司，主要目的就是获得企业未来发展所需的关键技术。它们的实践证明，收购对保持技术领先优势发挥了重要作用。

企业的异质性在国家间的差异远大于一国之内，因此跨境并购已经成为企业在日益快速变化的竞争格局中在全球范围内获得异质性、互补资源从而提高和改善自身能力的重要手段（Madhok，1997）。在跨境并购完成后，并购企业可以将被并购企业的专有知识、技术转移到其他部门，或者与既有的知识进行整合创新，或者用于开发适应被并购国当地市场需要的产品（Zou et al.，2008）。跨境并购对发展中国家的企业提高和扩展知识基础同样具有重要的作用。第一，发展中国家的企业的能力普遍比较落后，在本国和相似发展水平的国家中发现战略性知识的可能性比发达国家的企业在本国和其他发达国家找到战略性知识资源的可能性要小得多。因此，对发达国家的企业的跨境并购成为发展中国家的企业获得关键性知识资源的更为重要的途径。第二，位于发达国家的并购目标企业拥有更高水平和质量的知识资源，与发展中国家的企业的既有能力存在更强的互补性，因此跨境并购有助于克服后发者劣势，大大缩短获得关键性知识资源的时间，实现企业和经济发展的"蛙跳"（Gubbi，2010）。第三，Harrison 等（2001）指出，通过整合互补性资源形成的有价值的、独特的和不可模仿的协同作用能够为企业创造持久的竞争优势。发展中国家本身具有低成本的优势，通过将发达国家的被并购企业的先进技术转移、整合到国内的企业，有助于进一步提高本国产品的国际竞争力。

企业的生产和服务活动是一系列互补的知识的组合，对互补性知识的吸收和利用需要企业既有的知识基础作为支撑。如果并购企业原有的知识基础较差，很可能无法吸收、整合甚至没有能力转移被并购企业的知识，从而无法获得并购的好处。总体上看，发展中国家的企业在知识基础方面与发达国家相比处于劣势，但是不能否认发展中国家的一部分企业具备了足够的知识基础，在某些方面（如规模和资金实力）相对于发达国家的某些企业（特别是中小企业）更具有优势。在以中国为代表的发展中国家的经济蓬勃发展，而发达国家在国际金融危机中遭受重创并踯躅前行的背景下，此消彼长，发展中国家某些企业的某些优势可能表现得更为突出。这就给在知识、技术方面虽处于劣势的发展中国家的企业并购发达国家的企业提供了可能。即使发达国家的被并购企业在被发展中国家的企业并购后亏损，但由于并购对象常常是技术创新活跃的中小企业，并购方不会因此承担过高的负担，并且因获得被并购企业的技术而获得的母公司的收益增长很有可能超过被并购企业的亏损。我国企业在制造业领域的跨境并购主要集中于发达国家、高技术和中高技术产业，主要采取控股收购的方式，并购对象以小企业为主，这些特点与技术寻求型的特征相吻合。跨境并购不仅有利于发展中国家的制造业企业扩展其知识基础，而且由于发展中国家的服务业在技术、管理等方面与发达国家也存在很大（甚至比制造业更大）的差距，跨境并购在服务业也发挥着重要的作用。此外，服务业中的专业、科学和技术服务业本身就属于专业化知识创造的部门，对该产业企业并购的知识寻求动因更是显而易见。

第五节　结论和政策建议

本章的研究表明，中国企业跨境并购的步伐正在加快，特别是2008年国际金融危机爆发后中国经济的一枝独秀更使得中国企业在全球跨境并购中的重要性凸显。2000年以来，中国企业的跨境并购表现出增长速度快，以控股收购方式为主，集中于发达国家和地区，集中于服务业、制造业和矿产业，主要分布在不具有国际产业竞争力的部门等特点。我们将企业的竞争优势区分为内生竞争优势和外生竞争优势，外生竞争优势来源于企业外在的国家的资源禀赋条件，内生竞争优势来源于企业的核心能力。企业的综合国际竞争力是企业特征的企业核心能力与国家特征的资源禀赋的耦合的结果。中国的产业具有较强的国际竞争力并不意味着中国企业具有较强的国际竞争力，中国的产业竞争力主要得益于中国资源禀赋的优势。当中国企业走出国门参与国际并购时，中国企业将面临与东道国企业同样的资源禀赋条件，中国企业核心能力缺乏的弱点就显示出来，从而造成跨境并购的失败。中国企业要想取得跨境并购的成功，首先要苦练内功，提高自身的核心能力或者内生竞争优势。在没有形成内生竞争优势之前，通过国际贸易的方式参与国际竞争对于中国企业是更好的选择。我们的研究也表明，中国企业的跨境并购除为获取满足经济增长的矿产资源和能源、为外汇储备寻找投资渠道外，更多地体现出知识寻求导向的特点。虽然中国企业的跨境并购近年来增长很快，但总体上看，中国企业的全球化程度仍很低，海外并购仍然较少，并购规模仍然较小，中国企业的国际化和跨境并购具有很大的发展潜力。

为了促进中国企业走出国门，应重点做好以下几个方面的工作：首先，为企业的跨境并购活动做好服务、提供便利，加快审批程序，放宽外汇额度控制，帮助企业收集和提供海外的法律制度信息等。企业较之政府具有更强的经济激励和信息优势，因此扩大企业海外并购和绿地投资是利用外汇储备的更为有效的手段。其次，并购企业既有知识基础直接决定对被并购企业知识的吸收和利用，因此应大力促进国内企业全面提高和扩展其知识基础，既要包括提高企业的自主创新能力，也要包括提高企业的管理水平。最后，目前中国企业的跨境并购主要是知识寻求导向的，为获取国外先进技术获得创新能力而进行的技术寻求型收购，有助于提高国内母公司的核心能力，一方面能够增强企业在国内市场的竞争力，另一方面能够缩小母公司与发达国家的企业在核心能力方面的差距，从而有助于加快国内企业成功跨境并购的步伐，是应当鼓励的。今后应大力促进那些具有国际竞争优势的产业、具有竞争优势的企业加快国际化的步伐。特别是在中国生产成本全面、快速上涨的情况下，中国劳动密集型产业已经出现向发展中国家转移的趋势，中国拥有竞争力的劳动密集型产业对发展中国家的并购将是未来的重要发展趋势。

第六章 美国重振制造业的动因、效果与影响

第一节 背景

20世纪中后期以来，伴随美国经济的重心由实体经济向虚拟经济的转变，制造业的经济地位逐渐被金融等服务业所取代。信息技术和运输技术的发展及其导致的成本快速下降推动了全球化的离岸外包浪潮，美国制造业也加快向具有更低要素成本的发展中国家转移，而美国本土只保留了与制造业相关的设计、研发等非制造环节，本土化制造能力和制造业对经济社会的影响日渐下降。与此同时，中国等新兴经济国家凭借劳动力等生产要素的成本优势和庞大的市场规模，通过承接发达国家转移的加工制造等生产环节，在制造业领域加快发展，逐步建立现代化的制造业生产基础，并成为世界的主要制成品生产和出口基地。特别是伴随生产线的整体迁移，与制造加工环节关系紧密的研发和创新也随之迁移，发展中国家也因此逐步提高了制造业的创新能力，对美国的创新地位形成了有力竞争。

从近年来美国经济的变化来看，由于以金融、房地产为代表的虚拟经济部门发展过度，制造业等实体经济部门的发展严重失衡，导致2008年金融危机爆发，对美国造成了严重影响，并使得全社会开始反思之前"去工业化"的种种弊端。金融危机的爆发及其后续影响，也使得美国急需处理经济复苏和降低失业率等问题。然而，金融等服务业在当时难以形成恢复经济的有力抓手，制造业的作用则日益凸显，加快重振制造业也因此被提上日程。2009年，奥巴马政府提出重振制造业战略，其后发布了《重振美国制造业框架》《制造业促进法案》《出口

倍增计划》《复兴与再投资法案》《清洁能源法案》等多项法律和政策，对美国制造业的发展具有重要意义。

与此同时，第三次工业革命的悄然兴起，也引起了全球对于发展新一代先进制造业的重视。以机器人、人工智能和快速成型技术为代表的新兴制造技术将可能对传统制造范式进行较为彻底的更新，形成技术水平更高的制造业生产和组织范式，并引导未来制造业的发展趋势。在新一轮制造业的竞争中，任何制造业国家都将面临对原有制造业部门进行升级的压力，如何在未来制造业竞争中占据高点就成为各国进行制造业长远规划的重点。面对其他制造业国家的竞争，美国凭借较强的科技和资金实力率先加快布局，以期通过制造业的重振，在未来国际竞争中形成新的竞争优势。

此外，基于美国页岩气的开采、劳动力工资增长速度趋于下降等有利因素，重振制造业的客观条件日渐具备。虽然，在这一背景下，美国也出现对恢复制造业的反对声音，但重振趋势并未改变，这一进程也在逐步加快和调整。

第二节 美国重振制造业的动因与条件

美国重振制造业是在国内外的发展压力下而提出的，一方面需要面对来自国际的技术和贸易竞争，另一方面也要解决国内的制造业增长乏力、创新能力受损、失业率居高不下等问题。同时，由于页岩气革命、第三次工业革命的兴起，以及本地化生产优势的逐渐显现，美国也具有了重振制造业的有利条件。

一 国际竞争压力加剧

美国作为技术强国，一直占据着全球技术创新的主导地位，但伴随欧盟、日本以及中国等新兴国家在研发领域的快速增长，其地位日益受到威胁。作为一个消费大国，美国在国际贸易中的贸易逆差问题严重，制造业的国际竞争地位逐渐下降。

（一）国际技术竞争

制造业技术创新是全社会创新的核心，集中代表了一个国家的创新能力。美国一直保持着全球领先的科技实力，特别是在新兴技术领域内处于战略主导地位，而研发支出则可看作支撑起美国强大科技实力的重

第六章 美国重振制造业的动因、效果与影响 | 141

要指标。从主要国家和地区的研发支出情况来看，20 世纪 80 年代以来，美国的研发支出总量保持了较快增长，并一直处于领先地位。根据美国国家科学基金会（National Science Foundation）的数据统计，2011年美国的研发支出达到 4291 亿美元，远超过排在其后的欧盟（3205 亿美元）和中国（2082 亿美元）（见图 6-1）。

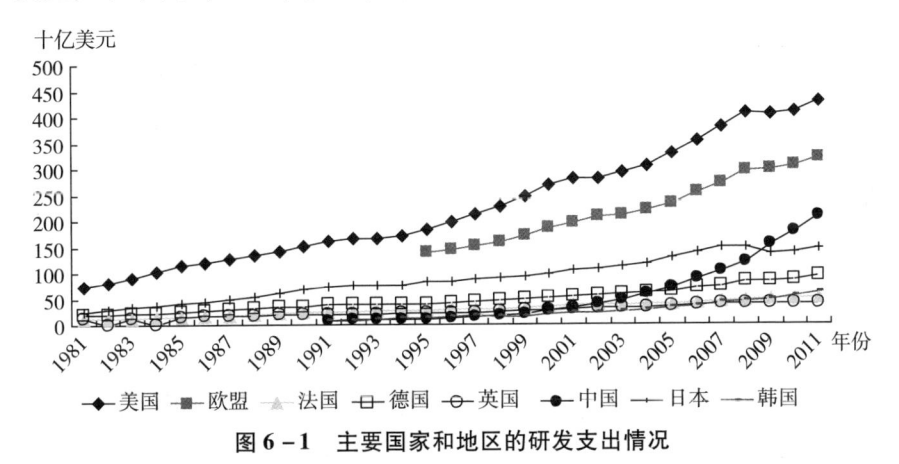

图 6-1　主要国家和地区的研发支出情况

资料来源：根据美国国家科学基金会数据整理。

然而，总量上的领先并不能消除美国对失去科技领先地位的担忧。一方面，欧盟一直保持了较高比例的研发投入，始终是美国在高科技领域内的强劲对手。特别是在经历了金融危机之后，欧盟的主要国家纷纷加快了经济结构的调整，将发展的重点转向了对科技研发需求更高的先进制造业，开始加快技术布局以提升国际竞争力，对美国形成了较大的竞争压力。例如，欧盟在 2010 年发布了《欧盟 2020 战略》，明确提出要恢复工业的应有地位，并同时出台了欧盟工业发展新战略，希望以此恢复欧盟工业的全球竞争实力。其中，英国在重振制造业方面表现积极，先后发布了《制造业：新挑战，新机遇》战略报告，以及《英国高端工程行业国际营销战略》《向增长前进》等政策规划，并围绕三大产业、五大战略和七项行动计划①逐次展开。法国也将工业置于国家发

---

① 英国重振制造业的三大产业包括核电产业、可再生能源产业和清洁汽车产业。五大战略分别是占据全球高端产业价值链、加快技术转化成生产力的速度、增加对无形资产的投资、帮助企业增加对人和技能的投资、抢夺低碳经济发展先机。七项具体行动计划涉及拓展市场、促进技术研发、改善创新环境、提高规划能力、加强培训、增加从业机会和推广低碳战略。参见王涛《英国制定战略提振制造业》，《经济日报》2009 年 7 月 30 日。

展的核心位置，专门设立生产振兴部以促进制造业重振，通过建立战略投资基金、制定出口促进措施、提高信贷支持等手段，大力支持包括新能源、生物技术、食品工业三大重点产业在内的制造业发展。德国发布《高技术战略2020》，提出工业4.0战略，积极推动"智能工厂""智能生产"，支持工业领域新一代革命性技术研发与创新。另一方面，以中日韩为代表的东亚国家，对科技研发的投入持续加大，与欧美国家的差距逐渐缩小。特别是，中国研发投入总量快速提高，2009年超过日本，仅次于美国和欧盟；韩国和日本研发投入占GDP的比重保持在较高水平，分别以4.03%和3.39%领先于美国的2.85%（见图6-2）。经过多年的产业承接和转化吸收，中国等东亚国家已经具备了一定的科技实力，在某些产业和环节形成了相对优势，并积极规划发展战略性新兴产业。例如，中国的《"十二五"国家战略性新兴产业发展规划》、韩国的《新增长动力规划及发展战略》、日本的《绿色经济与社会变革》等，都引起了美国的关注，构成了冲击美国科技霸主地位的潜在威胁。

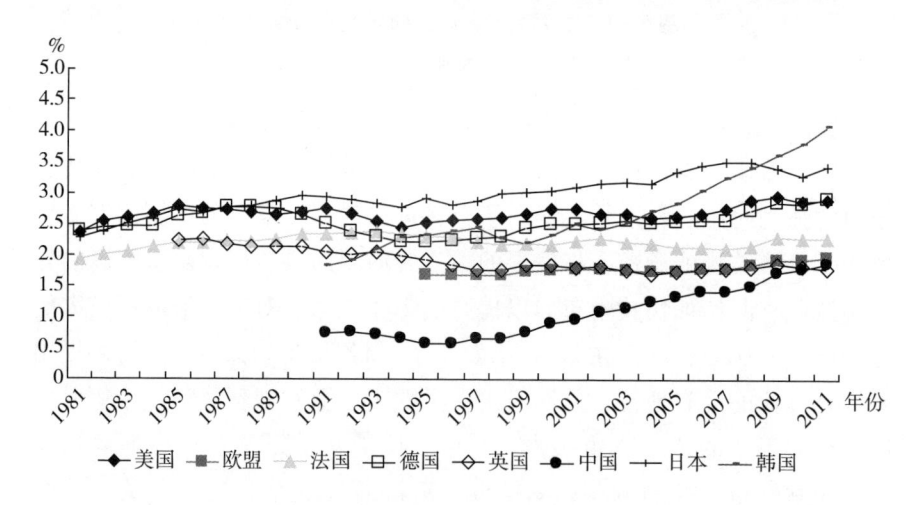

图6-2 研发投入占GDP的情况

资料来源：根据美国国家科学基金会数据整理。

因此，如何保持全球科技的地位，就成为美国国家战略的重要目标，而在全部的科技研发中，制造业无疑占据了最为重要的地位。根据美国国家科学技术委员会（NSTC）统计，制造业的研发支出约占所有私营部门研发支出的72%，并雇用约60%的研发人员。所以，正如美国总统科技顾问委员会（PCAST）《获取先进制造业的国内竞争优势》报告所讲，美国在先进制造业领域的领导地位面临挑战，并可能危及美国的对外贸易和经济整体发展，更会削弱美国的创新能力，美国需要加大对交叉学科顶尖技术的研发投入，以保持国家的领先地位。由此可见，以重振制造业为抓手，发展先进技术，提高美国科技实力，并保持美国在全球竞争中的领先地位，就成为美国重振制造业的动机之一。

（二）国际贸易竞争

先进制造业具有较强的产业辐射能力和盈利能力，是国家出口创收的重要来源。因此，伴随技术领域的竞争加剧，各国的制造业在国际贸易中的竞争也越来越激烈。

国际贸易不仅是各国之间互通有无的重要方式，也是各国之间竞争力比较的综合载体。在国民经济中，进出口不仅是国民经济核算的重要组成，也反映出该国产业的国际竞争力水平。美国曾是全球最大的贸易顺差国，但从1991年以来，美国开始连年遭遇贸易赤字。联合国贸易和发展会议（United Nations Conference on Trade and Development，UNCTAD）的数据显示，美国近年来商品贸易逆差逐渐增大，从1995年的1730亿美元，增加到2008年的7421亿美元（见图6-3）。2002—2012年，美国货物贸易存在巨额逆差，而65%的货物贸易为制造业产品，可见贸易逆差与制造业的发展具有高度相关性（宋国友，2013；庄芮，2013）。

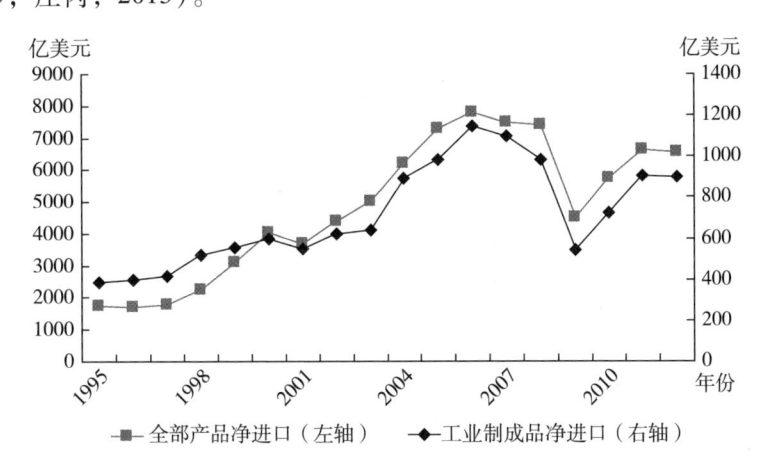

图6-3 美国净进口情况

资料来源：根据联合国贸易和发展会议数据整理。

从贸易指标来看，美国制造业也表现出了明显的下降趋势。从市场占有率来看，2000—2011 年，美国工业制成品出口的国际市场占有率显著下降，降幅达到 5.43 个百分点；从贸易竞争力指数①来看，美国制造业贸易竞争力水平较低，尽管在 2004—2008 年有所回升，但始终低于 -0.1，2011 年已降至 -0.22；从显示性比较优势指数②来看，美国制造业 RCA 指数明显低于德国、日本等国，受金融危机影响，从 2008 年的 1.17 降至 2009 年的 1.03，其后虽略有回升，但也仅保持在 1.04 以下。总体来看，美国长期转移低端制造环节，已经造成了低端制造业出口竞争力的丧失，而近年来在高端制造业的领先优势也开始动摇，其高新技术产品的出口额占全球市场的比重由 20 世纪 90 年代末的 20% 降至 2008 年的 11% 左右（李佐军和唐波，2012）。因此，通过重振制造业，不仅可以促进美国本土制造业产能的复苏，促进国内经济增长，还可以凭借新的制造业生产能力逐步提高制造业产品的出口水平，提升美国制造业在全球贸易中的比较优势。这一方式也就成为美国平衡国际收支、促进经济复苏的一个有效途径。

二 美国国内发展问题突出

伴随制造业的大举迁出，美国制造业的增长日渐乏力，相关的创新环节也逐渐迁出，创新能力明显受损。同时，美国就业问题较为突出，特别是金融危机之后，失业率居高不下，成为美国急需解决的重要问题。

（一）制造业增长乏力

从 20 世纪 80 年代开始，美国经济出现了由实向虚的明显转变，"去工业化"的趋势较为显著。实体经济占 GDP 的比重从 1980 年的 30.2% 减少到 2008 年危机爆发时的 19%。其中，制造业的下降趋势最为明显，其占 GDP 的比重由 1980 年的 20% 下降至 2008 年的 11.4%；而同期以服务业为主要组成的虚拟经济在美国 GDP 中的比重却连年提

---

① 贸易竞争力指数是指一国或地区的某一产业的进出口差额与该产业进出口总额之比。其值越接近 0，表示竞争力越接近平均水平；越接近 -1，表示竞争力越薄弱；越接近于 1，则表示竞争力越强。

② 显示性比较优势指数是指某国的某一产业或产品在该国出口中所占份额与世界贸易中该产业或产品所占份额之比。其数值接近 1，表示无所谓相对优势或劣势可言；大于 1，表示在国际市场上具有比较优势；小于 1，表示在国际市场上不具有比较优势。

高,从 56% 提高到 68%(宋国友,2013)。在这一背景下,制造业逐渐转移到海外,美国本土制造业的发展速度相对滞后。从制造业总产出来看,尽管美国制造业总产出增长较为明显,从 1997 年的 38459 亿美元增长到 2008 年的 54549 亿美元,但是同期制造业产出占全部产业产出的比重呈现下降的趋势,从 25.04% 降至 20.33%(见图 6-4)。从制造业增加值来看,1997—2009 年,美国制造业增加值占 GDP 的比重持续下降,在这一时期,虽降速时有放缓,但仍然从 16.1% 降至 11.9%(见图 6-5)。从制造业净收益水平来看,受经济重心向金融、保险和房地产等虚拟经济领域侧重的影响,美国制造业净收益水平虽然近年来有所提高,但与金融等行业的差距依然较大,2008 年制造业净收益为 1156.57 亿美元,而金融、保险和房地产总体净收益为 6289.93 亿美元(见图 6-6)。

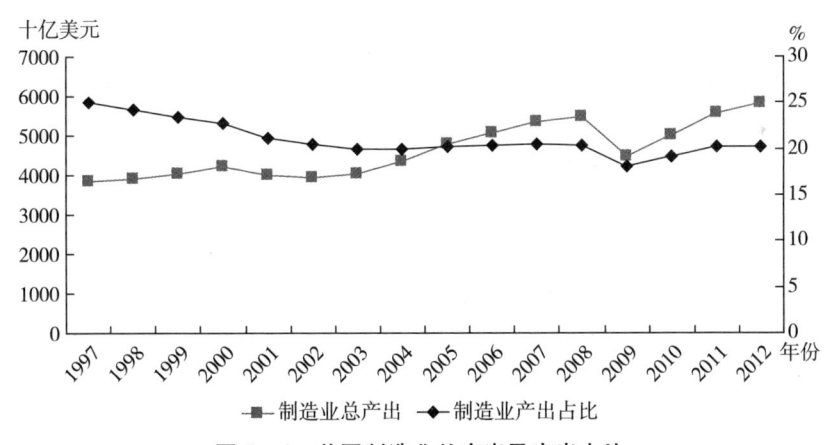

图 6-4 美国制造业总产出及产出占比

资料来源:根据美国经济分析局(Bureau of Economic Analysis)数据整理。

此外,制造业的流失不仅表现为统计上的数据下降,也体现为区域的发展问题。传统制造业区域所在的工业城市伴随制造业的流失而逐步荒废,传统资源配置和发展布局又难以形成新的经济增长点,经济活力逐渐丧失。制造业的流失,进而导致的人口流失、产业空置、社会混乱等问题进一步加剧了恢复经济的阻力,部分城市也从辉煌的工业城市逐步退出历史舞台。例如,曾坐落着通用、福特、克莱斯勒三大汽车公司的底特律,代表着美国工业基本传统的工业中心,却因制造业的持续迁出而逐渐衰退，并最终宣告破产。

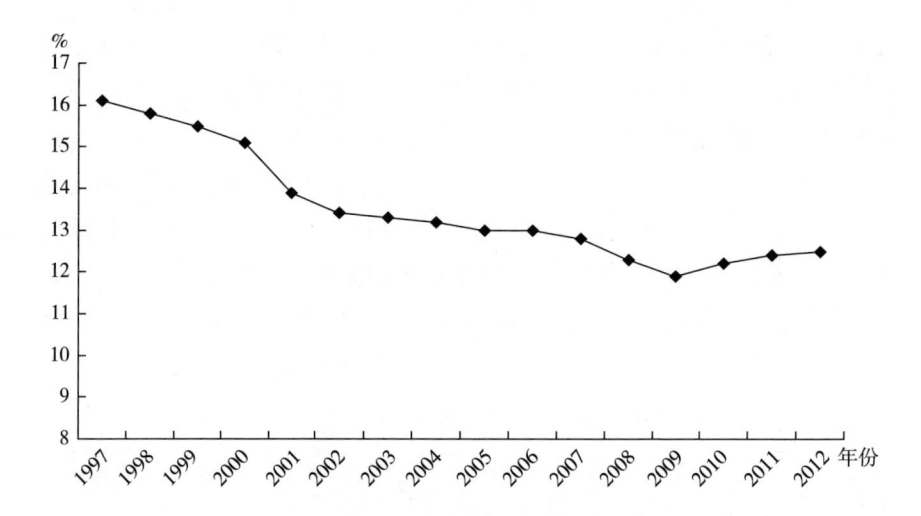

图 6-5　美国制造业增加值占比

资料来源：根据美国经济分析局数据整理。

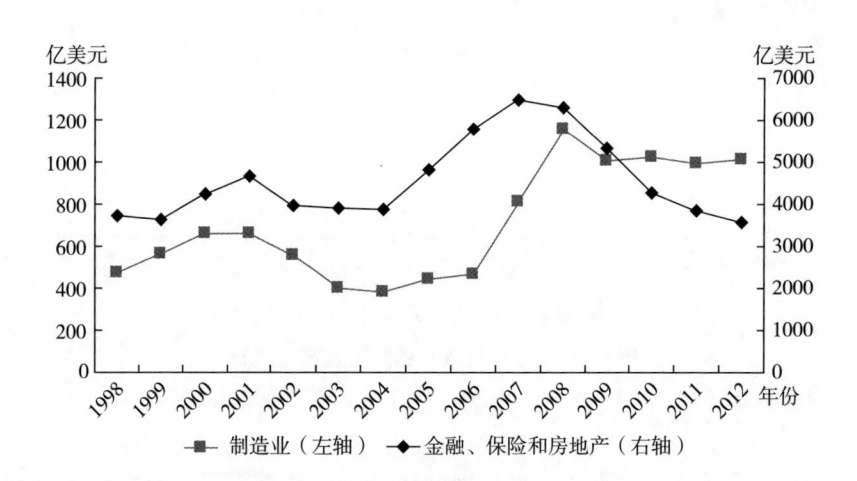

图 6-6　美国制造业以及金融、保险和房地产行业净利润水平

资料来源：根据美国经济分析局数据整理。

（二）创新能力受损

从全球分工深化和细化的角度看，美国在制造业转移的过程中，分离出去了制造环节，而保留了设计和研发环节，符合获取更高收益、布

局产业链有利地位的战略目标。然而，美国所注重保留的更多的是上游的研发创新环节，却忽视了制造业环节中的流程创新。因此，美国长期的制造业流失，导致创新与生产的结合性日益疏松，特别是与流水线生产结合较为紧密的创新环节也随制造环节的迁出而逐步流失。因此，这种生产线迁移的过程，实际上也是创新迁移的过程，美国的创新能力也因此受损。从 R&D 的增长来看，创新流失下的研发投入增长趋缓。根据美国国家科学基金会的统计，从 1992—2012 年、2002—2012 年、2007—2012 年三个不同时段的年均增长情况来看，除了联邦政府 R&D 经费的近期增长较快，总投入、企业、高校和其他非营利组织的投入均出现明显下降（见表 6-1）。

表 6-1　　1992—2012 年美国各部门研发支出年增长率　　单位：%

部门	长期表现			近期表现（相对上年同比增速）		
	1992—2012	2002—2012	2007—2012	2010	2011	2012
总投入	5.2	4.9	3.6	0.7	5.0	5.7
企业	5.1	5.0	3.3	-1.2	5.4	7.7
联邦政府	4.2	4.5	4.5	5.5	7.1	2.9
高校	6.0	5.2	4.2	6.0	3.5	0.4
其他非营利组织	6.7	4.1	3.7	2.2	-1.5	0.0

资料来源：根据美国国家科学基金会的数据整理。

（三）失业率居高不下

从 20 世纪中后期开始，美国制造业的就业人数开始显著下降，而服务业又难以充分吸收转移出来的就业人口，特别是在经济景气度相对较低的阶段，就业压力更加凸显。

制造业的流失直接导致了制造业就业岗位的流失，特别是 2008 年的金融危机更是加剧了就业问题。根据美国劳工部统计局的数据，2009 年 10 月失业率高达 10.1%，接近第二次世界大战以来美国失业率的最高纪录（1982 年为 10.8%）（庄芮，2013）。1998—2009 年，美国制造业全职和临时就业数量持续减少，从 1760.6 万人减少至 1185.6 万人，减少了 575 万个就业岗位。与此同时，同期制造业就业占全部产业就业的比重也从 13.33% 降至 8.65%（见图 6-7）。

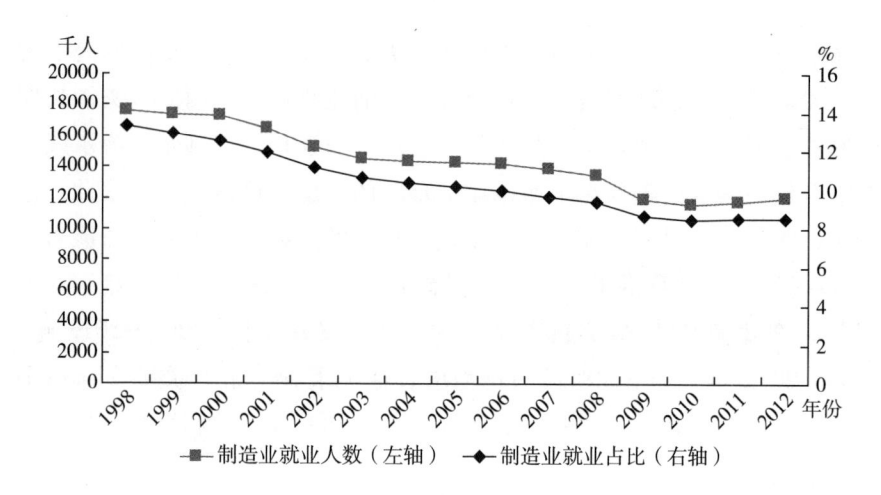

图 6-7　美国制造业就业人数及其占比

资料来源：根据美国经济分析局数据整理。

重振制造业，将有助于缓解美国就业压力。波士顿咨询公司的报告预测，制造业回流将为美国在 2020 年以前创造大约 300 万个工作机会。同时，美国制造业的工资水平相对较高，制造业就业的增加也有助于提高居民的生活水平，进而有助于消费市场的稳定。

三　有利条件逐渐形成

在美国面临国内外发展压力的同时，"页岩气革命""第三次工业革命"的兴起为其重振制造业带来了新的动力。此外，美国本地化生产优势的逐步形成，也成为其重振进程中的积极因素。

（一）"页岩气革命"的兴起

自 1982 年起，美国对页岩气开始探索性开采，并于 2003 年实现了水平钻井开采技术的突破，其开采技术目前已经逐步发展成熟。从产量来看，2000 年美国页岩气产量为 1.10×10^{10} 立方米，仅占天然气总产量的 1.6%，到 2011 年，美国页岩气产量增至 1.720×10^{11} 立方米，占天然气总产量的 30%（张经明和梁晓霏，2013）。据美国能源信息署预测，到 2030 年美国页岩气产量占天然气总产量的比重将会提高到 46%。正是由于页岩气产量的增加，美国于 2009 年超过俄罗斯成为全球第一大天然气生产国。

页岩气的发展，首先降低了美国制造业的成本，带动了相关产业的快速发展。一方面，页岩气的价格优势，直接降低了美国制造业的能源成本，降低了美国对进口能源的依赖度。作为对石油的替代能源，页岩气的大量开采直接推动了美国能源成本的降低。根据英国石油公司的研究报告，由于天然气产量的增加，美国有望在 2030 年实现"能源独立"。与 OECD 主要制造业国家比较来看，美国能源价格也具有一定优势。特别是在天然气和电力价格方面，工业用天然气价格仅高于加拿大，家庭用天然气价格也仅高于墨西哥和加拿大，分别为 12.74 美元/兆瓦时 GCV 和 35.22 美元/兆瓦时 GCV；工业用电价格仅高于挪威，为 66.98 美元/兆瓦时，家庭用电价格也相对较低，为 118.83 美元/兆瓦时（见表 6-2）。由此可见，在美国页岩气大量开采的推动下，其能源价格显著下降，为制造业的发展提供了较为强劲的成本优势。

表 6-2　　　　　　　　　　主要国家能源价格　　　　　　　　单位：美元

类别	德国	日本	韩国	美国
工业用天然气（兆瓦时 GCV）	51.04	—	64.8	12.74
家庭用天然气（兆瓦时 GCV）	90.32	—	69.18	35.22
工业用动力煤（吨）	—	150.55	—	81.37
工业用电（兆瓦时）	148.71	194.27	—	66.98
家庭用电（兆瓦时）	338.75	276.76	93.08	118.83
工业用重燃油（吨）	703.63	951.41	915.72	704.81
家庭用轻燃油（1000 升）	1137.63	1082.34	1276.99	1079.83
汽车柴油（升）	1.597	1.301	—	1.063
无铅汽油（升）	2.114	1.662	2.057	0.983

资料来源：根据国际能源署（International Energy Agency）数据整理。

另一方面，美国页岩气的大规模开采，也带动了相关产业的发展。页岩气既是重要的基础能源，也是重要的生产原料，页岩气开采带来的大量低成本油气资源有助于形成美国制造业的生产要素优势，而生产要素上的优势又有助于抵消美国在某些产业上与德国和日本等制造业强国的效率劣势，以及与中国等发展中国家的劳动力成本劣势。例如，美国石化工业可从低价的天然气中提取乙烷做原料，当 2011 年亚欧大宗基础化学品几乎全行业亏损时，美国的开工率由三年前不到 60% 迅速提高到93%，产品出口增长了11%，盈利水平甚至超过中东初级能源加工业。同时，以天然气为基础原料的钢铁行业可以利用天然气作为还原剂进行气基还原生产海绵铁，而且天然气发电也可降低电炉炼钢成本，有利于促进钢铁行业短流程生产工艺的发展，而有色金属、甲醇和尿素等天然气下游产业也因成本低廉得到了发展。因此，天然气等能源价格的降低增强了美国本土制造业的竞争力。

此外，"页岩气革命"还有利于促进就业增长。根据美国天然气协会的研究报告分析，到2015年，页岩气将为美国的GDP贡献0.7%的增长率，并增加80万个就业岗位。

（二）"第三次工业革命"的萌发

以智能化、数字化、信息化技术为基础的"第三次工业革命"，具有个性化制造和快速反应等特征，是嵌入在技术、管理、制度系统中的深刻变革（黄群慧和贺俊，2013）。"第三次工业革命"的兴起对美国重振制造业具有直接推动作用，将促使美国制造业形成新的综合优势，带来产业发展新机遇。

一方面，新技术革命下的自动化、机器人等生产技术有利于结合美国当前的资本、技术和劳动力资源，在当前较高工资水平上，形成生产效率更高、要素成本更低的新综合优势，并构成获得未来制造业发展机遇的基础。这一新的制造业发展优势，实现了要素在投入结构、使用结构和产出结构等方面的突破，不仅是对传统制造业的改进升级，更是在新的层面推动制造业向高端化、智能化、精细化发展。其中，与传统生产线相比，新一代机器人生产线的自动化水平高、准确率高、成本低，例如德国斯蒂尔在美国弗吉尼亚州工厂的120个工业机器人，可以实现全天不间断生产，每个班次只需要7名工人监管；而人工智能技术与流水线的深度结合，也将应用于未来的个性化产品生产，比以往的大批量产品生产更贴近客户需求，优于传统的生产流程。因此，充分把握"第三次工业革命"推动下的新综合优势，将奠定美国在未来制造业发展中的有利地位，有利于美国实现未来全球制造业竞争中的战略布局。

另一方面，与"第三次工业革命"相结合的制造业重振，符合先进制造业的发展趋势，催生了制造业发展的新机遇。新兴制造技术的发展对于传统制造范式具有极强的冲击力，深刻地改变着制造业的生产方式、资源配置、组织结构、市场策略等方面。特别是，以人工智能、机器人技术、快速成型技术为代表的新一代制造业技术,将构成美国重振制造业的重要支柱,而加利福尼亚、马萨诸塞等创新能力较高的地区也可能成为美国新的制造中心,成为重振制造业的先锋地区(黄阳华和卓丽洪,2013)。在"第三次工业革命"的推动下,围绕核心技术,更多的产业领域将跨领域深化融合,在更多的分叉领域进一步形成新兴产业的发展机遇。因此,围绕"第三次工业革命"中的新兴技术,将会形成融合更多元、层次更丰富、网络更复杂的制造业的发展趋势,并为传统制造业和新兴制造业的发展带来更多机遇。

(三)本地化生产优势的形成

一直以来,制造业都被视为一个成本中心,即对成本的控制和权衡决定了制造业的盈利和布局。在全部成本中,制造业企业对劳动力成本的变动尤为敏感,劳动力成本过高也被认为是美国制造业大量迁出的重要原因。从历史数据来看,美国制造业就业人员的工资水平保持持续平稳增长,并始终高于全行业的平均水平,2012年达到63057美元(见图6-8)。与同期中国劳动力工资相比,中国制造业城镇就业人员平均工资仅为41650元,美国制造业工资水平是中国制造业工资水平的十余倍(见图6-9)。因此,很多研究认为,高工资水平直接削弱了美国制造业的竞争力。

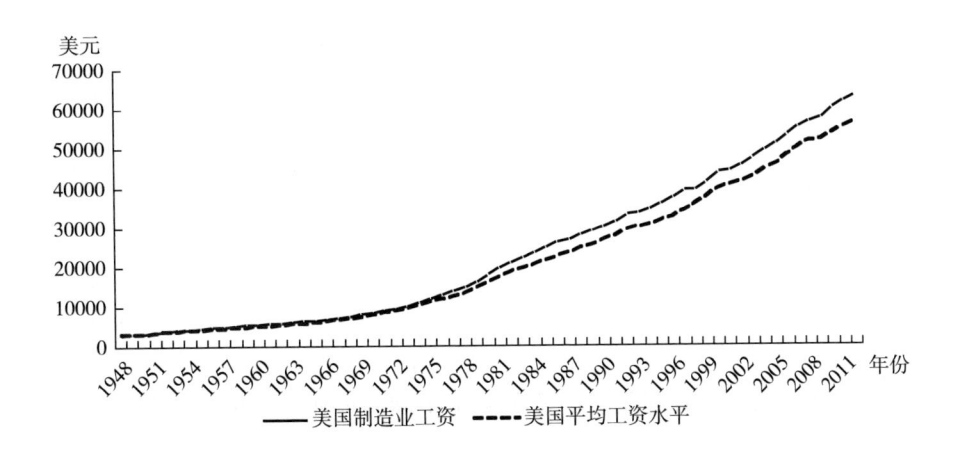

图6-8 美国制造业工资水平

资料来源:根据美国经济分析局数据整理。

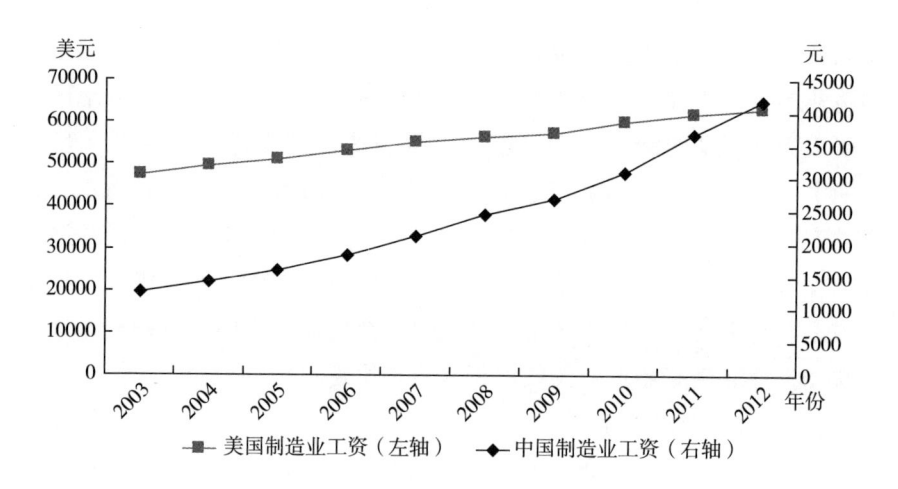

图 6-9 中美制造业工资对比

资料来源：根据美国经济分析局和中国国家统计局数据整理。

然而，事实并非如此。一方面，随着原油价格的高涨和维持高位，商品总到岸成本①日益增加，进口商品成本优势持续削弱。作为全球主要的制造业产品生产基地，中国的劳动力、原材料等生产成本快速增加。特别是中国制造业的工资水平快速上涨，2012 年达到 41650 元，比 2003 年约增长了 228.70%。② 受到国际物流成本大幅增加、人民币汇率保持走强以及贸易制裁增加等多种因素的影响，出口到美国的产品成本增加，削弱了中国出口商品的价格优势。此外，美国生产成本趋于下降。除了上文所述的美国能源成本下降，美国的劳动力、土地等要素成本也开始有所下降。美国工会开始接受降低了的工资标准方案，其中，70%的工种将获得更低的报酬，甚至美国三大汽车公司的工会也同意 35%—45% 的整体薪资福利让步；美国广阔的西部地区的用地价格便宜，进一步降低了总成本的投入。从制造业成本缺口来看，中美之间制造业的劳动力成本缺口和总成本缺口均呈现减小的趋势，估测 2013 年这一缺口进一步缩小至 16%（见图 6-10）。而根据 The Hackett

---

① 总到岸成本是指从原材料到最终待售商品所包括的供应链上的一系列成本的集合，主要包括原材料和要素成本、生产成本（固定和可变）、运输和物流成本、存货持有成本、税收和关税等。

② 根据国家统计局数据，制造业城镇单位就业人员平均工资 2003 年为 12671 元，2012 年为 41650 元。

Group 的研究，当到岸成本缺口达到 16%，企业将开始考虑由低成本地区转移到发达市场进行本地化生产。

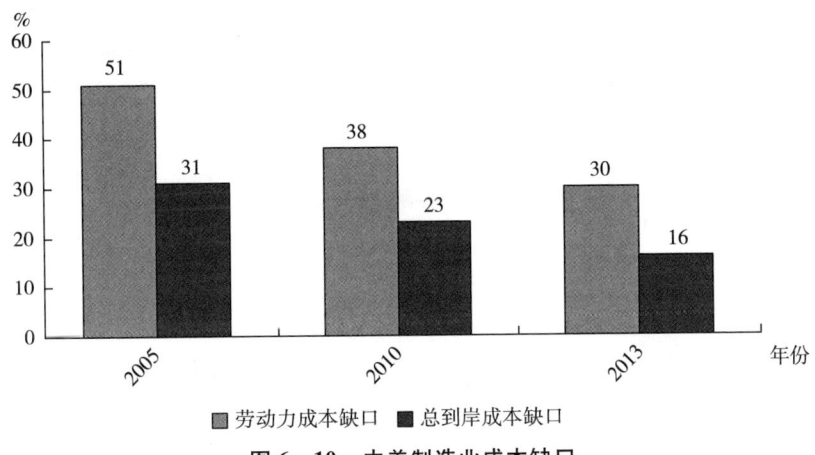

图 6-10　中美制造业成本缺口

资料来源：根据 The Hackett Group 数据整理。

（图中数据：2005 年劳动力成本缺口 51%，总到岸成本缺口 31%；2010 年劳动力成本缺口 38%，总到岸成本缺口 23%；2013 年劳动力成本缺口 30%，总到岸成本缺口 16%）

另一方面，本地化生产还具有贴近市场、降低进入市场的时间成本、提高企业的市场灵活度等优势。美国消费市场规模庞大，在离岸外包成本快速增长的背景下，选择本地化生产，无疑会有利于企业占据更大美国市场份额。借助于本地化的时间灵活性和市场敏感性，制造业企业可以拥有更快的市场反应速度和更多的生产调整空间，能够更好地掌握本地消费群体的需求特征，生产出更适合本土文化的丰富多样的产品，进而提升市场地位。

总体而言，美国重振制造业是国内外形势变化共同作用的结果，既是倒逼压力下的转型，也是主动重振的目标。而支撑美国重振制造业的最基本因素则是比较成本的变化，因此这一过程也是基于成本和效率的比较优势再平衡。

第三节　美国重振制造业的效果

尽管目前美国重振制造业的效果尚未充分展现，但在重振制造业政策的推动下，美国制造业增长逐步复苏，制造业企业出现回流迹象，相关领域的就业情况出现好转,制造业的出口表现也日渐企稳,表明美国重振制造业的计划已经取得了实质性成果。

一 制造业增长逐步复苏

2008年金融危机后,在美国重振制造业政策的强力推动下,美国经济呈现出稳步复苏的总体格局,制造业景气度大幅提高。从宏观经济情况来看,受到金融危机的严重影响,美国实际GDP增长率在2008年和2009年大幅下降,2009年第二季度的实际GDP增长率一度降至-4.09%。在各项经济刺激政策的逐步出台和加快落实下,经济增速虽仍有下行风险,但已经走出谷底,并基本恢复到危机前水平,2013年第四季度的GDP增速保持在2.53%。与此同时,美国CPI增长率在2009年后较快回升,2011年9月达到3.85%后有所回落,保持了相对稳定的较低水平(见图6-11)。从采购经理指数(Purchasing Managers Index,PMI)和工业生产指数(Industrial Production Index,IPI)的情况来看,美国PMI指数从2008年开始逐步下降,并在2008年年底快速下滑到33.10后,开始出现快速回升,并基本站稳50以上;IPI指数的表现也相对一致,从2009年后开始持续回升,从83.03已经回升到100以上,接近2007年的总体水平,说明美国经济开始由危机导致的衰退走向逐步复苏(见图6-12)。

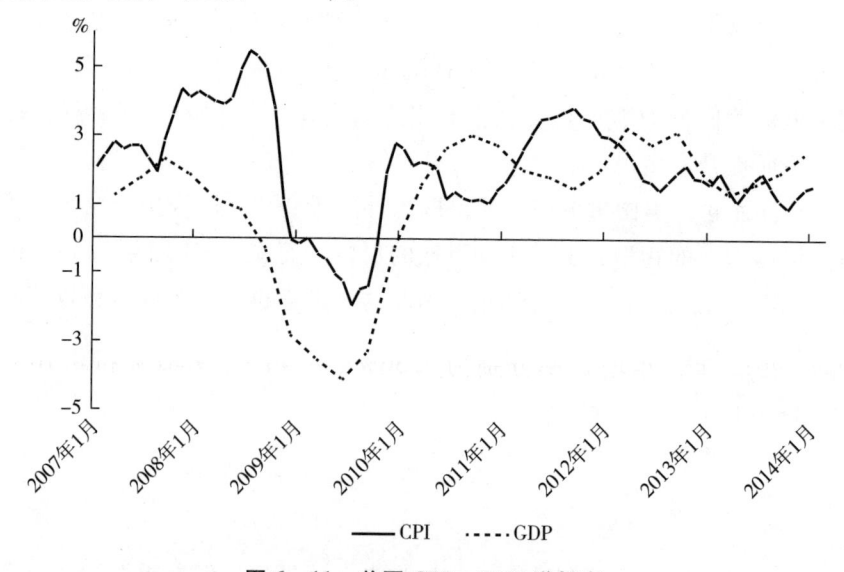

图6-11 美国CPI、GDP增长率

资料来源:根据CEIC数据整理。

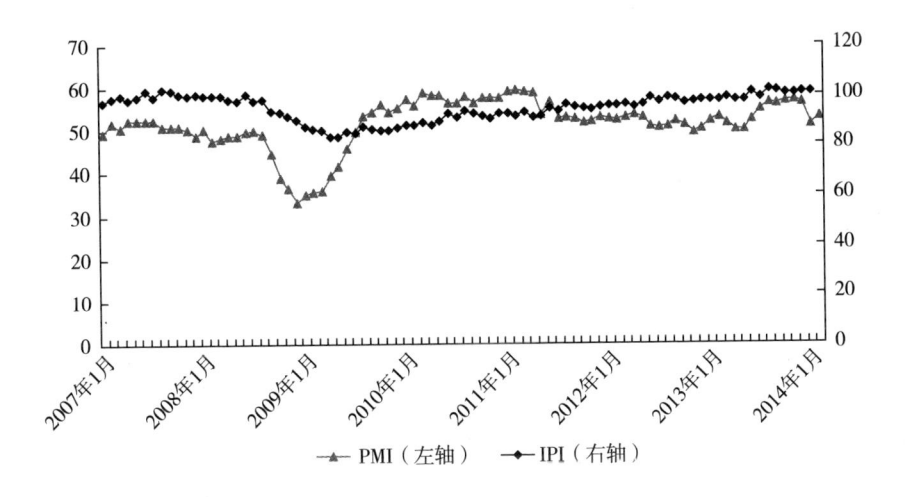

图 6-12　美国 PMI、IPI 变动情况

资料来源：根据 CEIC 数据整理。

从制造业的总体表现水平来看，美国制造业在产出、附加值、盈利水平等方面出现明显好转。美国制造业产出在 2009 年减少至 44655 亿美元，制造业产出增速跌至 -18.14%。随后，美国制造业产出水平开始持续回升并快速超出危机前水平，2010 年和 2011 年产出增速均超过 10%，2012 年制造业总产出达 58007 亿美元。同时，制造业产出占总产出的比重也从 2010 年开始改变了长期下降的趋势，由 2009 年的 18.11% 提高到 2012 年的 20.22%。美国制造业增加值占 GDP 的比重在 1997—2009 年持续快速下降，由 16.1% 降至 11.9%，从 2010 年开始持续回升，2012 年达到 12.5%，已逐步接近危机前水平。

此外，从海外对美国制造业投资的情况来看，危机前在美国的制造业投资呈现出波动增长，其增长率在 2008 年快速下降至 0.37%，其后在美制造业投资企稳回升，2012 年总投资额达到 8989.42 亿美元，2009—2012 年各年增长率分别为 7.36%、8.40%、9.81% 和 8.16%（见图 6-13）。

二　制造业回流开始显现

伴随美国重振制造业政策的逐步深入，制造业回流美国的现象已经开始显现。虽然目前这种回流尚未形成较大规模，只能算是部分企业的分散案例，但作为美国重振制造业政策的重要效果，其在诸多方面具有

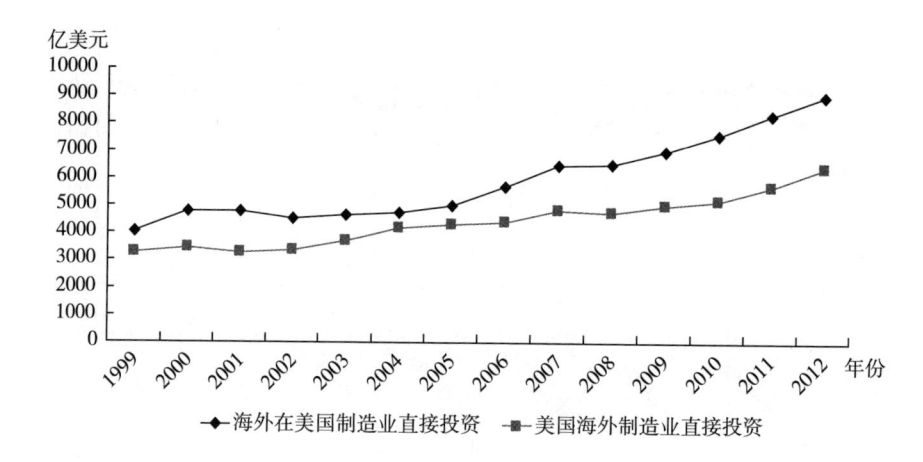

图 6-13 美国制造业投资情况

资料来源：根据美国经济分析局数据整理。

重要意义。客观来看，美国制造业的流入和流出实际上是长期并存的，只是流出在较长时期内占据了主导，而通过重振制造业，则让处于相对弱势的流入部分逐渐强化，并借助这些回流的企业开始重构美国制造业的生产能力。无论是美国政府政策的扶持，还是美国 ABC News 牵头的"Made in USA"等制造和购买国货的声援运动，均催化了制造业回流这一现象，加速了由离岸转为在岸。根据多家研究机构的调查情况来看，美国制造业企业的回流意向较为积极。美国麻省理工学院（MIT）调查了 108 家拥有跨国经营业务的美国制造企业，发现有 1/3 的企业正在积极考虑回迁问题。[①] 埃森哲咨询公司 2012 年的调查报告显示，2/3 左右的美国大型制造企业近几年搬迁了工厂，美国则是其考虑转移的重要目的地。波士顿咨询集团对美国"回岸生产"的系列研究和调研指出，在接受调查的 106 家年产值超过 10 亿美元的企业中，有 37% 的企业表示计划考虑或正在考虑在美国本土布局生产线的可行性。而其对不同行业的调查结果显示，67% 的橡胶和塑料制品企业、42% 的机械制造企业、41% 的电子制造企业、40% 的计算机制造企业、35% 的金属制品企业期望将企业从中国迁回美国。

从目前回流到美国的制造业企业国别属性来看，既包括从海外回流

---

① 廖峥嵘：《美国"再工业化"进程及其影响》，《国际研究参考》2013 年第 7 期。

的美国本土企业,如卡特彼勒、陶氏化学、通用电气等,也有中国等国家的海外新建工厂,如浙江科尔集团有限公司、天士力控股集团、河南省新乡市金龙精密铜管集团等。从总体产能配置的角度来看,既包括新生产线的投资建设,如通用电气、星巴克、壳牌、埃克森美孚化学等,也包括海外产能的转移,如惠而浦公司、安迅公司等将部分产品的生产线从中国转回美国。从制造业技术差异的角度来看,既包括传统制造业的回流,如纺织、家具等,也包括新兴制造业的兴建,如IT、新材料等。部分回流美国的制造业企业的情况具体见表6-3。

表6-3　　　　　　　　部分回流美国的制造业企业

公司名称	简要情况
通用电气	从中国、墨西哥等国迁回高端热水器、高端法式门冰箱、不锈钢洗碗机等部分生产线
卡特彼勒	在美国德克萨斯州中南部的维多利亚市开设了新工厂生产液压挖掘机,并规划把原先设在日本的一家企业也回迁到美国的佐治亚州
惠而浦	把旗下 KitchenAid 品牌手持式搅拌器的生产业务从广东迁回了美国本土,且准备将更多小家电生产迁回美国
佳顿	将"First Alert"烟雾警报器和"Miken"碳纤维棒球棒的生产从中国番禺撤回美国本土
Sleek Audio	将耳机生产业务从中国东莞回迁到美国佛罗里达州
安迅公司	把部分 ATM 的生产从中国转移到美国佐治亚州的哥伦布
星巴克	把陶瓷杯制造从中国转回美国中西部
谷歌	将 Nexus Q 流媒体播放器的生产线安排在美国本土
IBM	在美国北卡罗来纳州建设个人电脑生产线,并扩建占地2.2万平方米的物流配送中心
福特汽车	将位于中国的零部件生产和欧洲的整车生产移回美国,宣布把1.2万个工作岗位从墨西哥、中国等地迁回美国
爱科集团	在明尼苏达州开设工厂,生产满足本地需求的拖拉机
苹果	宣布斥资1亿美元,把 iMac 部分生产线迁回美国
ET水系统	将位于大连的生产车间转回美国

续表

公司名称	简要情况
奥迪斯电梯	将墨西哥生产车间转回美国
Wham-O	将50%的飞盘和呼啦圈订单放在美国生产
Sauder	将工厂从部分低工资国家迁回美国

资料来源：笔者整理。

从这些回流制造业的导向特征来看，大体可以归为原材料成本导向、技术创新导向和本地市场导向三类。在原材料成本导向这一类中，最为显著的就是页岩气开发推进的化工制造业的复苏。美国的化学工业曾一度低落，但借助于页岩气开采带来的成本优势，又开始呈现出强劲的发展势头，并表现出天然气化工赶超石油化工的趋势。其中，由于美国页岩大多含有乙烷，用其作为原料生产乙烯的成本比传统石脑油工艺降低50%左右，因此美国乙烯产业能够实现较明显的成本优势，包括雪佛龙菲利普斯化学、陶氏化学、壳牌、沙索、台塑、埃克森美孚化学、西湖化学、伊士曼化工和利安德巴赛尔等公司都规划了大规模的乙烯项目，2012—2018年美国乙烯产能将新增10Mt/a以上。

在技术创新导向这一类中，典型代表就是通用电气通过再创新实现的生产线回流。通用电气位于肯塔基州路易斯维尔市的电器工业园曾一度荒废，但近年来新建了热水器、冰箱配件、洗碗机等多条生产线，出现复苏迹象。GeoSpring热水器作为通用电气重建园区的典型案例，充分体现了再创新对于重振制造业的重要意义。GeoSpring热水器的生产线曾布局在中国，而美国本土只保留了附加值高的研发等环节，如果将中国的生产线直接转移到美国，则完全不能满足生产的基本要求。因此，通用电气将研发人员、一线工人和营销人员集合起来，对GeoSpring热水器进行了全面改造。通过对原产品的再次设计，去除了1/5的零件，免去了不易焊接的管线，材料成本降低近25%；耗电量比传统热水器减少近60%，并可以实现智能手机的远程控制；新产品的组装时间从之前的十个小时，缩短到两小时；产品售价从中国制造的1599美元，降低到美国制造的1299美元。

在本地市场导向这一类中，多数回流的企业都具有这一特征。由于近年来国际市场竞争较为激烈，退守本土市场对于企业保持实力和稳定市场规模具有重要意义。同时，由于本地化生产对市场反应更为敏捷，更利于企业迎合需求的变动，调整发展战略。例如，通用电气新建的不锈钢洗碗机就是依据美国本土对烘干机的偏好而进行装配的新型生产线；工程机械企业卡特彼勒在德克萨斯州和佐治亚州兴建工厂，是为了更好地匹配供应地和需求地，满足美国本土对机械设备的特殊需求。

综上所述，需要说明的是，即便美国重振制造业，其最终结果也不会是制造业的全盘回迁，而是针对不同地域、不同行业、不同制造业环节的具体情况的选择性回流。这种流入，一方面表现为增量上的回流，即新建生产线的本土配置；另一方面表现为存量的调整，对于已存在的生产线，可能会适度回迁，并主要是针对本土资源特征进行改进升级后的回流。

三 制造业就业平稳回升

虽然很多研究认为美国重振制造业对促进就业的作用十分有限，并难以实现其预期的就业目标，但是从美国近年来的就业情况来看，重振制造业政策对促进美国就业已经起到了积极作用。从金融危机爆发开始，美国失业率大幅攀升并一度保持高位，2009年10月更是高达10.0%，但此后受到积极经济政策的影响，失业率从10.0%稳步下降到7.0%以下，2014年1月和2月美国的失业率分别降至6.6%和6.7%（见图6-14）。由此来看，美国就业市场已经表现出持续向好的趋势。

2010—2012年，美国总就业人数从13580.4万人增加到13974.1万人，制造业就业人数从1152.4万人增加到1194.6万人，制造业就业人数占全部就业人数的比重稳步回升，从8.49%持续提高到8.55%。同期，美国就业岗位增加了393.7万个，增幅达到2.90%，而制造业就业岗位增加42.2万个，占全部新增就业岗位的10.72%，增幅达到3.66%。由此可见，金融危机之后，制造业就业水平的提高直接带动了美国就业情况的转好。具体来看，制造业中耐用品制造业的就业情况表现突出，对促进就业起到了重要作用，2010—2012年共增加了42.4万个就业岗位，增幅达到6%。其中，汽车及配件，初级金属，机械设备，金属制品，电力设备、电器和零配件，其他运输设备六个行业的就业增长率高过制造业就业平均水平，增幅分别为15.27%、11.88%、

10.66%、9.91%、4.48%和4.29%。而非耐用品制造业的就业岗位减少了3000个，降幅为0.07%，印刷等，服装、皮革等，纸产品，纺织品四个行业的就业出现负增长，分别下降了5.54%、4.28%、3.55%和2.08%（见表6-4）。

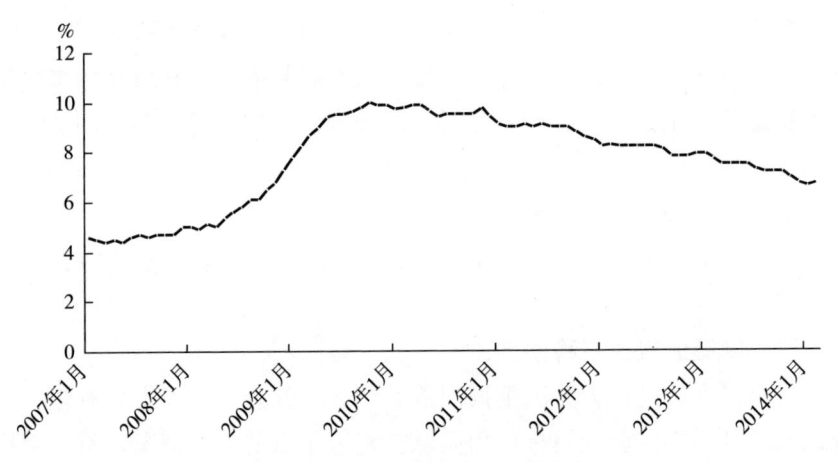

图6-14 美国失业率变动情况

资料来源：根据CEIC数据整理。

表6-4　　　　　　美国制造业就业情况　　　　　单位：千人,%

类别	2010年	2011年	2012年	增量	增幅
总就业	135804	137506	139741	3937	2.90
制造业	11524	11740	11946	422	3.66
耐用品	7063	7285	7487	424	6.00
木材制品	342	338	341	-1	-0.29
非金属的矿物制品	368	364	366	-2	-0.54
初级金属	362	392	405	43	11.88
金属制品	1281	1346	1408	127	9.91
机械设备	994	1056	1100	106	10.66
计算机和电子制品	1100	1106	1093	-7	-0.64
电力设备、电器和零配件	357	365	373	16	4.48
汽车及配件	681	725	785	104	15.27
其他运输设备	653	663	681	28	4.29
家具和相关产品	358	354	355	-3	-0.84

续表

类别	2010年	2011年	2012年	增量	增幅
其他耐用品	569	575	580	11	1.93
非耐用品	4461	4455	4458	-3	-0.07
食品、饮料和烟草制品	1631	1645	1659	28	1.72
纺织品	240	240	235	-5	-2.08
服装、皮革等	187	182	179	-8	-4.28
纸产品	394	388	380	-14	-3.55
印刷等	487	472	460	-27	-5.54
石油和煤炭制品	111	111	111	0	0.00
化学制品	788	785	788	0	0.00
塑料和橡胶制品	624	634	646	22	3.53

资料来源：根据美国经济分析局数据整理。

在美国政府积极推动制造业就业的同时，普通就业者对制造业岗位的热情也逐渐恢复。据资料显示，通用电气在肯塔基州路易斯维尔市重新开设的工厂首批招聘1000名工人，虽然工人起薪为每小时13美元，低于以往标准，但就业者依旧热情较高，共收到1.6万份简历。由此可见，政府的支持、企业的回流和就业者的求职意愿共同推动了美国就业市场的逐步向好。根据波士顿咨询公司的预测，到2020年美国将增加250万—500万个制造业岗位。

四 制造业出口日渐企稳

美国重振制造业的另一个重要目标，就是提升美国的出口能力。由于全球经济增长普遍下行，各国纷纷提高了贸易保护的力度，2009年美国总出口、总进口和净出口三项指标全部出现显著下降，制造业三项贸易指标也有相同表现。其后，伴随全球经济逐步触底回暖，国际贸易开始有所好转。从出口增长率来看，制造业出口增长率滞后于总出口增长率，并均出现下滑趋势。美国总出口在2010年快速反弹，2010年和2011年均呈现出两位数的增长率，分别为20.87%和15.89%，制造业同期出口增长率虽然也达到两位数增长，分别为18.57%和15.04%，但均低于前者。同时，二者均从2010年开始持续回落，2013年制造业出口增长率和总出口增长率分别为1.72%和2.09%。更进一步，比较净进口增长率的情况,可以发现制造业的净进口增长率领先于美国总体水平,并在2010—2012年连续三年实现正增长,到2013年制造业净进口增长率高出总净进口增长率5.19个百分点(见表6-5)。因此,从制造业在全部行业中的出口表现来看,仍未充分发挥重振制造业对提高美国出口能力的预期作用。根据美国重振制造业的情况来看,之所以没能在国际贸易上实现预期表现,可能与企业的经营战略关系较大。回流美国的制造业企业,虽然兴建了很多项目,但由于综合考虑成本等因素,目前其产品的市场定位仍主要是美国本土市场,而非海外市场,并且回流总体规模仍然偏小,这也就使得新增的制造业产能难以形成令人满意的出口数据。

表6-5　　　　　　　　美国制成品进出口变动情况　　　　　　　单位:%

年份	制造业出口增长率	总出口增长率	制造业净进口增长率	总净进口增长率
2001	-7.23	-6.33	-5.19	-5.49
2002	-5.74	-5.17	15.10	14.93
2003	2.61	4.40	11.70	14.04
2004	11.33	12.82	21.79	22.28
2005	10.66	10.76	12.52	17.77
2006	15.47	14.68	4.38	6.58
2007	10.85	12.11	-2.28	-3.44
2008	9.74	11.82	-6.89	1.31
2009	-19.67	-18.71	-27.25	-37.72
2010	18.57	20.87	30.78	26.18
2011	15.04	15.89	12.50	13.73
2012	6.18	4.45	2.08	-0.26
2013	1.72	2.09	-1.01	-6.20

资料来源:根据CEIC数据整理。

但是,仍然必须要看到的是,虽然美国制造业的出口数据不如人意,但其制成品贸易逆差逐步缩小,制造业净进口增长率持续下降,2013年-1.01%的增长率,也表明美国本土制造业能力的提高可能相对抑制了进口的增长。

第四节　美国重振制造业对中国
制造业发展的影响

通过前一章对美国重振制造业近年来的效果分析，可以发现重振政策已经在某些方面获得了较为显著的成果，提升了美国制造业的总体表现。作为全球化的重要参与者，美国制造业的变化也将对中国制造业产生重要影响，一方面将对中国制造业的发展形成冲击，特别是对中国传统制造业的转型升级和先进制造业的发展布局形成压力；另一方面，中国制造业也将在美国重振制造业的进程中，获得一定发展机遇。

一　对中国制造业的不利影响

美国重振制造业对中国制造业的发展具有诸多不利影响，这些影响主要体现在中国传统制造业升级的外在压力更为突出、中国先进制造业发展面临更加激烈的竞争、中国制造业出口贸易壁垒问题进一步加剧等方面。

（一）中国传统制造业升级的外在压力更为突出

改革开放以来，中国逐步成为世界制造业大国，获得了"世界工厂"的地位，取得了举世瞩目的成绩，并开始向制造业强国进行转变。根据《中国产业竞争力报告2013》的研究，中国产业的比较优势呈现出从边缘的低技术产品向核心的高技术产品的演化历程，也说明中国正在从依靠廉价生产要素的低端产业向技术密集型的高端产业进行转型升级。在这一转型升级的过程中，中国制造业面临着产品技术含量过低、环境污染严重、资源利用粗放、人口红利日渐消失、土地成本居高不下、能源对外依赖度高、航运成本增长、人民币汇率处于高位等诸多问题，而美国重振制造业政策的实施更是进一步加剧了中国制造业转型升级的外在压力。在中国传统制造业转型升级的关键过渡期，美国实施制造业重振计划将在两个方面对中国产生影响，即美国制造业回流导致的新生产范式的冲击和在美国的影响下发展中国家分流导致的竞争压力。

1. 新生产范式的冲击

在美国重振制造业政策的推动下，美国政府通过财政、税收等方面的补贴降低了制造业企业的经营成本，而更为重要的是制造业企业通过融合研发设计、制造加工和市场销售等环节形成了新生产范式。企业生产的目的在于实现利润，回流美国本土的生产线只有在实现盈利的前提下，才可能产生持续的效应。传统制造业的生产环节，基本是以成本为导向，倾向于低要素成本地区，而美国在这一方面却不具备优势。因此，要实现制造业真正重振，除了需要具备有利于制造业发展的宏观环境，还必须通过结合具体资源特征，对传统制造业加以改造升级，使其能够符合本土化生产的盈利要求。这种依托于生产要素和生产环节的再整合，实质是结合机器人、智能制造等新制造技术，通过制造业的再设计、再创新，重构资本、劳动和技术的比例关系，进而形成新的生产范式。正如 GeoSpring 热水器在美国的生产，通用电气通过整合研发、制造、销售各个环节，对产品结构进行重新设计，改造了组装环节等方式，进而扭转了劳动力成本劣势在传统热水器制造中的情况，实现整机的成本降低，进而获得更高收益。

　　新生产范式最直接的影响就是改变不同要素之间的相对重要程度，特别是对于劳动力需求产生新的变化。中国虽然是制造业大国，但仍然主要分布在全球价值链的中低端，具有相对优势的制造业产品依然集中在技术含量较低、单价较低、附加值较低的劳动密集型产业，相对低廉的劳动力依然是传统生产范式下最为重要的发展优势。然而，在新的生产范式下，这种劳动力规模和成本上的优势将面临弱化和挑战。一方面，中国劳动力成本的增长已经开始减弱自身的成本优势。据统计，中国人均工资按每年 17% 的速度上涨，同时人民币持续升值，中美之间劳动力成本差异正快速收窄。根据相关研究分析，按劳动生产率调整后的综合劳动成本，中国劳动力成本是美国南部的 35% 左右，2015 年将增加到后者的 60% 左右，未来 5—10 年中美两国劳动力成本差距将会快速缩小。另一方面，新生产范式的出现将大幅降低对劳动力数量的需求，扭转劳动力资源禀赋差异决定的分工格局。再设计和技术创新对劳动力进行替代，将直接改变中美之间要素优劣势的变动倾向，使得美国制造业企业能够在本土成本下实现盈利，并能够针对迅速变化的市场需求提供产品种类更丰富、使用更人性化、性能更稳定、功能更齐全、环境更友好的产品。在美国重振制造业的同时，其他发达国家也紧随其后，将进一步加大中国传统制造业在转型升级过程中的压力，特别是将压缩中国调整传统制造业的时间，挤占缓冲产品调整的国际市场空间。

由此可见，这种生产范式的变革对传统制造业将形成冲击，甚至在某种程度上将改写当前传统制造领域的竞争格局。

2. 发展中国家的竞争加剧

美国重振制造业也引起了发展中国家的重视，各国纷纷加快了对制造业的建设，而由此发展中国家共同构成了全球制造业的分流力量，对中国制造业形成了直接竞争。这些后起发展中国家具有比中国廉价的劳动力和原材料资源，并努力承接国际制造业的转移产能。Stratfor 公司在其《Post – China 16（PC16）：中国的继任者》报告中列举出 16 个最具潜力的国家，包括埃塞俄比亚、肯尼亚、坦桑尼亚、乌干达、孟加拉、斯里兰卡、印度、缅甸、柬埔寨、老挝、菲律宾和越南以及更靠近美国消费市场的拉丁美洲的多米尼加、墨西哥、秘鲁和尼加拉瓜。其中，部分国家经过对制造业的发展，在某些领域已经出现赶超中国之势，例如越南纺织品和服装等劳动密集型产业的出口增速都超过了中国，2000 年全球销售的耐克鞋中，有 40% 产自中国，13% 产自越南，但现在越南制造的耐克鞋比例为 41%，中国制造的耐克鞋的比例为 32%。来自要素成本更低的发展中国家制造业的竞争，无疑使当前成本快速上涨、转型尚未完成的中国制造业面临价格竞争。但是，这些发展中国家的分流效应还需要进一步分析。所谓的 PC16 国家，虽然要素价格低廉，但多数国家在市场成熟度、劳动力素质、技术水平、基础设施、配套建设等方面均与中国有较大差距。同时，这些单个国家与中国相比，均无法形成规模庞大、种类丰富的生产和市场资源，因此，这些国家难以在短期内大规模分流中国的制造业，而有可能在未来以国家群的形式对部分产业形成有力的竞争。

总体而言，结合美国重振制造业的新生产范式和发展中国家更低成本的传统生产范式，国际市场上将会形成同类制造业产品内的多条生产曲线和这些同类产品的差异化生产曲线，既包括转型期中国传统制造业产品的生产曲线、后起发展中国家的更低成本水平的传统制造业生产曲线，也包括美国新生产范式下更高层次的生产曲线。因此，中国传统制造业不仅要为自身发展过程中调整产业结构、治理产能过剩等问题支付转型成本，更要面对来自低成本国家的价格竞争和来自发达国家改进后的高端产品竞争。可以说，中国传统制造业将可能陷入一种"高不成、低不就"的"三明治陷阱"。① 如果这一形势无法有所改变,将对中国制造业企业形成巨大压力,并有可能进一步导致制造业倒闭破产的危机。

(二) 中国先进制造业发展面临更加激烈的竞争

从美国重振制造业的政策和效果来看,其辐射领域既包括传统制造业,也包括新兴的先进制造业,而根据其发展的战略目标,最根本的特征还是在于推动先进制造业抢占未来国际竞争的制高点,提升新一代制造业总体竞争实力。美国总统办公室 2009 年发表的《重振美国制造业框架》(*A Framework for Revitalizing American Manufacturing*) 报告,对未来美国制造业发展的机遇产业做了代表性的说明,提出了清洁能源产业、钢铁和新能源汽车、生物工程产业、航空航天产业和纳米产业等重点发展的领域(见表6-6)。而这些美国重点发展的领域,与中国提出的节能环保产业、新一代信息技术产业、生物产业、高端装备制造产业、新能源产业、新材料产业和新能源汽车产业七大战略性新兴产业高度重叠(见表6-7)。由此来看,新兴的先进制造业不仅是中美两国制造业发展的共同方向,也是未来竞争的重点领域。

表 6-6　　　　　　　　美国制造业发展机遇代表产业

产业类别	代表产业
应对需求增长产业	清洁能源产业
重振支柱产业	钢铁和新能源汽车
资本密集型、高生产率产业	生物工程产业
美国主导产业	航空航天产业
新兴产业	纳米产业
其他非制造业	智能电网、节能保暖房屋

资料来源:根据 Executive Office of the President, *A Framework for Revitalizing American Manufacturing* 整理。

战略性新兴产业是先进制造业中最重要和最具发展潜力的组成部分,具有战略性、不确定性、正外部性和复杂性等特征(见表6-8)。

---

① 李晓华:《谨防"三明治陷阱"》,《人民日报》2013 年 2 月 4 日。

表 6-7 中国战略性新兴产业

产业类别	涉及领域
节能环保产业	高效节能产业、先进环保产业、资源循环利用产业
新一代信息技术产业	下一代信息网络产业、电子核心基础产业、高端软件和新兴信息服务产业
生物产业	生物医药产业、生物医学工程产业、生物农业产业、生物制造产业
高端装备制造产业	航空装备产业、卫星及应用产业、轨道交通装备产业、海洋工程装备产业、智能制造装备产业
新能源产业	核电技术产业、风能产业、太阳能产业、生物质能产业
新材料产业	新型功能材料产业、先进结构材料产业、高性能复合材料产业
新能源汽车产业	以纯电驱动为新能源汽车发展和汽车工业转型的主要战略取向

资料来源：根据《"十二五"国家战略性新兴产业发展规划》整理。

表 6-8 战略性新兴产业的特征及其表现

特征	表现
战略性	支柱性、增长性、辐射性、先进性、竞争性等
不确定性	技术的不确定性、市场的不确定性、组织的不确定性
正外部性	研发的正外部性、产业化的正外部性
复杂性	技术的复杂性、产业化的复杂性、产业生态系统的复杂性

资料来源：根据李晓华、吕铁《战略性新兴产业的特征与政策导向研究》，《宏观经济研究》2010 年第 9 期整理，略有改动。

这些特征共同决定了发展先进制造业的重要意义，也决定了为此需要投入的大量资金、技术和市场等资源。目前，全球新兴先进制造业尚处于孕育和成长阶段。根据其产业演进的轨迹，可以简单划分为两类，一类产业脱胎于传统制造业而进入更高水平的制造业领域，另一类则相对独立于传统产业，依赖于新兴技术实现制造业的飞跃。在第一类依托于传统产业的先进制造业竞争中，各主要制造业国家均具备参与竞争的能力，美国等发达国家拥有研发和品牌的竞争优势，中国等发展中国家拥有劳动力和生产线的竞争优势，因此将会形成多国竞争的格局；在第二类相对独立于传统产业的先进制造业竞争中，由于对资金和技术的要求较高，产品市场并未发育成熟，一国难以形成全面的领先优势，而少数国家可能在不同领域率先形成初步优势,因此将会形成个别制造业大国之间的竞争格局。

目前,中国新兴先进制造业的发展仍处于起步阶段,整体发展水平相对较低,而先进制造业因技术孕育期导致的"逆模块化"现象将更有可能直接加速先进制造业流向美国。[①] 模块化是伴随全球分工细化和技术成熟度不断提高的产物,是当前生产网络发展的重要基础。在模块化生产下,美国等发达国家实现了获取制造业高附加值环节的目标,而发展中国家也获得了参与全球制造业的机遇。但是,先进制造业技术成熟度低、配套能力低、市场化程度低,导致其不适合当前较为普遍的模块化生产方式,而可能会形成一种"逆模块化"现象。"逆模块化"现象的出现并不是产业发展的退步,而是符合技术发展的基本规律,是制造业在更高起点的准备。在这一趋势下,美国先进制造业可能获得"逆模块化"优势,即利用本土先进的研发实力、成熟的市场和回流的生产线,融合研发创新、工艺创新和市场创新,实现对先进技术的抢占。这对中国发展先进制造业无疑将造成技术上的封锁效应和生产线上的真空效应。在重振制造业的背景下,生产上的"逆模块化"和"回流"将会并行,研发创新和工艺创新将在一定时期内保持在美国本土,美国对先进技术加以保护,限制其过快扩散,限制中国的技术引进速度,则会达到一种技术上的封锁效应。同时,如果中国制造业仍停留在传统生产范式,无法与美国的先进制造业顺利衔接,就会造成中国制造业生产线在先进制造领域内出现一个真空期,如果这一时期过长,或者先进制造范式与原有生产线差异过大,那么中国的生产线优势将难以为继,所要付出的更新成本也将较大,造成中国制造业生产线上的真空效应。因此,美国在先进制造业领域的竞争将对中国制造业造成严重冲击,特别是在战略重合度较高的领域将有可能形成路径封锁。

(三)中国制造业出口贸易壁垒问题进一步加剧

美国在积极重振制造业的同时,还配合了包括知识产权、技术标准、贸易制裁等手段,对中国制造业进行压制。美国借助其在技术领域的话语权保护国内市场,为制造业的复苏提供充足的国内市场空间,并

---

① Pisano, G. P. and Shih, W. C., "Does America Really Need Manufacturing", *Harvard Business Review*, 2012, 90 (3): 94.

依靠外交等手段积极开辟国际市场。特别的是,美国的贸易保护措施,将导致中国巨大的贸易损失。近年来,美国对中国的轮胎、钢铁、光伏组件、风电设备、汽车零部件等制造业产品频繁发起反补贴或反倾销调查,加剧了中美双方的贸易摩擦。在中美贸易中,技术性贸易壁垒对中国制造业出口的影响越来越大。根据商务部统计,中国已经连续17年成为遭遇贸易摩擦最多的国家,是国际贸易摩擦和贸易保护主义的最大受害国。在中国企业遭受的贸易壁垒中,80%以上都与技术性贸易措施有关,对企业造成了严重的影响。根据国家质检总局抽样调查结果,中国出口企业受到国外技术性贸易措施影响的比例由2005年的25.1%增长到2011年的35.2%,并长期保持在35%左右的水平。从损失额度看,中国遭遇技术性贸易措施而导致的损失持续增加。2011年,中国出口企业中的35.2%受到了国外技术性贸易措施的影响,企业为满足进口国要求进行技术改造、检疫、检查、认证等新增成本达259.6亿美元,因国外技术性贸易措施导致中国出口产品被国外扣留、退货、销毁等直接损失达622.6亿美元,占到同期出口额的3.3%。① 在对中国出口实施技术性贸易措施的国家和地区中,以美国为代表的发达国家占据绝大部分份额,美国、欧盟和日本分别占到21.57%、25.73%和11.13%(见图6-15)。可以预见,伴随制造业竞争的进一步升级,美国对中国的贸易限制程度将逐步加强。

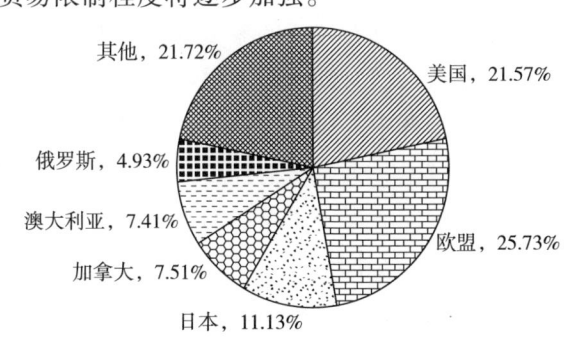

图6-15 中国出口企业遭遇技术性贸易措施的分布情况

资料来源:中华人民共和国国家质量监督检验检疫总局:《中国技术性贸易措施年度报告(2012)》,中国质检出版社2012年版。

---

① 中华人民共和国国家质量监督检验检疫总局:《中国技术性贸易措施年度报告(2012)》,中国质检出版社2012年版。

二 给中国制造业发展带来的机遇

美国重振制造业虽然给中国带来了巨大挑战,但正如事物发展兼具两面性,其客观上仍然利弊共存,为中国制造业的发展提供了机遇。总体来看,美国重振制造业主要在三个方面为中国带来了一定的机遇:一是有利于甄别筛选新兴技术,二是有利于中国企业海外投资,三是有利于中国制造业产品出口。

(一) 有利于甄别筛选新兴技术

美国重振制造业的重点之一就是加快发展新兴技术,并明确了其重点发展的领域。新兴技术的一个主要特征就是技术的不成熟性,存在较大的不确定性,处于技术发展的幼稚期。同时,这些新兴技术对资金、智力等资源的投入需求较大,这就导致新兴技术的前期开发存在巨大的成本和风险。而即便新兴技术在实验室获得成功,但要顺利走向市场、实现广泛应用和商业化,也需要高昂的市场推广成本。美国政府经过筛选,对具有未来发展潜力的重点技术进行了甄别。美国先进制造国家项目办公室选定了11项跨学科技术,这些技术包括:先进的传感、测量和过程控制(包括信息物理系统),先进材料设计、合成和加工,可视化、信息和数字化制造技术,可持续制造,纳米制造,柔性电子制造,生物制造和生物信息技术,添加制造(3D打印),先进制造和检测设备,工业机器人,先进成形与焊接技术。通过比较发现,这些新兴技术领域对中国制造业的发展也具有较强的参考意义。因此,借助于美国制造业在某些方面的领先探索,有助于对潜在技术进行筛选和甄别,降低在技术分叉过多的路径选择中的风险。例如,通过利用工业机器人和人工智能等现代先进制造技术,美国特斯拉公司的新能源汽车技术逐步成熟,为新能源汽车技术的发展提供了有益的借鉴。

(二) 有利于中国企业海外投资

美国为了重振制造业提供了很多优惠的发展政策,对于中国制造业企业的海外投资具有积极意义。美国重振制造业需要大量资金和技术投入,特别是要落实到制造业企业的投资建厂,才能实现其重振制造业的政策目标。为此,美国政府为投资企业提供了较为优惠的条件,以保证招商引资的目标得以实现。同时,美国中西部、南部等地的土地价格相对较低,劳动力工资也稳中有降,也成为中国企业赴美投资建厂的有利因素。

对于中国企业而言,一方面通过跟踪美国重新振兴制造业战略的实施进程,把握其重点产业、投融资模式和研发领域的发展动向,根据其扶持政策的资金和就业等目标,寻找进入美国市场的契合点,充分利用相关发展基金、补贴政策和科研资源,带动中国制造业走向国际市场,提升中国企业的海外形象。另一方面,面对中国国内众多产业的产能过剩问题,中国企业可以通过投资美国转移部分过剩产能,既保证企业经营规模,避免在去过剩产能的过程中可能导致的损失,也可以借海外投资获得美国市场,提升资本收益,实现产能优化和绩效提高。

(三) 有利于中国制造业产品出口

在全球经济发展高度密切的当今,美国经济的复苏将直接产生大量的产品需求,而客观上美国重振制造业并不能完全满足这些消费需求,依然存在大量的进口需求,这就为中国制造业的出口带来一定的发展机遇。一方面,在美国经济回暖的背景下,居民消费将稳步回升,美国消费品市场存在巨大空间。同时,中国制造的产品仍保持着较高的性价比优势,这就使得中国消费品领域的制造业将在美国市场需求回升的过程中,继续获得市场机会。另一方面,美国制造业的回流,还只是部分领域、部分环节,很多中间生产环节所需的设备、零件等产品无法实现本地化生产。作为全球重要的制造业生产基地,中国在众多制造业生产领域已经具有国际影响力,这就为生产领域的中国制造业企业出口提供了发展机遇。因此,美国重振制造业将带动其在消费和生产领域的需求,为中国制造业的海外出口带来发展空间。

第五节 对中国的启示与中国的应对

美国重振制造业对中国制造业的发展,既具有重要的借鉴意义,也带来了发展的压力。通过对美国重振制造业相关问题的系统分析,本书得出了其有益启示,以及相关的应对建议。

一 美国重振制造业的启示

通过对美国重振制造业政策和实践的梳理与分析,本书认为其对中国制造业发展的重要启示主要包括实体经济与虚拟经济的平衡发展、传统制造业与新兴制造业的并重发展、效率提升与就业稳定的有机统一三个方面。

(一) 实体经济与虚拟经济的平衡发展

2008年金融危机之前,美国以制造业为代表的实体经济比重持续大幅下降,而以金融、地产等为代表的虚拟经济持续高涨,正是在这种日益严重背离的经济发展模式下,美国经济不稳定因素日渐增多,并最终演化为影响至今的金融危机。从解决当前危机影响和规划未来发展战略的角度来看,美国重振制造业在很大程度上意味着扭转实体经济和虚拟经济的失衡模式,调整经济结构为更加协调、稳定的平衡状态。对于各国来说,恰当处理好以制造业为主要代表的实体经济和以金融为代表的虚拟经济之间的关系具有重要意义。

首先,实体经济是社会发展的基础和根本,是国家财富和创新的源泉。具有真实意义的经济活动归根结底是实体经济(金碚,2012),实体经济部门创造了全部物质产品,其生产的稳定和发展决定了国家经济发展的长期动力和应对危机的能力。虽然,这种基础性作用不一定意味着制造业等实体经济部门占据绝对大的比重,但在一定比例下,保证具有较高活力和景气度的实体经济才能支撑起更大规模的国家经济总量的长期稳定发展。美国哈佛大学和麻省理工学院等机构的研究显示,在过去的60多年,国家间生产能力的差异至少能够解释国家间收入差异的70%(黄群慧、贺俊,2013),这也表明虽然制造业在发达国家的经济比重不断下降,但保持高水平的制造业能力成为国家长期发展和积累财富的重要动力。同时,以制造业为代表的实体经济的更为重要的作用还在于其是推动国家持续创新的动力源泉。实体经济中的制造业是生产性知识和技术密集的部门,特别是先进制造业更是技术创新的高度综合体,制造业的创新能力在很大程度上代表了国家的整体创新水平。以美国为例,虽然美国是以服务经济为主的国家,制造业产出仅占总产出的20%左右,但全社会有70%左右的研发投资集中于制造业部门,制造业的创新仍然是国家创新能力提升的最重要源泉。因此,努力营造制造业等实体经济部门持续发展的良好环境,对于保持和发挥制造业作为国家发展的原动力具有决定性意义。

其次,虚拟经济的适度发展对实体经济的繁荣具有重要作用。以金融业为代表的虚拟经济在拓展实体经济融资渠道、提高社会资本效率和分散实体经济风险等方面均具有较大益处。在拓展融资渠道方面,实体经济自身难以形成足够规模的资本以满足企业在扩大规模、增强研发和应对危机等方面的需求，而虚拟经济具有较强的杠杆作用，可以通过银行贷款、股票、债券、投资基金等多元化融资渠道吸收社会资金，扩充实体经济的资本来源。在提高社会资本效率方面，虚拟经济中的价格发现功能有助于资本在各部门之间实现优化配置，并在资金流的带动下，引导社会资源向经营效益好、市场前景大的行业流动，进而通过资本配置实现企业优胜劣汰，提高社会资本的利用效率。在分散实体经济风险方面，虚拟经济既可以通过丰富投资主体分担风险损失，也可以依靠金融系统的信息敏感性揭示风险，利用各类衍生工具分散风险。

再次，实体经济和虚拟经济的紧密联系，将会形成大量中间环节，这些环节作为连接两大部门的重要纽带，将提高经济的参与活力，促进经济系统的效率提升。同时，实体经济和虚拟经济要实现耦合发展，既要防范虚拟经济的发展过度，也要避免虚拟经济的发展抑制，形成二者相互匹配、相互促进的经济结构。其中，最重要的是要时刻注意防范二者的背离发展，避免因金融、地产等行业的利润过高，实体经济盈利过低，而导致资本在虚拟经济部门空转，实体经济增长乏力的情况。

最后，经济政策的制定需要二者兼顾。美国重振制造业的政策体系，涵盖了以制造业为主的实体部门，也涉及了金融等虚拟经济部门。为了促进制造业的复苏，美国的重振政策从制造业的总体发展环境出发，对技术、资本、劳动力等要素投入和国内外市场开拓等方面进行了全面细致的规划，突出了发展制造业的核心目标，重视国家和私人资本在推动制造业复苏中的积极作用。在政策制定中，制造业与服务业的发展要有机结合，而不能因肆意强化资本寻利的特性，导致发展制造业的目标被束之高阁。

（二）传统制造业与新兴制造业的并重发展

从美国重振制造业的情况看，既涉及先进制造业，也包括传统制造业，如何客观地认识二者之间的关系，对于合理发展制造业具有重要意义。

对于传统制造业普遍存在一个认识上的误区，即将传统制造业等同于低端制造业，这一点需要加以改正。传统制造业是历史发展时间比较长、技术成熟度较高的产业，其中部分产业在技术水平上确实相对较低，但这并不意味着传统制造业就应归属于低端行列。低端与高端的区别,更多地在于技术水平的差异,而以汽车产业为代表的传统制造业本身就不属于低端产业,其他技术相对落后的传统制造业也可以通过技术上的改进实现产业的高端化。作为传统制造业,其健康发展对国民经济具有重要意义。首先,传统制造业结合本地资源,有利于资源的有效利用,特别是对于中国等发展中国家,承接传统制造业对于迈向国际制造业、充分利用劳动力等资源具有重要意义。其次,形成完整的传统制造业环节,还有利于形成和保留流水线上的工艺创新,并引入与工艺创新关系密切的上游研发和设计创新,进而形成环节齐全的制造业创新生态系统。最后,传统制造业提供的产品也构成了先进制造业的发展基础,为制造业的升级起到支撑作用。

新兴制造业是制造业的发展方向,也是各制造业大国未来竞争的主要领域。新兴制造业具有更高的技术要求、更强的产业辐射能力,以及更高的利润水平。与传统制造业不同,新兴制造业是根据新的要素组合进行资源重配,在原有技术路径上寻求新的突破,形成全新的生产范式。新的生产范式是对原有制造业系统的综合升级,更是对其进行的彻底革新。新兴制造业对技术的综合性要求更高,需要在传统制造技术的基础上重新整合上下游各个环节,并要求结合更多的跨界技术,也因此在发展某一先进制造业的过程中带动了更多的相关产业的发展。同时,新兴制造技术的发展还具有革新性,某些技术在研发和设计之初便形成了与传统制造技术不同的模式。例如,传统的零部件机械加工是一种以剪裁切割等方式生产的减式制造模式,而3D打印代表的快速成型技术,以材料叠加黏合等方式实现产品的生产,则是一种全新的加式制造模式。

从传统制造业和新兴制造业的关系来看,任何产业的发展都应遵循自身发展的规律,依据不同阶段的发展环境和条件,逐步完成产业的接续替代,既不能盲目废弃,也不能过度发展。即使美国这样的发达国家,在强调发展先进制造业的同时,仍然重视传统制造业的发展,因此对于中国这样工业大而不强、人口众多、工业化尚未实现的国家来说,更要实现传统制造业与新兴制造业发展的并重。

(三)效率提升与就业稳定的有机统一

美国重振制造业并非原有生产线的搬迁新建,而是在更高的效率水平上实现制造业的发展。效率的提升将会节约更多的劳动力,因此很多研究认为美国重振制造业对增加就业的意义十分有限。按照这一逻辑，效率提升和就业问题就成为直接对立的双方，此消彼长。然而，这一观点实际上却值得商榷。一方面，制造业效率的提高对就业数量的影响并非绝对。制造业效率的提高，特别是机器人、自动化生产等技术的广泛应用，无疑会直接减少制造业就业岗位。但是，伴随这些先进制造设备的应用和新制造行业的兴起，相应的生产线同样会产生众多新的就业岗位。也就是说，制造业效率的提高降低本行业的就业，却也带动了新兴制造业的就业。例如，市场调研机构 Metra Martech 的研究显示，100 万台的工业机器人将直接带来近 300 万个就业机会。另一方面，高效率的制造业也将提升就业的质量，主要表现为劳动力素质的提高和工作福利的提升。从对劳动的需求来看，效率的提高降低了对一般性劳动的需求，但增加了对技术性和知识性劳动的要求，提高了工作岗位的素质门槛。正是由于对劳动力要求的提升以及生产效率的提高，制造业劳动力的工资水平将因此提高。此外，制造业效率的提升使得其对国民经济具有更强的支撑力，其创造的物质财富可以使得更多的行业扩大规模或衍生出更多的新兴领域，而这些行业所带来的新增就业，也可以视为制造业发展对促进就业的引致效应。

二 应对建议

结合美国重振制造业的实际情况以及中国制造业发展面临的国内外形势变化，本书认为中国制造业的发展应在综合改善制造业发展环境、推进制造业转型升级、优化区域布局和深化国际合作四个方面强化政策支持力度，顺利实现由制造业大国向制造业强国的转变。

（一）综合改善制造业发展环境，强化政策导向

首先，应强化政策导向，逐步扭转金融、地产等行业与制造业利润差异过大的局面，提高制造业景气度。近年来金融和地产等行业过度繁荣，而制造业经营日益困难，导致大量制造业企业纷纷将资金投向房地产、股票等虚拟经济，而制造业生产资金则捉襟见肘，并频发企业倒闭危机，严重影响了中国制造业的健康发展。为此，有必要扭转虚拟经济过热而实体经济过冷的失衡状态。通过强化对制造业的政策扶持，提高制造业在国家经济发展中的战略性地位，重建社会对参与制造业的信心。对于利润虚高且投资过热的行业要密切关注，适时适度地降温，使其恢复到正常合理的发展水平，平衡国民经济各部门的收益水平，逐步

解决资金在虚拟经济部门的空转问题，引导各类资金渠道与制造企业顺利衔接。

其次，运用各项措施，降低制造业企业的综合成本。中国制造业本身的利润水平并不高，加之近年来行业的经营压力持续加大，政府有必要采取综合措施缓解企业的生产和经营压力。一方面，通过降低税费、增加补贴等财税政策，对制造业企业进行扶持，对重点领域内专业化能力强、科技水平高、社会效应大的企业加大支持力度，降低企业的税费负担。另一方面，通过精简审批环节，取消不必要的行业门槛限制，提高一体化服务水平，加强政府服务能力建设，提高对企业的服务效率。

最后，鼓励大中小企业共同发展，丰富各类企业之间的合作方式，提高制造业行业的发展活力。一方面，继续推进大型企业在重点和难点领域进行攻关，充分发挥其行业带头作用，引导制造业技术发展方向；另一方面，要加大力度鼓励中小企业参与实体经济，发挥中小企业在技术和市场领域的灵活性和敏感性，特别是对"专、精、特、新"的中小企业要重点扶持，鼓励在本领域发展成为龙头骨干企业。同时，鼓励各类所有制、各类规模企业之间的创新合作方式，充分发挥多种所有制对促进经济的积极作用，实现大中小企业的联动优化，提高制造业企业的总体竞争实力。

(二) 加强技术创新，推进制造业转型升级

国务院发布的《工业转型升级规划（2011—2015 年）》曾对工业转型升级给出定义，即"转型就是要通过转变工业发展方式，加快实现由传统工业化向新型工业化道路转变；升级就是要通过全面优化技术结构、组织结构、布局结构和行业结构，促进工业结构整体优化提升"。因此，推进中国制造业的转型升级，就要加强技术创新，处理好传统制造业和新兴制造业的协调发展。

首先，积极推进传统制造业的转型升级。对传统制造业的转型升级，特别是对发展方式粗放的行业，最迫切的任务就是加快技术更新改造，解决资源过度浪费、环境污染严重、经济效益低下等问题，提高传统制造业的经济、社会和生态等综合效益，实现在技术、品牌、质量和价值上的整体演进。传统制造业的转型升级过程，还要注重对行业和企业的优胜劣汰，对产能过剩问题突出的行业要加强管理，严格限制新增产能，注重通过产品结构的调整实现对落后产能的有序替代。同时，传

统制造业还需要加强不同产业间的融合、工业化和信息化的融合,在传统制造业的基础上,实现制造业转型的多元化。特别是要注重制造业的服务化,发展现代生产性服务业,使制造业业务领域不断衍生和完善。此外,传统制造业的转型升级必须结合中国发展实际,对于不同行业的升级速度、标准制定要结合其经济和社会综合效应差别对待。其中,对于那些环境影响小、经济效益尚可,仅是技术相对滞后的劳动力密集型产业,可以保留弹性的升级空间,为解决因转移就业而涉及的社会问题留出足够的时间和空间。

其次,加快培育新兴制造业。中国制造业虽然取得了举世瞩目的发展,但在众多先进和核心领域内,自主核心能力薄弱,对外依存度较高。例如,中国80%的集成电路芯片制造装备、70%的汽车制造关键设备、40%的大型石化装备等仍依靠进口(李佐军和唐波,2012)。因此,加快培育新兴制造业,特别是培育其中的核心先进技术,就成为中国制造业发展的重要任务。新兴制造业具有资金投入大、技术难度高、市场成熟度低等特点,因而发展新兴制造业就必须充分调动各方资源,健全和完善国家的创新政策,搭建与新兴制造业发展相一致的创新系统。在新兴制造业创新系统内,要充分发挥政府、企业、高校、科研机构和各类组织的作用,形成政产学研用的联动配合。其中,政府应加大资源投入,以政府采购对新兴产业予以支持和引导,有效落实创新补贴政策,提高对知识产权的保护力度,创建国家层面的创新资源及成果转化的共享平台,并通过加强对劳动者的培训教育为制造业升级准备更高层次的人力资源;高校、研究机构等公益性组织要加强对正外部性较强的基础性、公共性领域的投入和研究;企业应积极开发专业性、应用性技术,并注重提高新技术成熟度、新产品的量产能力以及品牌的市场形象;各类产业基金和投资基金应充分发挥企业孵化、市场推广等方面的支持作用。

最后,注重传统制造业和新兴制造业有序衔接,跟进配套资源的建设。传统制造业和新兴制造业在技术和市场方面具有较强的关联性,二者的有序衔接与中国从制造业大国向制造业强国的转变发展方向保持一致。中国传统制造业的转型与新兴制造业的发展在一定时期内仍将同步进行,这就要求各项资源需要依据产业演进的进程跟进配套,既不能因资源长期滞后于升级进程而掣肘新兴制造业的发展,又不能因过快建设配套资源而造成浪费。

(三) 协调区域梯度布局，发挥差异化区位优势

中国资源分布的地域性差异决定了经济发展的地域特征，也为形成差异化的区位优势奠定了客观基础。近年来，东部沿海地区劳动力工资、土地租金等要素成本增长迅速，发展传统劳动密集型产业的成本优势日渐消退，但由于经济发展水平高、国内外信息沟通便利、制造业技术能力强、资金和高端人才集中度高，具有发展先进制造业的突出优势，可以作为制造业技术的创新研发集中区域。同时，东部沿海市场化水平高、城镇化发展比较充分，因此可以在原有制造业的基础上大力发展生产性服务业，成为制造业服务经济的先行区。中部地区工业基础较好、要素成本较低，且经济增长较快，是最主要的制造业承接区。其中，东北老工业基地、中原经济区和长江经济带等地区的多个省份均具有较为完整的制造业基础，在作为东部制造业转移承接地的同时，更有条件在原有基础上进行技术升级，发展相关先进制造技术。与东部和中部地区相比，西部地区工业基础较差，但资源较为丰富，且劳动力和土地要素成本更为低廉，是重要的原料集中区和制造业转移的次要承接区。在西部地区，部分省市具有一定的工业基础，可以依托于原有制造业，逐步完善制造业基础建设，成为制造业发展的后备空间。制造业由东向西的梯度转移布局，一方面可以在制造业西迁的过程中带动资金、技术和劳动力逐步转移，缓解东部发达地区的人口和城市压力，促进中西部经济发展；另一方面可以充分调动各区域资源，降低制造业成本，形成差异化区位优势，构建东中西协同配合的生产网络。

在加快形成本地化区位优势的过程中，可以参考美国"产业公地" (Industrial Commons) 的建设经验，培育区域集群的产业竞争力 (Pisano and Shih, 2009)。所谓的"产业公地"，是指许多制造商共享的知识资产和有形设施，而这些资产是单一公司所无法独自产生或拥有的。同时，通过设定基本的利润和风险规则，这些共享资源有效连接了政府、企业和机构，形成资源共享、基础共建的区域产业集群。依托于东中西部不同的制造业优势，将形成种类丰富的"产业公地"群落，各个公地内部的企业可以寻求更多发展机遇，不同公地之间也可以进行资源的协调配合，实现差异区位优势的互补功能。

(四) 深化国际合作，积极推进中国企业走出去与带回来

中国坚持制造业走出去战略，一方面要继续推进产品走出去，另一方面要做好资本走出去。

首先，从产品、市场和贸易政策等方面积极推进产品走出去。在美国等国家重振制造业、贸易难度加大的情况下，中国制造业要伴随产业转型升级的进程，优化出口产品结构，注重出口产品在品牌、技术、质量和服务等方面的提高，从以廉价的低端产品为主导，逐步转向具有较高技术和附加值的多层次产品结构。同时，要积极拓展新兴市场，从欧美等主要海外市场向东亚、拉美、非洲等市场拓展，实现出口市场的多元化，以分散因国别关系导致的贸易风险。政府还应通过稳定汇率、完善金融服务、落实税费优惠政策等措施，营造良好的出口环境。对于国外的贸易壁垒和贸易制裁，应加强有关部门和企业的有效沟通，做好充分准备，运用各项外交、贸易等手段维护企业的合法权益。

其次，充分利用海外投资优惠条件，适时布局国际市场，做好资本走出去。充分利用工业化国家为振兴实体经济所制定的优惠条件进行生产能力的国际布局，有利于提高资本使用效率、减少贸易摩擦、提高市场占有率、增强对海外市场信息的敏感度。同时，通过海外绿地投资或跨境并购，还能够获得工业化国家的先进技术或者高端创新人才资源，缩小我国制造业的技术差距，推进制造业的转型升级步伐。

最后，无论是产品走出去，还是资本走出去，最终都要做到带回来，既要带回来巩固的国际市场份额，又要带回来先进制造业技术和生产组织方式。特别是资本的海外投资要提高国际风险意识，注重资本安全和收益率，避免因盲目扩张投资而导致资本的大幅损失，实现既走得出去，又带得回来。

第七章 模块化、模块再整合与产业格局的重构
——以山寨手机的崛起为例

第一节 引言

2007年,我国国产手机的市场份额由2003年的55%下降到31%,曾经风光一时的国产手机厂商纷纷陷入经营困境。在传统国产手机厂商衰落的同时,一类生产被称作山寨手机或山寨机的企业却在不断做大。生产山寨手机的都是规模很小的企业,甚至很多只是小作坊,与跨国手机企业在资金、技术、品牌、渠道等方面有天壤之别的差距。然而,缺资金、缺技术、无品牌的山寨手机企业却作为一个整体强势崛起。这主要得益于中国台湾芯片制造商联发科看到国产手机质量差而洋品牌价格太高后,以独立模块供应商的身份推出了手机的交钥匙解决方案(Turnkey Solution)。该方案的核心是将手机的硬件、软件等模块集成到一起的廉价集成化手机芯片MTK,该芯片提供了功能全面且比较先进的全套解决方案。联发科的交钥匙解决方案实际上是对手机价值链原有模块进行了重新整合。

在产品日趋复杂且快速成为影响企业竞争成败的重要因素的情况下,在越来越多的产业中,"模块"成为应对日益提高的产品复杂性的有效办法,模块化被认为是组织复杂产品和过程的有效战略(Schilling,2000;Kodama,2004)。模块化与组织结构的关系是模块化理论关注的重点之一。Sanchez和Mahoney(1996)认为,尽管表面上来看是组织设计产品,但是也可以认为产品设计组织(Products Design Organizations），即非模块化产品最好在非模块化的组织中生产，而模块化的产品需要模块化的组织，这种一致性的存在是提高组织柔性、消除科层协调的需要。Chesbrough 和 Kusunoki（2001）也认为，随着技术演化到不同阶段，企业的最优组织架构也应该相应的变换。而 Sako（2003）认为，产品结构决定组织结构并不是十分确定，在一些产业中（如硬盘产业和照相平版印刷产业），组织结构明显地影响产品架构。Langlois（2002）与 Sako 持类似的观点，他以计算机产业为例指出，虽然 IBM360 计算机是模块化系统，但是 IBM 努力保持界面的私有化并阻止其他企业供应兼容模块；而 20 世纪七八十年代垂直一体化的计算机公司努力将个人电脑建立在非模块模式之上，不是因为个人计算机应该这样设计，而是因为组织坚持要这样。Fixson 和 Park（2008）研究了模块化与产业竞争格局的影响，对 80 年代的日本自行车动力传动系统产业进行了分析，发现禧玛诺（Shimano）在 1985 年引入的产品架构的变化明显降低了自行车动力传动系统的模块化程度，使得原本竞争性的产业结构变得接近于垄断。

已有的研究虽然对模块化理论进行了深入的探讨，并揭示了模块化、产品架构和生产组织方式的相互关系，但是关于模块化程度对企业竞争行为从而对产业格局影响的研究相对较少。我们认为，产品架构的改变会引起生产组织方式的改变，而生产组织方式的改变又会引起产业格局的改变。本书旨在以手机产业为例，分析模块化与模块再整合对生产组织方式从而对市场竞争格局的影响。与 Fixson 和 Park（2008）不同，本书的研究表明，手机产业模块化程度的下降导致了更加竞争化的产业格局。

第二节　手机的模块化与模块再整合

一　手机的模块化架构

认识产品的模块化，首先要了解产品的架构（Product Architecture）。Ulrich（1995）将产品架构定义为：（1）功能性基本单位的安排，（2）从功能性基本单位到物理部件的映射，（3）相互作用的物理部件间界面的说明。他进一步从功能性基本单位的角度来定义模块化：

模块架构包括一个从功能性结构中的功能基本单位到产品的物理部件的一对一映射以及部件间界面的说明；一体化架构包括从功能性基本单位到物理元件的非一对一映射和/或部件间一体的界面。企业可以采取不同的产品架构生产最终产品，两个极端分别是模块化和一体化。一体化的架构，要求各部件相互间专门地加以调整；而模块化的架构中，各部件可以通过标准化和规范化的界面连接（Ulrich，1995）。模块化的产品架构以计算机、软件最为典型。由于产品复杂性的程度不断提高，构成复杂产品的基本单位可能会数以万计，因此产品的架构除划分为系统和模块（子系统）之外，子系统还可以进一步细分为孙系统，乃至最终的基本元件。例如，从产品的角度来看，个人计算机的主机包括CPU、主板、内存、电源等，而CPU的内部结构可分为控制单元、逻辑运算单元、存储单元三大部分，这三大部分又可以进一步划分为更小的单元，直到二极管、电容等最基本的电子元件。

手机作为一种复杂产品，其产品的设计和生产也采用了模块化架构。手机由硬件和软件两大部分构成。手机硬件主要分为射频、中频与基频三部分以及机壳、按键、PCB、电池等周边零组件。射频、中频与基频部分的一些功能被整合为专门的IC，其中基频部分的DSP是芯片整合的最基础的部分，也是成本比例最高的部分，DSP负责语音信号压缩/解压缩、错误更正编/译码、资料加密/解密、解调变、频道等化、资料格式封装等功能。手机软件可以分为系统软件（物理层软件、通信协议软件）和应用层软件。物理层软件定义了DSP的操作方式和规则以及与DSP沟通的语言和规则，是手机最核心的知识产权（北京水清木华科技有限公司，2004）。

二 手机的第一次模块再整合

早期中国手机企业只能以代工的方式生存，国内的手机市场基本上为诺基亚、摩托罗拉等品牌所垄断，1998年国产手机市场占有率接近于零。情况的改变发生在1999年。在这一年，手机出现了第一次模块再整合。成立于1993年的Wavecom是世界上第一家推出将基频、中频和射频整合到一起的企业，将原有模块再整合后形成的新模块提供了底层物理层软件和2、3层通信协议软件，只要再加上少量外围元件，再加上LCD显示屏、外壳和MMI人机界面就基本完成了手机设计。该模块的出现使手机产业的技术门槛大为降低。以此为基础，国内手机厂家依靠原有的技术积累已能够生产出自有品牌的手机产品。依托大量的广告投放、较低的售价、降低营销渠道成本等策略，采用 Wavecom 模块的 TCL、南方高科、中国科健和通过韩国的 SEWON、BELLWAVE 方案而间接采用 Wavecom 模块的波导、首信、联想、熊猫等公司获得了快速的发展。1999 年国产手机市场占有率达到 3%，2000 年为 7%，2001 年为 15%，2002 年超过 30%，2003 年市场份额已超过国外品牌，达到 55%，波导、东信、夏新、TCL、科健等品牌进入销量前十名之列，波导手机凭借"手机中的战斗机"的宣传一度成为国内市场销量最大的品牌。

Wavecom 的 GSM 手机模块的技术门槛并不是很高，它的成功让更有实力的一流半导体厂家拿出更先进的手机硬件平台整体解决方案。新的硬件平台整体解决方案为手机设计提供了更大的设计空间，尤其是在外观和内部结构上，它可以允许折叠、滑盖、旋转、双屏等多种方式。专业化的手机设计公司也应运而生，它们在成品芯片上进行手机的人机界面设计、射频方案设计、嵌入式浏览器设计等，即可将手机硬件平台整体解决方案变成多种多样的现实的完整的手机设计方案提供给品牌手机公司（文婳、金雪琴，2008），手机设计公司逐步取代了 Wavecom 等模块供应商在价值链中的位置。虽然手机设计方案和 Wavecom 模块能够弥补国产手机的技术短板，但是国产手机的崛起引发了诺基亚、摩托罗拉、索爱、三星等跨国公司的强烈反击，它们开展产品创新、改善销售渠道，在巩固高端市场的同时向中低端市场延伸，在巩固一线城市的同时加大对二三线城市市场的开拓力度。同时，国产手机的质量缺陷也暴露出来，返修率居高不下。上述诸多因素导致国产手机节节败退。而方案设计公司也因为国产品牌手机企业的衰退逐渐由繁盛走向萧条，纷纷转变为 ODM 厂家，直接生产自有品牌手机，进入手机基带芯片设计领域，或者寻求被国内外手机企业收购（文婳、金雪琴，2008）。

三　手机的第二次模块再整合

国产手机的再度崛起是在 2007 年，与前一轮由国产品牌手机企业主导不同，这一轮国产手机的崛起是由不为国家正式认可的山寨手机企业推动的。山寨手机的崛起主要得益于联发科公司 MTK 交钥匙解决方案的出现。联发科公司是一家来自中国台湾的芯片厂商，于 2006 年研制出 MTK 交钥匙解决方案。该方案的特点是将核心芯片、软件平台以及第三方应用软件捆绑，甚至液晶、摄像头等部件都可一并提供，形成交钥匙解决方案交给手机厂商。手机生产商只需要将联发科的芯片买来，配上手机外壳和电池就可组装成一部手机，原来需要几十人、历时半年多才能完成的工作变得像搭积木一样简单。山寨手机崛起背后更深层的原因则是联发科对原本独立的手机模块进行了第二次再整合，形成了功能更全面的新模块。与前一次手机的模块再整合相比，第二次模块再整合的程度更深，它的出现使手机产业的技术壁垒不复存在，不仅获得牌照的国产正规手机厂商而且手工作坊都能生产手机。

根据《新华词典》的解释，山寨是指"旧时绿林好汉占据的山中营寨"，有着不被官方管辖的意思。这些利用MTK模块生产的手机不进行入网检测、无入网许可证、偷税漏税、直接模仿名牌手机，因而被民间称为山寨手机。山寨手机由于功能全、价格低、新产品推出快，很快占领了相当大的市场份额。所谓功能全，是指山寨手机具有国外品牌没有或高端产品才具有的双卡双待、超长待机、超大屏幕、电视功能、双摄像头、多媒体播放、低音炮、双喇叭甚至四喇叭等功能，并且造型款式多样。即使具有如此全面的功能，山寨手机的价格基本都在千元以下（终端零售价格往往仅是品牌手机的1/3—1/2），远远低于诺基亚等名牌产品。MTK模块的出现还极大地加快了手机的上市速度。普通的国产品牌出一款新手机从构思设计到上市周期大约要一个季度，而山寨手机只需要一个月时间。手机是一种市场销售价格下降非常快且零部件价格下降也非常快的产品，产品的推出周期缩短就意味着成本的降低。此外，山寨手机对市场非常敏感，一有新技术、新功能出现，能够马上跟进整合到手机里。早期的山寨手机只能在三四线城市销售，后来逐步被消费者所认可并进入一二线城市市场。2007年，国内山寨手机的产量至少1.5亿部，几乎与国内市场手机总销售量相当，其中出口超过1亿部。MTK模块不仅为山寨手机企业所采用，一些正规的手机厂商如天语、金立也普遍采用MTK模块，还有一些做出规模的山寨手机企业开始向正规军转型。MTK模块的出现使以山寨手机为代表的国产手机再度崛起，极大地改变了手机产业的市场格局。

模块再整合不仅仅发生在非智能手机产业。例如，在计算机领域，主板制造商将显卡、声卡、网卡等原本独立的模块集成到主板上，提供给市场一种更为物美价廉的产品；操作系统生产商微软不断将媒体播放、网络浏览等方面的软件集成进其操作系统平台。山寨手机的成功也进一步激励以联发科为代表的模块整合者向新的领域拓展。例如，联发科在 2009 年世界移动大会上推出了其首款智能手机解决方案 MT6516，MT6516 支持 WVGA 级别的 LCD 解析度、MPEG－2 解码，并且整合了多种视频编解码器以支持 CMMB、DVB－T、DVB－H 等手机电视应用标准。2008 年 10 月，中国台湾威盛电子宣布成立"开放式超移动产业策略联盟"（业界俗称为"山寨笔记本电脑联盟"），向山寨企业提供成本低廉的 CPU、操作系统、主板、硬盘、内存、液晶显示器等笔记本上游产品和整套可选择的配套方案（阿甘，2009）。

第三节　模块化、模块再整合与生产组织结构

模块化可以按照产品周期的不同阶段分为设计的模块化（Modularity in Design）、生产的模块化（Modularity in Production）和使用的模块化（Modularity in Use）（Sako，2003），或者划分为产品体系或产品设计的模块化、生产的模块化、组织的模块化（Modularity in Organization）（Miguel，2005）。设计的模块化是指对产品及其部件的设计边界的定义，以使设计特征和任务在模块间相互独立；生产的模块化是对制造和装配的定义，通过分部装配、预制配件、模块测试以及将一些活动转交给供应商以降低复杂性；组织的模块化是指在企业内和企业间采用或利用的适应模块生产的组织过程、治理结构和契约程序（Miguel，2005）。我们认为，设计的模块化是生产的模块化的前提，生产的模块化是组织的模块化的前提，而组织的模块化又会影响产业竞争格局。设计的模块化、生产的模块化都是与产品本身直接相关的，下文我们不过于区分这两种模块化，将其统称为产品的模块化。从本书研究的需要出发，我们将重点考察产品的模块化对组织的模块化从而对产业格局的影响，同时为了分析的方便，将最终产品（手机）的产业格局作为分析的重点。

一　产品的模块化与生产组织结构的变化

新出现的技术往往是一体化的，如何把不同的部件组织到一起的技术信息在这时还不能很好地加以定义，对部件之间如何相互作用的理解也非常有限。这个时候内部供应商相对于市场协调具有明显的优势，如

更容易接近相关信息、不过度关注短期利益、与解决技术问题的预期回报紧密联系在一起，因此此时企业更倾向于选择一体化的组织模式。随着知识的不断积累，产品的整体架构、各部件间的相互关系及技术参数已能够被深入理解，这时产品/技术就从一体化转向模块化（Chesbrough and Kusunoki，2001）。许多研究认为，产品架构趋于模块化是与产业组织结构的更高程度的专业化联系在一起的（Langlois，2002）。模块化程度的提高从而产品可分性的提高，为专业化企业的出现提供了可能。但是，模块化程度的提高并不必然意味着生产组织方式专业化程度的提高。企业是否选择专业化还要受到市场容量、交易成本等方面因素的影响。斯蒂格勒（1998）从产业生命周期的角度考察了企业垂直一体化程度的变化。他指出，在产业建立之初，企业无法从市场获得所需的新种类或新品质的原材料，所以只能自己制造，这时的组织结构是垂直一体化的。

类似手机这样的复杂产品系统是由为数众多的部件/模块构成的，单个企业很难拥有足够丰富且多元化的资源，从而在各个部件上都能够具有竞争力。并且各个部件的最小经济规模是不一致的，这就导致企业很难在各个部件上都能够实现规模经济从而降低成本。因此，随着产业扩张到一定规模，组织应该由一体化向模块化转变，将许多工作移交给专业化厂商去完成，以分享专业化分工和规模经济的好处。这个时候如果企业的组织结构不能向模块化转变，就会进入"一体化陷阱"（Integrality Trap）（Chesbrough and Kusunoki，2001）。在模块化系统中，即使原来一体化的企业想将各模块的生产控制在企业内部也是非常困难的，人员的流动等因素和反向工程等手段必然导致有关产品架构和模块知识的外泄。例如，IBM360计算机是第一个典型的模块化产品，IBM曾一度想把硬盘等各种模块的生产控制在企业内部，但是仅仅在360计算机批量生产不到一年的时间，一批核心员工离开IBM并带走了有关设计大容量磁盘驱动器的技术和360系统的设计规则，随后IBM兼容磁盘驱动器企业大量出现（鲍德温、克拉克，2006）。

在手机产业发展的初期，手机的生产组织是高度一体化的，摩托罗拉等手机企业掌控着除周边零部件外的从软件、硬件到设计、组装的整条产业链。在这个阶段，虽然手机的设计、生产是模块化的，但是生产组织是非模块化的。这个时候，企业之间的竞争是整条产业链的竞争。

此后出现英特尔、高通、德州仪器等专业化于核心硬件芯片设计制造的公司。在我国手机产业起步的 20 世纪 90 年代初，摩托罗拉等手机巨头开始把组装业务外包出去，当时杭州通信设备厂、南京熊猫等企业以 SKD（半散件组装）方式为摩托罗拉等企业代工手机。90 年代后期，类似台湾鸿海、宏达的"交钥匙的全方位供应商"（Turn – Key Supplier）（Sturgeon，2002）成为手机组装环节的主要力量，诺基亚、摩托罗拉等公司则专注于品牌、产品设计和部分硬件、系统软件的开发（见图 7 – 1）。

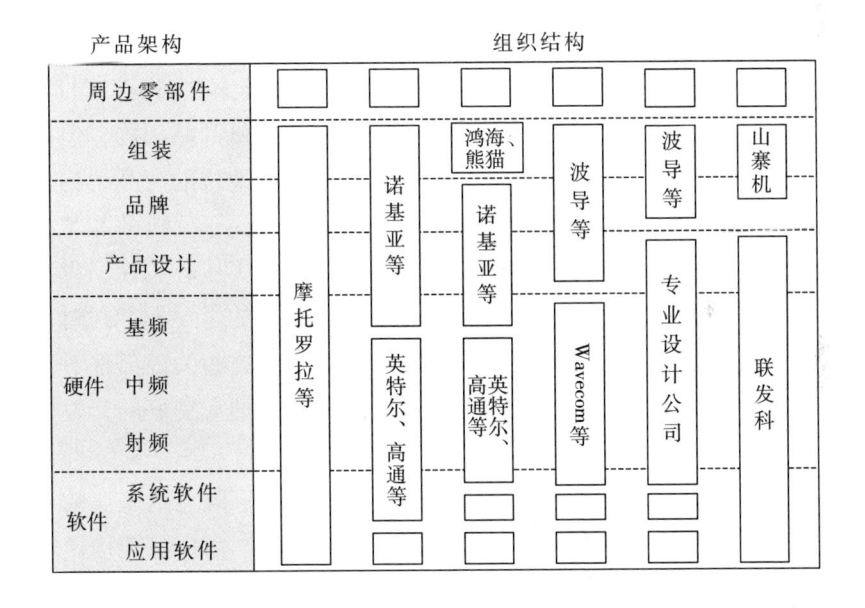

图 7 – 1 手机生产组织结构的变化

二 产品的模块再整合与生产组织结构的变化

尽管许多研究认为，由于模块化在解决复杂系统问题上的有效性，模块化应该是产品架构演进的方向，手机产业的发展也一度呈现出这种特征，但是产品架构也会因为模块再整合向着模块化程度降低的方向演进。20 世纪 90 年代末，手机产品架构就出现了模块化程度降低的变化。Wavecom 的芯片集成了基频、中频和射频等功能，随后出现的手机硬件平台解决方案进一步整合了产品设计功能。2006 年联发科推出的 MTK 交钥匙解决方案将产品设计、硬件、软件等功能模块进行了进一步整合。虽然模块化的产品架构不必然对应模块化的生产组织结构，但是一体化的产品架构意味着产品可分性的降低，必然对应一体化的生产组织结构。因此，手机的模块再整合使得手机生产的组织结构变得更为一体化，Wavecom、联发科等企业成为一体化程度更高的手机模块的专业化供应者（见图7-1）。

Chesbrough 和 Kusunoki（2001）、Jacobides 和 Winter（2005）认为，模块创新有时会产生解构已建立的组合原理和技术部件的需要，因此迫使企业发展新的一体化的知识，技术出现从模块化到一体化的往复。但是，手机架构模块再整合的原因有很大不同。一方面，手机产业并没有发生根本性的技术变革，并不需要手机企业解构原有的产品架构而建立新的范式。另一方面，虽然由于手机硬件平台整体解决方案、MTK交钥匙解决方案的出现，产生了模块化程度更低的手机产品架构，但是高度模块的产品架构仍然共存，并且仍然是占据主导地位的产品架构。诺基亚、摩托罗拉、三星等主要跨国手机企业仍然专注于手机的品牌、产品设计和部分硬件、系统软件的开发，而从市场购买核心芯片、应用软件，从事外包制造活动。通过将重点放在架构层次的学习上，同时在部件层次聚焦和加强少数几个关键的子系统部件——这些关键部件对于整个产品的性能非常重要，企业就可以通过这种方式拥有良好的开发能力（Sanchez and Mahoney，1996）。

对产品架构模块化程度的改变是要花费成本的，既包括企业的直接投入，也包括因产品模块化程度变动所带来的风险。而产品架构模块化程度改变的收益主要来源于新模块所构成系统的性能有较大提升，或者是新模块创造出新的市场需求。产品架构是模块化还是一体化，需要企业在成本和收益之间进行抉择，最终选择向净收益为正的产品架构演进。在手机模块再整合的过程中，模块再整合形成的新模块更多的是原有模块功能的加总，并未使新模块的功能发生明显的提升。实际上，模块再整合形成的新模块主要以价格取胜，其性能要低于跨国手机公司采取的更高模块化程度的架构。之所以模块整合能够发生，是因为迎合了以山寨手机企业为代表的手机生产者对该模块的需要，而山寨手机又迎合了对功能全、价格低、质量相对稳定的手机的庞大市场需求。从图7-1中可以看到，随着Wavecom、专业设计公司和联发科以及模块再整合形成的新模块的出现，最终手机市场出现了与之相适应的新企业，手机的生产组织发生了很大的变化。

第四节　模块再整合与产业竞争格局重构

一　产品的模块化与知识壁垒

组织的模块化程度影响而不是决定产业的竞争格局，高度模块化的生产组织结构并不意味着竞争性较高的市场结构，反之模块化程度较低的生产组织结构也不意味着垄断性较高的市场结构。例如，虽然诺基亚、摩托罗拉等传统手机巨头可以从外部采购模块，但是它们仍然可以控制最终产品的生产、品牌和销售活动，2000年之前以及2005—2006年国内手机市场主要集中在这些跨国手机企业手中。这一现象在汽车、个人计算机领域表现得更为明显。虽然整车厂商从外部采购各种总成和其他零部件，个人计算机整机厂商从外部采购CPU、内存各种外部设备，但这两个产业都有很高的市场集中度。在手机产业中，之所以手机模块再整合影响到最终产品的市场竞争格局，重要的原因之一是产品模块化程度的变化使最终产品市场的进入壁垒降低，大量新企业得以进入。

企业可以看作集成知识的一种制度（Grant，1996），企业在价值链中位置的不同以及在价值链同一环节竞争地位的不同很大程度上是由于企业所拥有的知识的差异。知识的获得要比知识的利用要求更高的专业化，它需要协调拥有不同类型知识的各个专家的努力。但由于知识的不可移动性和显性知识被潜在购买者掠夺的风险，市场不能胜任协调的角色，也就是说，市场能有效率地传递产品，但不能有效率地传递知识（Grant，1996）。因此，如果企业不是试图学习其他企业的知识而是购买其他企业的产品，那么该企业无须掌握该产品的生产知识就能够直接使用该产品进行生产和销售。模块同样也是一种重要的产品形式，因此对于模块的使用者来说，通过市场购买模块要比自己生产模块容易得多。在模块化的产品架构中，各部件/模块之间通过标准化和编码化的界面松散地连接起来。当一个企业将购买来的模块与其他部件组织到一起形成完整的产品时，它没有必要了解模块内部蕴含的知识，它只需了解模块的界面信息。也就是说，模块相当于一个知识集成的黑箱，只需掌握模块的输入、输出信息就可以使用该模块。

图 7-2 是一个模块化产品架构的简单示意图。椭圆形表示产品架构，用 PA 表示；方形代表模块，用 M_i（$i = A$、B、C）表示，虚线方形代表模块再整合后形成的新模块（M_N）；三角形代表基本元素；模块间联系的界面用 I_j（$j = A$、$B1$、$B2$、C、AN、N）表示。从该图我们可以看到，在高度模块化的产品架构下，企业要进入是非常困难的：如果产业组织是垂直一体化的，那么最终产品的生产企业不但要掌握产品的架构知识（PA），而且需要掌握有关各个模块的知识（M_A、M_B、M_C）及其连接界面的规则（I_A、I_{B1}、I_{B2}、I_C）；即使产业组织也是模块化的，企业至少也需要掌握产品的架构知识（PA）和各模块连接界面的规则（I_A、I_{B1}、I_{B2}、I_C）才能生产最终产品。而在模块化再整合后的产品架构下，模块再整合形成的新模块容纳了更多的知识，这就意味着模块的购买者可以掌握更少的知识即可进行最终产品的生产，进入者的进入壁垒大幅度下降。如果通过市场采购生产最终产品所需的模块，最终产品的生产企业不再需要掌握模块内部的知识（M_A、M_B、M_C 和 M_N）以及原有模块间的连接规则（I_{B2}、I_C），而只需掌握有关产品的新的架构知识、界面规则（I_{AN}、I_N）即可进行生产，显然对最终产品生产的知识要求下降了很多。手机产业的两次模块再整合过程，就是使最终产品生产所需知识门槛不断降低的过程，从而使得技术水平相对较低的国产手机企业和山寨手机企业能够进入手机的生产领域，并改变手机市场的竞争格局。

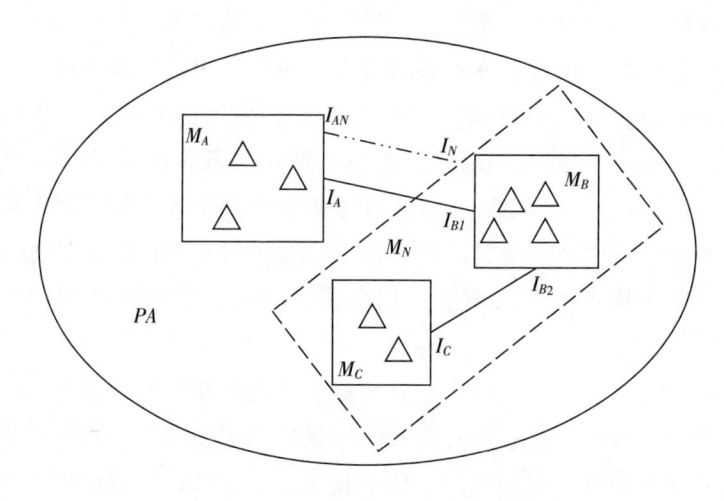

图 7-2 模块化产品架构中的知识

在采用第一次模块再整合所形成的模块时，由于模块的集成度相对较低，对企业的知识还有一定的要求，手机企业还需要掌握其他模块与核心模块之间的连接知识，自己还要开发设计部分功能。第二次模块再整合形成的 MTK 模块几乎把所有的手机关键功能全部集成到其中，使手机生产的知识壁垒荡然无存。MTK 模块的使用者要做的只是将外壳、屏幕等外部配件与 MTK 模块连接起来，几乎任何企业、个人都可以购买 MTK 模块生产自己的产品，从而形成山寨手机企业的爆发式涌现。

二 模块化与山寨手机的竞争力

即使模块的再整合使手机产业的进入壁垒大幅度下降，新进入的山寨企业一定就大行其道并能够改变手机产业的格局吗？答案是否定的。一个企业要在激烈的市场竞争中生存，必须要有其特有的竞争力，无论这种竞争力是来自先进的技术，还是来自低廉的价格。山寨手机主要以新颖多变的外观、丰富的功能和低廉的价格取胜。模仿畅销手机的设计、无入网许可、偷税漏税固然是山寨手机外观和价格竞争力的来源，但我们认为模块化带来的竞争优势则是更根本性的原因。

很多市场都面临着激烈的竞争，要求提供丰富的产品以满足消费者的需要，但企业同时还想保持产品间尽可能小的变化以实现规模经济。在模块化的产品架构中，一方面同类的部件可以在多产品家族（Product Family）之间共享，这样就使得这些部件能够获得足够多的需求，由于规模经济而降低部件的生产成本（鲍德温、克拉克，2006）；另一方面，不同的部件间的组合又能够实现产品品种的丰富以满足市场的多元化需求。因此，模块化就被许多行业所采用以协调产品的多元化需求与规模经济之间的矛盾。山寨手机企业充分利用了模块化带来的规模经济，由于几乎所有的手机模块和零部件都从外部专业化的企业进行采购，它们就能够将零部件成本控制在较低水平。同时，由于山寨手机企业本身规模很小，每次生产的批量不会太大，它们的企业规模适应小批量、多批次的产品生产需求，能够生产种类丰富的各种产品，并具有很高的市场灵活性。模块化除了具有提高产品开发速度、降低产品开发成本、提高企业柔性的作用，还能够增强产品的可靠性（Muffatto and Roveda，2000）。尽管很多山寨手机企业在生产条件、质量控制等方面与诺基亚、摩托罗拉等手机巨头存在很大差距，但是由于手机最核心的 MTK 模块来自联发科公司，其他零部件也来自专业化公司，联发科等规范化的企业能够保证 MTK 模块及其他零部件的质量。因此，虽然山寨手机可能存在这样那样的小毛病，但是其整体质量还是有保证的。也正是这个原因，山寨手机逐步被社会所认可、接受，其客户逐步从最初的对价格非常敏感的低收入消费者扩展到中高收入人群。

此外，山寨手机的成功还得益于能够利用我国强大的产业配套能力，发挥我国低成本的制造优势。山寨手机之所以能够在深圳、东莞成功，是因为这些地区已经形成非常完善的电子通信产业配套体系，有一条从手机配件、芯片、电池、刻模到组装的完整产业链条，液晶屏、耳机、电池、充电器、手写笔甚至摄像头镜片、防尘网等都有专业厂家配套，能够为山寨手机制造企业提供所需的各种零部件。一项统计表明，在深圳的手机生产企业已近 140 家，与之配套的方案整合公司 36 家、主板研发企业 140 家、外观结构设计企业 50 家、蓝牙厂商近 300 家；渠道上，深圳共有国包商约 250 家、省包商 1260—1300 家、整机贸易公司 20 家、手机卖场 100 家、零售商 150 家及物流配套企业 150 家（钟靖，2006）。模块再整合加上强大的配套能力和低成本生产能力，迅速推进了山寨手机企业的崛起。

三 模块整合者的角色差异与产业格局

鲍德温和克拉克（2003）将模块化体系的参与者区分为模块的设计者和模块的制造者，前者处理影响各个模块之间的活动的"看得见的信息"，后者处理具体模块活动固有的"看不见的信息"。张钢、徐乾（2007）将模块化产业中的企业区分为功能模块提供者与功能模块集成者，前者针对模块化系统的某个功能模块进行专业开发和生产，后者对各个不同模块进行组合，并创造出新产品与新服务。我们认为，在模块系统中存在着产品架构的设计者（模块的设计者）、模块的提供者（制造者）、模块的整合者、最终产品的生产者、品牌的管理者等多个层次的参与者，比如诺基亚、苹果等传统手机企业是手机架构的设计者，高通是手机芯片这一核心模块的提供者，联发科是模块的整合者，鸿海集团是低成本的生产者等。

Fixson 和 Park（2008）对 20 世纪 80 年代的日本自行车动力传动部件产业的研究发现，产品模块化程度的降低导致产业垄断程度的提高，而我国手机产业产品模块化程度的降低却导致更加竞争性的产业格局。同样是产品模块程度的降低为什么会导致产业竞争格局截然不同的变化呢？我们认为，在模块化体系中，对模块进行整合的企业的角色差异将会影响到产业的竞争格局。

在产品架构中，内部界面的开放性通常会限制在企业的范围内，这是由于用户对内部界面不敏感，而企业能够通过封闭和独特的内部界面实现差异化优势；外部界面更加开放，通常超出企业的边界以获得多样化的互补品（Chen and Liu, 2005）。模块的生产者可以选择是否公开模块的界面参数。如果公开模块的界面参数，模块就成为一个可以为其他企业使用的开放系统；如果不公开模块界面参数，那模块就是一个封闭的仅为企业本身所用的私有系统。在我国手机市场的案例中，对产品模块化程度做出改变的是专业化的模块整合者，而非最终产品的提供者。无论是早期的 Wavecom 还是后来的联发科都是以独立模块供应商的面目出现的，为了拥有更多的模块用户、扩大产品的销售，它们必然要采用开放化的模块系统。开放系统吸引了大量最终产品的生产者进入，从而降低了市场的集中度。相反，如果模块的整合者同时也是最终产品的提供者，并且如果新模块拥有更强大的性能，那么它将通过将该整合模块控制在企业内部形成私有系统而提高最终产品的性能，其他企业将因无法获得性能更高的模块而处于不利的竞争地位，从而市场的垄断程度将会有所提高。在 Fixson 和 Park（2008）关于日本自行车动力传动系统产业的案例中，禧玛诺是最终产品（自行车动力传动系统）的生产者，它引入一体化的自行车动力传动系统，一体化的设计一方面使该系统的绩效明显提升并难以为其他部件生产企业所模仿，另一方面将原有模块间公开的界面信息私有化，降低了部件生产者的兼容性，从而将与其竞争的系统生产者和模块生产者排挤出市场。

第五节　结论与启示

我国国产手机产业经历了两次蓬勃发展的时期，一次是 2003 年以波导为代表的国产手机企业的市场份额超过 50%，另一次是 2007 年山寨手机的崛起。本书从模块化的视角，对我国手机产业竞争格局的演变特别是山寨手机崛起的现象进行了分析。研究表明，国产手机两次大发展的根本原因在于手机模块化程度的改变。由于市场传递产品比传递知识更加有效，模块再整合极大地降低了对手机生产企业所需知识的要求，即降低了手机产业的进入壁垒。同时，模块化又保证了山寨手机企业能够享受到规模经济和产品质量稳定的好处，加上我国强大的产业配套能力、低成本的制造能力以及山寨手机本身特有的灵活性，山寨手机具有很强的竞争力。我国手机产业模块再整合也给我国的行业管理与产业升级以很大的启示。

一 产业政策应根据产业特性的变化适时调整

2007年10月15日前，我国手机生产实行牌照制度，只有少数资金实力较为雄厚的企业能够经过行政审批或者核准获得手机牌照。原信息产业部从1998年开始进行牌照审批制，总计发放了40余张手机牌照；发改委2004年实行牌照核准制，要求手机企业必须拥有2亿元注册资金，并具备一定的研发和生产能力。但是，模块再整合已经使手机生产的技术和资金门槛大大降低，大批难以获得牌照的企业无奈之下只能选择无牌照生产，即成为"黑手机"企业。2007年10月15日，我国取消"手机牌照"制度，"黑手机"的身份被漂白，但是手机销售前仍要通过工信部下属泰尔实验室的入网检测，费用高、耗时长。由于手机是需求变化非常迅速的产品，同时联发科的MTK解决方案使手机的外观、功能迅速调整成为可能，因此山寨手机企业仍然逃避政府的监管。本书的研究表明，模块再整合使手机产业的进入壁垒大为降低，过高的产业准入门槛会逼迫企业在黑色、灰色区域活动，使"黑手机""山寨手机"等现象出现。因此，政府的产业政策只有根据产业特性的变化及时进行调整，才能适应产业发展的需要。对山寨手机的治理一方面要加强税收、知识产权保护的监管力度，打击偷税漏税、侵犯知识产权的违法行为，另一方面也要提高手机入网检测的效率，缩短检测时间、降低检测成本，使正规手机企业能够与山寨手机在平等的环境下竞争，从而规范手机产业秩序，促使山寨手机企业转型。

二 模块再整合可以作为一种产业升级方式

一般认为，价值链升级有过程升级、产品升级、功能升级、链条升级四种方式（Kaplinsky and Morris，2003）。具体到IT产业，一般认为遵循从OEA（原始设备组装）生产到OEM（原始设备制造），到ODM（自主设计制造），再到OBM（自有品牌制造）的升级路径。在模块化的复杂产品系统中，由于企业的资源或知识难以支撑对各个模块的内部控制，该产业的组织结构也是高度垂直分离或者说高度模块化的，在价值链的各环节存在着多种不同的角色。这些角色只是在模块系统中所处的位置不同，很难说有贵贱高低之分，在每一个环节都能够产生做到极致的领先企业，每一个角色都是模块化系统中不可或缺的，也是其他企业难以替代的。在手机这一模块系统中，山寨手机生产企业没有技术、没有品牌，一旦政府加强行业和税收管理、加大知识产权保护，山寨手机企业的成本优势也将不复存在。手机产业还表现出向智能机演进的趋势，智能机类似于具有无线通信功能的掌上电脑，对硬件、软件、系统设计提出了更高的要求，山寨手机能否适应智能机时代也存在着很大疑问。因此，必然要求山寨手机的转型和升级。在模块系统中的升级过程是一个知识的积累和不断创新的过程，产品架构的设计和系统集成要求企业拥有强大的知识基础和技术能力。我国企业的技术水平普遍较低，因此在知识需求相对较少的模块整合方面实现突破，培育联发科这样的模块整合企业，是既与我国企业的技术水平相适应，又能充分发挥我国配套能力强、制造成本低的优势的一条可行路径。此外，在模块整合过程中，企业能够逐步积累模块内部及模块之间联系界面的知识，形成比较广泛的知识基础，有利于避免"模块化陷阱"（Modularity Trap），在技术的破坏性创造时期抓住发展的机遇。

第八章 个体如何参与企业的价值创造
——众包理论与实践

伴随计算机成本的大幅度降低和应用普及、互联网技术突飞猛进的发展,以及3D打印等新制造设备的兴起,独立的个体不再只作为产品的使用者,而是越来越深入地参与产品或服务的创新与生产。个体参与并非只是产品设计和生产的补充,它们已经联合起来创造出 Linux 操作系统、维基百科(Wikipedia)等具有重大影响力的复杂产品。个体参与企业价值创造的众包模式的影响日益扩大,不仅宝洁、星巴克、戴尔、百思买和耐克等公司开始采取众包模式,而且催生了一批专业化的众包网络平台,如 InnoCentive、Mechanical Turk 等众包社区。在中介平台的帮助下,企业能够更加便利地利用个体作为有效的外部知识集合,并通过信息的不断反馈以调整企业的组织和活动安排。然而,尽管众包在实践中快速发展,但理论上对众包的研究仍处于碎片化状态,很多基本的理论问题没有理清。本章通过对已有文献的梳理回顾,尝试将众包的基本概念、参与主体、特征、发展条件和主要影响进行较为系统的评述,进而指出当前众包理论的局限性和发展方向。

第一节 众包的概念

一 众包概念的分类

虽然众包活动的发展已有较长时间,但众包的概念直到2006年才由 Howe 首次提出。同时,由于众包本身涵盖和涉及的内容相对复杂,研究者的背景和关注点又各不相同,相关研究并未能形成一个公认的明确定义。根据既有研究侧重点的不同,众包概念可主要划分为以下四类。

第一类，认为众包是外包向大众领域的扩展。Howe（2006）在外包概念的基础上指出，众包是企业或机构将曾经由员工完成的任务，通过公开征集（Open Call）的方式外包给一个未加限定的大众网络。Schenk 和 Guittard（2009）等也认为，众包就是大众和外包的结合体，这种外包不是将任务分配给承包商，而是外包给广泛的人群。在这一类定义中，公开征集是实现众包的主要方式（Howe，2006；DiPalantino and Vojnović，2009；Whitla，2009；豪，2011；Poetz and Schreier，2012），并主要借助互联网社区来获得解决方案（Whitla，2009；Yang et al.，2008）。

第二类，从商业模式的角度出发，突出众包作为企业价值创造环节的作用，并强调了企业的盈利目的。Kleemann 等（2008）指出，众包的本质就是有目的地推动由消费者完成的创见和其他工作的商业化利用，并进一步将众包定义为一种将用户或消费者整合到内部价值创造流程的一种方式。而众包作为一种通过互联网发展起来的新商业模式（Ling and Mian，2010），也可以被看作一个吸引具备兴趣和动机的人群解决问题的策略模型，并可以在质量和数量方面优于传统的商业模式（Brabham，2008）。在新的商业模式下，企业不再独立完成商品和服务的生产，而是在与消费者之间的协同作用下，实现交互价值的创造（Reichwald and Piller，2009）。

第三类概念与第二类相比，淡化了企业的盈利导向，主要从补充和协调企业生产的角度，强调了众包是企业的一种在线的、分散的问题解决模式或生产模式（Brabham，2008；Vukovic，2009；Vukovic et al.，2010；Doan et al.，2011），而并不一定是为了增加利润，一般只是为了解决一个特定的问题（Mazzola and Distefano，2010）。在此类研究中，部分研究者又将其定义进一步聚焦于创新领域，例如，Poetz 和 Schreier（2012）指出众包是通过公开征集，将创意生成阶段外包到一个潜在的、大量的和未知的人群；Liu 和 Porter（2010）认为众包是向一大群潜在创新者外包任务，并获得解决方案。整体来看，众包不仅可以实现征集创意、问题解决、评价或任何其他类型的商业问题（Ribière and Tuggle，2010），还可以直接帮助企业更好地完成产品生命周期各阶段的任务（Porta et al.，2008）。为了实现众包生产，企业需要获得大量分散的互联网用户来完成任务（Heymann and Garcia - Molina，2011），并处理好其中的任务分配问题（Whitla，2009）。

第四类，将众包作为其他现象的一个特例，而非独立的概念。例如，Howe（2006）认为众包是开源规则在软件领域之外的一种应用；Albors 等（2008）把众包看作一种新的学习网络范式；DiPalantino 和 Vojnović（2009）认为众包是一种全支付模式的拍卖；Buecheler 等（2010）认为众包是集体智慧（Collective Intelligence）的一个特例；Sloane（2011）等认为众包是开放式创新（Open Innovation）的一种特殊表现等。

这些概念或是强调众包某一方面的特征，或是将其作为其他概念的特例和延伸，并没有一个统一的内涵。Estellés – Arolas 和 González – Ladrón – De – Guevara（2012）在对 2006—2011 年众包研究文献较为全面的整理基础之上，通过将众包概念分解为八个主要属性，提出了一个相对系统的定义：众包是一种在线参与的活动，由个人、机构、非营利组织和公司向一群具有不同知识、异质性和数量的个人提出问题，通过灵活的公开选拔，自愿完成任务；需要完成的任务具有不同程度的复杂性和模块性，参与众包的人群具有钱财、知识或经验，并经常需要有共同的利益；众包完成者将会获得某种需求的满足，例如经济收入、社会认同、自我满足或是个人技能的发展；众包的发起者将会获得并利用参与者所提供的优势，而具体的形式则有赖于所承担活动的类型。该定义几乎包含了众包全部的特征要素，但是也正如该文所说，这一概念在某些具体研究中仍会显得"模糊不清"。究其原因，一是由于众包在实践中与众多相关现象联系紧密，不易区分；二是目前众多研究主要关注具体应用，理论研究相对滞后。但总体来看，众包的概念可以区分为狭义和广义两类。在互联网等技术前提下，狭义的众包指企业通过发布任务，引导大众完成特定项目，并选出最优的解决方案或实现预期目标，进而降低企业的成本，促进利润水平的提高；广义的众包则是指任何参与主体均可发起任务，大众通过竞争或合作的方式完成项目，分别实现各自的预期目标。广义的众包实际上扩展了众包的主导者，淡化了企业的盈利目的，丰富了众包内的关系。

二 相关概念比较

无论是在理论研究还是具体的实践应用中，众包经常与开源、开放式创新、用户创新等概念相互混淆。因此，有必要对这些概念加以比较分析，进一步明确众包的含义。

（一）开源

以 Linux 软件为典型代表的开源运动，已经在相关理论研究与商业实践中产生较大影响。开源（Open Source）是指以互联网技术为依托，分布在全球各地的程序员通过相互协作，共同生产功能复杂的综合软件系统，而这一过程并没有直接的经济补偿（韦伯，2007）。伴随开源软件的成功，随后的研究逐步将"开源"概念从软件向其他领域扩展，但其拓展范围受到了技术和成本等因素的制约（Lerner and Tirole，2002）。尽管杰夫·豪（2011）认为众包是开源应用的扩展，但与众包相比，开源在以下四个方面存在明显的区别。

第一，开源项目的发起者并未加以限定，在其标志性的案例中，林纳斯·托瓦兹开始发起 Linux 项目时还是一名学生。而狭义的众包定义明确了企业或机构是众包的发起者，排除了独立的个体。

第二，在知识产权方面，开源具有明显的非竞争性和非排他性，参与者在开源软件项目中必须无偿公布他们自己开发的源代码（Raymond，1999；冯·希普尔，2007）。因此，开源项目在一种非私有的背景下创建、维护、开发和扩展（韦伯，2007），而众包并没有此类规则的要求。

第三，正是由于开源中的无偿分享和使用原则，其并不强调商业化目的，而更多地关注兴趣导向的问题解决。参与开源项目的个体具有明显的电脑黑客特征，即"随心所欲、独立自主、研究以好玩有趣为导向，并没有特别考虑具体的商业利害"，"开源背后的基本假设就是，人们要表现创造性和原创性，他们不需要多少其他的因素来激励自己从事这项工作"（韦伯，2007）。而众包经常从企业商业化角度出发，强调其对企业盈利水平的促进作用。

第四，开源模式特别强调通过大众的合作而非竞争来完成项目。分散的个体以一种高度平行、组织相对松散的方式进行工作，平等地提出解决方案和建议。而众包则包括招标式的解决方式，仅允许满足条件的承担者完成项目，或者仅采纳最优的解决方案。

（二）开放式创新

开放式创新（Open Innovation）由亨利·切萨布鲁夫提出，是指企业可以同时利用内部和外部有价值的知识，并将外部资源统一到组织内，加快内部创新，实现内外部两种资源共同拓展市场的目标（切萨布鲁夫，2006；切萨布鲁夫等，2010）。与之前的封闭式创新相比，企业的创新活动转变为一个开放式的系统，并特别注重企业外部的创新资源。开放式创新与众包存在两个方面的明显不同。第一，开放式创新主要关注研发领域，强调企业将研发活动向个人、公司、研发机构、组织间网络等不同层级扩展，而众包的研究领域更广泛。第二，一个创意或是新技术的价值只有通过商业化才能够实现，因此开放式创新突出了商业模式的重要性，并将其作为研究的核心原则与创新成功的充要条件（切萨布鲁夫等，2010）。众包涉及更多的领域，既有盈利导向的项目，又有非盈利导向的项目，所以就相对弱化了商业目的。

（三）用户创新

在冯·希普尔（2007）的积极倡导下，用户创新（User Innovation）受到了普遍关注，是指由用户而非制造商推动的产品和服务创新。在这里，"用户"是指希望通过对产品和服务的使用而获利的公司或个体消费者，其最主要的特征就是可以单独从创新中直接获利；而制造商则必须将与创新相关的产品或服务直接或间接地出售给用户，才能实现获利。由于信息禀赋差异和信息不对称等因素，用户掌握了大量不可替代的信息，因此成为重要的创新源和制造商创新活动的补充。与开放式创新不同，用户创新理论聚焦于创新领域中的用户作用，创新用户在参与过程中可获得快乐，满足对学习的需求，并将创新过程看作是有价值的。而与此相比，众包则对参与者和应用领域没有严格的限制。

（四）维基经济学

唐·泰普斯科特和安东尼·D.威廉姆斯（2012）提出的维基经济学（Wikinomics）实际上是描述了一种新的协作经济，这种基于互联网时代的经济模式体现了开放、对等、共享和全球化运作四项原则。所谓的"维基经济学"并没有清晰明确的研究对象，仅是将对等先锋（Peer Pioneers）、创意集市、产销者（Prosumer）、新亚历山大学派、协作平台、全球工厂、维基工作间七类新兴的经济现象统统纳入一个具有协作经济意义的名词之下。但协作实际上仅是众包等现象的共同特征之一，并不能将这些差别各异的现象一概归于维基经济学或其他类似的名词之下。这也反映出对众包及其相关领域研究的含混现状。

综合以上比较可见，众包、开源、开放式创新、用户创新等概念之间具有以互联网技术为前提、民主开放的性质、分散资源的利用等众多共同特征，差异则不同程度地表现在主导者、主导者的主要目的、参与个体之间的关系、主要应用领域等方面（见表 8-1）。

表 8-1　　　　　　　　　　相关概念比较

	主导者	主导者的主要目的	参与个体之间的关系	主要应用领域
狭义众包	企业	企业盈利	竞争为主	无限制
广义众包	任何主体	盈利或非盈利	竞争与合作兼具	无限制
开源	个体为主	快乐、学习、自我实现等非盈利目的为主	合作	软件、系统等
开放式创新	企业	企业盈利	竞争为主	企业的研发创新
用户创新	用户（企业和个体）	盈利或非盈利	竞争与合作兼具	企业产品和服务的创新

第二节　众包的参与主体

众包的参与主体较为明确，从相关的研究文献来看，主要有两种划分方法。第一种是将众包的参与主体区分为个体组成的大众、企业和众包平台（Schenk and Guittard，2009）等不同参与主体，该分类方法适合于对参与主体在众包中的功能和特征演化的研究。第二种是按照众包流程中的不同角色区分为发起者、完成者和中介平台，发起者可以是公司、机构、非营利组织和个人（Estellés‑Arolas and González‑Ladrón‑De‑Guevara，2012），该分类方法适合于说明整个众包的构成环节。除以上众包参与主体外，众包还涉及金融、物流、法律等更外围的辅助参与者。

企业在众包中主要承担了发起者的角色，其发布任务的方式包括：在公司网站上直接发布，以悬赏的方式吸引众多的网民来参与问题解决；通过众包平台，企业与平台签订合约，借助平台实现众包任务的发布和完成。在众包流程中，企业与个体、个体与个体之间的协作对于企业具有重要意义。这种协作关系被系统地整合到企业结构中，其行动可以被企业管理、监督和控制（Kleemann et al.，2008）。因此，企业在众包机制的设计中具有主导作用。在专业化分工的影响下，众包平台快速发展，并形成了 InnoCentive、Mechanical Turk 等一批影响较大的网络平台。众包平台作为实现众包的中介，起到了调节者和促成者的作用，是沟通发包方和接包方的桥梁（Schenk and Guittard，2009）。Brabham（2008）更进一步指出，网络平台不仅仅是一种信息和人之间的中介，也是用户交互模式的创新。

在众包产生之前，消费者已经直接或间接地参与企业生产或服务的流程，并被学者所关注（Kleemann et al.，2008），例如，将消费者与生产者的角色合二为一，即自愿被吸引到企业生产过程中，生产自己所消费产品的"产消者"（Toffler，1980）；积极参与产品生产且拥有一定知识、技能和倾向的消费者构成的"部分意义的员工"（Partial Employees）（Mills and Morris，1986）；比用户群体的主流领先一步，在满足自己的需求时，还期望通过提供解决方案获得相对较高收益的"领先用户"（Lead User）（冯·希普尔，2007）等。Kleemann 等（2008）指出，消费者在生产流程中是积极的，可以用作价值增值的工人，并免费提供创造价值流程所需的能力，而消费者的能力也因此成为有价值的经济资产。Poetz 和 Schreier（2012）通过比较消费者与专业人员在新奇性（Novelty）、消费者收益（Customer Benefit）和可行性（Feasibility）三个方面的表现，得出使用者创意的新奇性和消费者收益均优于专业创意，但在可行性方面劣于专业创意，但总体来看，使用者的创意至少同专家的水平一样好。当然，众包中的个体事实上既包括业余个体，也包括本身就是某领域专家的专业个体（豪，2011；Raymond，1999；安德森，2012）。因此，众包对于企业来说，实际上是一种廉价的劳动力资源，人们每天利用自己多余的资源去创造内容、解决问题或完成企业创新（Howe，2006）。此外，个体在参与众包的过程中，经常兼具多种角色，不仅是众包任务的完成者，还可以是众包的发起者（Estellés‑Arolas and González‑Ladrón‑De‑Guevara，2012）。Doan 等（2011）指出，作为众包任务的完成者，个体还可能扮演不同的具体角色，如

"奴隶"①（Slaves）、观点提供者（Perspective Providers）、内容提供者（Content Providers）、要素提供者（Component Providers）。越来越多的人受到成功者的影响开始加入众包，并形成了全职的众包者（Mazzola and Distefano，2010）。

第三节 众包的特征

一 众包是一种有限的自由与开放生产模式

作为伴随互联网发展而兴起的生产模式，众包融合了开源的透明与民主要素（Brabham，2008）。首先，众包中的企业与个体具有选择的自由。企业与个体不受传统雇佣关系的约束，可以自由选择和参与不同的组织（韦伯，2007；Raymond，1999）。其次，众包能够为企业从大众中挖掘创意，使其生产变得更加民主、便捷和便宜（冯·希普尔，2007；安德森，2012）。最后，众包民主与自由的特征也意味着，众包中允许更多异质性的存在，无论是众包任务的异质性（Kittur，2011），还是个体身份、技能和政治观点上的多样性，因此，众包是后工业化时代异化劳动的重新聚合（Brabham，2008）。

然而，这种自由和开放的程度是有限的。即便互联网的普及较为迅速，但仍有很多人没有使用互联网的条件，而且即便是互联网用户，也不能保证他们愿意参与其中（Brabham，2008）。更为重要的是，以盈利为导向的企业参与到众包中，势必会产生一定的独占权，减弱众包的开放性。实践已经表明，一个组织既需要等级化以应对不确定性，也需要民主开放以增添活力，既要有大教堂模式，也要有市集模式（Raymond，1999；安德森，2012）。互联网的开放性和个体的兴趣促进了众包的民主与开放，而技术的限制和企业的利润导向使得众包成为有限度的自由与开放。

二 众包是一种协同交互的关系网络

与传统生产模式相比，众包的参与者分布于更为广泛的地域空间范

---

① "奴隶"在这里是指人们在分而治之的模式下去帮助解决问题，以达到所有者资源（例如时间、能力）的最小化。

围，并频繁地进行着各种交互关系。这些交互作用发生在企业和个体之间、个体和个体之间、众包平台和企业与个体之间，而由众包带来的收益则成为其交互运行的必要条件（Reichwald and Piller，2009）。众包的协同交互特征主要受到早期协作生产运动与互联网发展两方面的影响。消费者协作生产运动（Co-Production）（Gartner and Riessman，1974）等新经济形式的出现，使消费者由过去被动接受服务的"上帝"转变为众包生产中的协作工人（Co-Workers），个体与企业之间不再仅是简单的交易关系，而是包含了更多的信息传递与反馈。基于Web 2.0的发展，社交软件等技术的应用为用户在互联网上沟通和协作提供了便利，并使得私人知识可以成为共享信息，个体之间的协作交互作用大大增强（Poetz and Schreier，2012；Kleemann et al.，2008）。根据Terwiesch和Ulrich（2009）的研究，仅与消费者需求的交互作用就产生了四分之一的创新机会。因此，众包的交互协作关系展示了公众协作的力量。

三 众包是一种新的资源利用模式

众包作为一种新的资源利用模式，打破了市场和企业之间的界限，并已经成为超越地域与组织界限的一种社会化活动（泰普斯科特、威廉姆斯，2012）。借助于互联网的快速发展和普及，众包实现了全球联系的便捷化，能够将全球的参与者聚集起来，形成集聚的虚拟"第三空间"（豪，2011），在地理上又呈现明显的分散化和国际化（韦伯，2007）。这些分散式分布的独立个体加入企业的众包任务后，成为部分意义的员工，模糊了严格意义上的员工与消费者之间的界限，延伸了企业资源利用的边界。因此，众包所利用的资源不仅有企业内部的员工，也包括了全球范围的业余个体（Kittur，2011），并由此构成了更为广泛的人力资源网络。特别需要注意的是，以兴趣为导向的自组织社区作为众包所利用的资源具有重要意义，由于参与者更加注重自管理、依靠共同信念和协作完成任务等因素（豪，2011），网络中资源的整合较少或者不需要企业的干预。

四 众包是一种价值网络

众包既是一种价值创造网络，也是一种价值分配网络。作为一种价值创造网络，众包将个体整合到企业价值创造的流程中，构成了提升价值创造能力的一种补充资源和经济资产（Kleemann et al.，2008）。众包中的企业通过利用网络的开放性和渗透性，突破了原有的资本专用性边界，实现了资源的共享和优化配置。无论是企业，还是个人，均构成了庞大众包网络中的节点，共同参与了价值创造网络的重建。作为一种价值分配网络，众包使个体的行动与企业利润最大化的目标相联系（Brabham，2008）。但在多数情况下，企业在全部价值分配中获得了可观的利润，而个体经常没有回报，或者仅获得微支付（Micro-Payments）及社会认同或娱乐等隐性补偿（Kleemann et al.，2008；Heer and Bostock，2010；Kazai，2011）。因此，作为价值分配网络的众包，实际上是一种经济上不平衡的分配体系。正是由于众包对个体的支付过低，学者将其称为互联网上的剥削经济、奴隶经济（Brabham，2008）。

第四节 众包的发展条件

众包的出现是经济、社会和技术发展到一定水平的产物，经济发展、生活水平提高和消费者素质的普遍提升是众包产生的前提条件，计算机、互联网和生产技术的进步则使众包成为可能。

一 个体需求的升级与资源的改善

个体需求的升级主要表现在两个方面，一是对产品和服务质量以及个性化的需求不断提高，二是参与社会化生产活动的需求日益强烈。首先，伴随着社会生产力从而生活水平的提高，消费者的需求日益差异化和个性化。但企业出于发挥规模经济的目的，总体上仍然保持着大规模生产的方式，缺乏满足用户个性化需求的能力。为了满足消费者日益增长的个性化需求、提高产品和服务的满意度，企业开始采取众包的方式。其次，消费者主权意识和参与社会化生产的意愿逐渐增强，希望获得更多的表达机会和话语权（泰普斯科特、威廉姆斯，2012）。Kleemann等（2008）指出，消费者为了节约金钱、更好地控制他们所接受的服务，或是对目前的产品及解决方案不满意，均构成了其参与众包的重要推动因素。因此，个体不再甘于做单纯的消费者、产品的接受者，也不再满足于仅仅被动地接受企业所传递的信息，而是要求增加对自己所购买产品的认知，拥有更多的控制权，因而期望参与产品的研发、设计、生产、营销等过程。同时，个体参与企业众包的意愿实际上是一种自我实现的需求，期望通过解决企业遇到的难题或创造个性化的产品获得成就感和娱乐（韦伯，2007；冯·希普尔，2007）。对众包的研究发现，即便个体知道成本收益是不平衡的（个体参与众包所获得的现金收益小于其劳动投入），也仍会有强烈的参与意愿（Kleemann et al.，2008）。特别是在网络社区中，个体更看重识别度和获得尊重（豪，2011）。

个体资源的改善主要包括知识水平的提高和闲暇时间的增加。在具体的实践中，尽管众包任务多属于微任务（Micro – Tasks）（Franklin et al.，2011），但仍存在一个最低水平的知识要求（Poetz and Schreier，2012）和时间（包括投入的时间与完成的时限）要求。伴随社会教育水平的普遍提高和生产进步带来的劳动力解放，个体拥有了参与企业价值创造所需要的知识、技能以及大量的闲暇时间（豪，2011），而众包也吸引了足够多的合格参与者[①]。大量不同专业背景的个体通过开放的共享和协作，具有较好的能力互补性，提升了整体知识能力的效用。生产效率的提高和工作方式的进步使个体拥有了大量可供灵活使用的闲暇时间，并通过互联网的全球化整合，实现 24 小时的连续接替。丰富、持续、稳定的人力资源供给成为众包运行的基本保障。

二 互联网的发展与普及

互联网是众包等新兴经济现象得以兴起的重要基础，在促进分布式协作系统的形成、降低参与成本、拓宽社交关系与整合资源方面起到关键作用。首先，互联网推动了全球分布式众包系统的形成（Kittur et al.，2011）。互联网的普及打破了空间和时间的制约，使个体摆脱了参与众包的束缚。企业借助于网络将广泛分散在各地、具有不同文化背景和技能的使用者聚集到网络平台上，即通过分散化的方式促进相互独立的、多样化的观点加速交流与协作（Brabham，2008），并直接推动了众包平台的快速发展（Yuen et al.，2011）。其次，互联网降低了参与成本。网络用户可以实现快速发布和获取所需的信息，并借助信息技术

[①] Poetz 和 Schreier（2012）指出，不同行业的特征和完成任务的最低知识要求对众包的实现具有重要意义。从问题的类型来看，个体更擅长解决基于需求（Needs – Based）的问题，而不是基于技术（Technology – Based）的问题。

手段进行即时沟通(Raymond,1999),大大降低了企业和个体的沟通与搜寻成本。再次,基于全球互联网络和社交软件的发展,全球无数个体参与者构成了关系交错、联系松散的庞大人际网络(李伯特等,2011)。在社交网络中,信息的传递更加迅速,基于社交关系的合作方式被进一步拓宽。最后,互联网聚集并整合了丰富的资源。基于互联网发展起来的虚拟网络社区聚集了越来越多的网民,而这些以兴趣为基础的社区具有较强的自组织特征(豪,2011)。在 Web 2.0 环境中,有价值的信息和资源通过自组织秩序和外部引导,日益丰富和完善,成为众包发展的重要资源基础(李伯特等,2011)。由此可见,互联网打开了个体与企业的沟通渠道,提供了整合分散资源的聚合器,形成了真正意义上的基于全球互联网的众包系统(Crowdsourcing Systems)(Doan et al.,2011)。

三 生产领域内的进步

众包在生产方面至少要具备两个前提条件,一是任务可以分解到足够小,二是向个体提供完成众包任务的必备工具(韦伯,2007;Raymond,1999)。首先,个体协同网络虽然具有丰富的资源,但每个人所能独立解决的问题的复杂程度和规模仍极为有限。因此,要让独立的个体可以完成某一任务,就需要将任务分解得足够小,并保证任务明晰、简单(豪,2011)。同时,分解后的任务模块在重新组合之前也需要保证一定的独立性和有序性(韦伯,2007;Kittur et al.,2011)。而正是由于生产技术和信息技术的发展,模块化生产解决了复杂协作生产的问题,并提高了知识编码化、标准化和数字化的程度,实现了任务模块的分解与重组。其次,可供个体使用的生产工具越来越多,为个体参与众包提供了基本的技术手段(豪,2011;安德森,2012)。伴随计算机及各种软件的发展,各种工具的操作越来越简便,价格也越来越低廉。个体通过这些更廉价和易于操作的工具,可以更加便捷和有效地进行跨地域的信息交流。特别是 3D 打印机使个体自行制造成为可能,大大缩短了从创意到生产的时间。因此,生产技术的发展降低了个体参与的成本(Reichwald and Piller,2009),也使企业更加容易和低成本地将个体整合到众包的工作流程中(Kleemann et al.,2008)。

第五节　众包的影响

一　整合闲置的分散资源

在传统的生产范式下，即便大众具有解决问题的能力和资源，但由于缺乏有效的组织和必备的技术基础，这些资源也不能被充分发掘，而沦为散落在全球的闲置资源（豪，2011）。伴随计算机的普及和互联网技术的快速发展，在线的资源组织模式开始出现，众包等新兴的生产模式直接推动了分散资源的全球化整合运动。在互联网络的协同作用下，众包聚集了集体的智慧，使得原本孤立和零散的个体资源被整合利用，并放大了其整体的创造力（Brabham，2008；李伯特等，2011）。从整合资源的能力来看，由于调动了更多的人群和资源，众包不仅可以解决众多基本的生产问题，还可以处理数据库系统和搜索引擎不能充分解决的问题（Franklin et al.，2011）。从整合资源的来源看，虽然众包中也有专业人士的参与，但更受关注的则是对所谓的"业余者"的调动。这些业余的资源在众包网络中占据大多数（Schenk and Guittard，2009），并与专业资源共同完成发布的任务。部分研究者指出，基于业余和专家存在的区别，二者分别适合完成不同领域的众包（Kittur et al.，2008）。需要注意的是，专业和业余并不存在严格的界限，所谓的"业余者"可能是其他领域的专家。因此，众包打破了专业化的门槛，推动了个体资源的全球化聚集整合，提升了社会资源的整体利用效率，发挥出隐藏在个体背后的巨大资源和商业潜力。

二　全面提升企业竞争优势

众包可以帮助企业解决从简单到复杂的一系列问题（Yuen et al.，2011），对于提升企业的竞争优势具有重要的意义，主要表现为降低企业的资金和时间成本、促进产品质量提升和降低市场风险、弥补企业能力和资源不足以帮助企业突破路径依赖。

（一）降低企业的资金和时间成本

众包对于企业生产的促进作用首先表现为对资金和时间成本的节约（Brabham，2008）。众包降低了组织人力资源、创新和生产、推广和销售等方面的资金需求。具体来看，由于众包是以互联网发布任务的方式进行的，发包企业并不需要招聘专门的人员或设立专门的办公场所，金钱不再是召集劳动的首要因素（豪，2011），从而可以节约大量的组织成本；由于众包的参与个体多以兴趣、自我实现等内在需求为主要参与动机，并没有显著的收入预期，因此降低了企业在创新和生产方面所需的成本投入（Howe，2006）；基于众包的社交网络存在着大量自由的营销小组，企业可以投入较低的成本来实现产品和服务的有效推广与销售，降低产品进入市场所需的成本投入（Reichwald and Piller，2009；安德森，2012）。除了节约资金的作用，众包在集资方面的应用更为企业拓宽了融资渠道（豪，2011；李伯特等，2011）。

在降低时间成本方面，基于众包的庞大参与者，企业不仅可以低成本地快速收集用户信息（Kittur et al.，2008），也可以缩短产品进入市场的时间（Reichwald and Piller，2009）。通过获得更为充分的市场信息，企业一方面可以避免因策划和生产不适宜产品所浪费的时间，另一方面可以更好地推动优质产品的快速商业化。因此，众包通过调动大众参与，减少了企业从生产的组织到市场交易的完成所需的时间（Brabham，2008），充分提高了生产效率与商业化效率（Kleemann et al.，2008）。

（二）促进产品质量提升和降低市场风险

在传统的生产和消费关系中，个体的需求表达很少或没有恰当的渠道传递到企业，更难以在最终产品上实现改进和提升。通过众包将个体纳入生产体系，企业可以更好地了解用户和市场信息，提升产品和服务满意度，建立客户忠诚度（李伯特等，2011），个体掌握的企业所需的市场信息和生产资源也有了转化为产品的可能。企业通过众包引导大众发布产品和服务评价、征集创意需求或解决方案，可以更容易地发现和解决产品设计、生产和销售过程中的问题，有效地促进产品质量的提升，使企业生产的产品更符合消费者不同的需求。正如 Raymond（1999）所说，"眼球足够多的话，所有的错误将无处可藏"。同时，企业将消费者嵌入组织，能够更准确地挖掘消费者的需求，提高市场接受度、消费者购买意愿以及消费者对新产品新奇性的主观评价（Reichwald and Piller，2009）。通过更为互动的信息反馈和开放的组织模式，消费者逐渐转变为"产消者"，对产品的忠诚度不断增加，减少了新产品在进入市场初期所产生的摩擦。换言之，对众包的应用降低了企业的市场风险，提升了其市场竞争优势（Schenk and Guittard，2009）。

(三) 弥补企业能力和资源不足

在消费者需求日益多元、多变和市场竞争日趋激烈的压力下，企业难以仅依靠内部资源来保持或提升市场竞争力。众包的出现则在某种程度上消除了企业资源不足的瓶颈，并以一种廉价的方式为企业所利用（Howe，2006）。虽然众包并不能像开源一样不用支付报酬，但企业所支付的数额仍相对较少。携带资源的个体期望自己的成果被更多的人所了解，获得某种程度的肯定或奖励，并吸引更多的人投入其研究。正是在这种模式之下，个体之间相互吸引，愿意以较低的报酬甚至零报酬向企业提供自己的资源，形成了一种良性的循环（安德森，2012）。企业在发展的过程中，会因其既有创新模式而获得稳定收益，但也因此难以摆脱发展的惯性。传统的企业创新模式使用的资源主要来自企业内部或是合作企业，形成了一种"封闭式"创新路径。受企业自身资源、能力和固有思维方式的限制，企业的创新活动常常会形成路径依赖，难以适应市场、技术的突变。众包使创新成为一种开放的系统，企业能够利用众多没有受到企业固有思维影响的个体的集体智慧获得更多样化的创新视角，进而拓宽可供选择的发展路径（豪，2011；切萨布鲁夫等，2010）。

三 改变了企业和个体间的关系

传统的企业与个体之间主要是企业与员工之间的雇佣关系、企业与消费者之间的买卖关系。在企业与员工的雇佣关系中，企业通过签订劳动合同，支付相应的劳动报酬，与员工保持一种稳定的契约关系，两者之间是严格的雇用与被雇用、管理与被管理的关系；在企业与消费者之间的买卖关系中，企业负责生产，消费者支付价格并获得商品，即便存在一定的信息反馈，但仍主要是由企业主导的信息流动。众包的出现则使企业与个体间的关系发生了显著改变。

首先，消费者与员工之间的界限开始模糊。个体在加入众包后可以兼具消费者和生产者两种角色，一方面，消费者逐渐成为企业生产的组成部分，这是消费者的员工化，另一方面，企业员工经常是本企业产品的消费者，同时也不能排除部分员工期望通过参与众包的方式介入其他部门的运作，因此员工是企业天然的消费者和众包的潜在参与者。其次，除员工与消费者外，对企业所在领域的爱好者、研究人员也是众包参与主体的组成部分。他们本身既不是企业产品的消费者，也不是企业的雇用员工，仅是出于兴趣爱好和专业研究等目的，通过更加开放的方式提供自身的资源，并与企业之间形成了一种更为灵活和松散的组织关系。因此，众包在完成新产品开发创新、产品设计、评价分级、社区报告、整合用户、组织劳动力、营销等任务的过程中，实际上存在三种企业与个体之间的关系，而三者之间又经常相互交织在一起（见图 8-1）。最后，众包的专业化发展也促使众包平台与企业和个体之间形成了双边关系。从企业和个体的角度看，由于存在大量的网络众包平台，无论是企业还是个体均可以注册多个平台实现其参与众包的目的。因此，众包平台与企业和个体之间表现为一种多注册或多归属的交互关系。从众包平台的角度看，需要恰当使用一组契约和激励机制，尽量保持更多的活跃主体，才能吸引更多的企业与个体参加，进而保证正常运转和盈利。因此，众包平台主导了双边关系的建立与维护。在众包多重交互关系的影响下，传统的企业组织形式转变为社会化生产网络（豪，2011），其运行亦更为灵活和多变。此外，在企业与个体之间关系发生演变的同时，个体之间的关系亦不断丰富，例如为完成共同目标达成的集体协作关系、任务发布者与完成者之间的契约关系等。

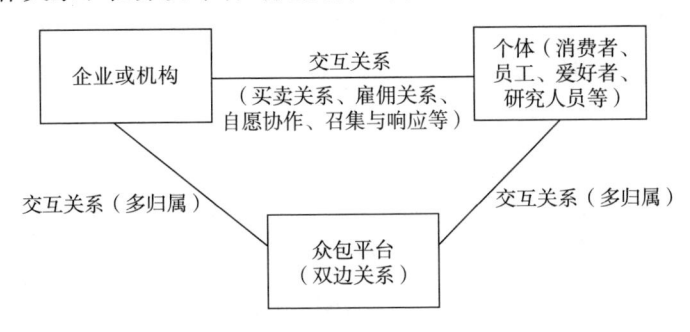

图 8-1 众包中的交互关系

第六节 现有研究的局限与展望

一 现有理论和实践的局限

（一）理论研究中的局限

作为一种新兴的经济现象，众包的理论研究还很不成熟。一方面，有关众包的理论研究严重滞后于实践的发展。与许多新兴经济现象一样，众包往往被视为一种商业问题或是某一时期畅销书的话题，很少被学院派理论研究者纳入其研究范围。与众包有关的文献数量本已较少，除去技术类的研究外，经济学或管理学领域的文献更为有限。另一方面，既有的研究尚未形成体系。有关众包的研究多是各行其是、浅尝辄止、相互矛盾、杂乱无序。目前研究的视角各异，包括经济学、管理学、社会学、心理学以及计算机科学等相关理论，难以将既有研究系统地整合成为一个逻辑一致的理论体系。经济学或管理学领域的研究未能较好地与主流的理论或研究范式相衔接。例如，交易成本经济学解释了生产组织的三种模式，即企业（科层）、市场与介于二者之间的混合组织（Williamson，1991），是否也能解释众包的治理？

（二）实践应用中的局限

众包虽然可以节约资本但并非免费（豪，2011），其应用会受到各种条件的限制。在资金需求方面，与任何生产模式一样，众包的建立与维持需要投入必要的资金，以保证其基础设施投入、协调成本和劳动报酬等费用的支付。在资源供给方面，由于众包大多并不是人们的本职工作，仅被视为收入的补充、兴趣爱好或是为了打发时间，微薄的物质回报导致人们参与长期和复杂工作的激励不足，所能解决的任务也相对有限（Kittur et al.，2011）。在任务设计方面，在 Mechanical Turk 等平台的实验表明，同样的任务项目在不同的设计模式之下将会产生不同效果（Kittur et al.，2008）。适宜的任务设计需要解决任务发布、分解、时限、收集、筛选、组合、反馈、激励等一系列问题，而这些问题较为烦琐和复杂。在道德风险方面，众包中掺杂着质量不一的个体，很难将善意用户与恶意用户相区分，经常会出现随意或恶意的响应，导致企业和个体之间的承诺与信任问题较为突出。

二　未来展望

作为一种随着生产力发展而兴起的经济现象，众包虽然尚处于起步阶段，但已经表现出巨大的发展潜力，在研发、设计、生产、市场推广与销售等领域发挥越来越大的作用。在第三次工业革命的推动下，众包所能发挥的作用将进一步增强，将使全球的经济联系更加紧密、虚拟经济与实体经济更加融合。随着众包活动的兴起，将有更多的经济学家、管理学家介入对众包的研究，一方面将厘清众包在实践中的运行模式与规律，另一方面将打通经典经济学理论、管理学理论与众包的联系，更深刻地揭示众包产生的原因与条件、治理机制、对企业的生产活动与产业组织方式的影响，从而推动理论的前进。

参考文献

Albors, J., Ramos, J. C., Hervas, J. L., "New Learning Network Paradigms: Communities of Objectives, Crowdsourcing, Wikis and Open Source", *International Journal of Information Management*, 2008, 28 (3): 194 – 202.

Amin, A. and N. Thrift, "Holding down the Global", *Globalization, Institutions, and Regional Development in Europe*, 1994: 257 – 260.

Amiti, M. and Wei, S., "Service Offshoring, Productivity, and Employment: Evidence from the United States", Working Paper No. 238, International Monetary Fund, December, 2005.

Antràs, P., "Firms, Contracts, and Trade Structure", *The Quarterly Journal of Economics*, 2003, 118 (4): 1375 – 418.

Antras, P. and Helpman, E., "Global Sourcing", *The Journal of Political Economy*, 2004, 112 (3): 552 – 580.

Antonelli, C., *The Economics of Information Networks*, Elsevier Science Inc., 1992.

Anwar, Sajid, "Factor Mobility and Wage Inequality in the Presence of Specialisation – Based External Economies", *Economics Letters*, 2006, 93 (1): 88 – 93.

Appelbaum, R. P. and G. Gereffi, "Power and Profits in the Apparel Commodity Chain", in *Global Production: The Apparel Industry in the Pacific Rim*, Temple University Press, 1994.

Arndt, S. W., "Globalization and the Open Economy", *The North American Journal of Economics and Finance*, 1997, 8 (1): 71 – 79.

Arndt, S. W. and H. Kierzkowski, *Fragmentation: New Production Patterns in the World Economy*, Oxford University Press, 2001.

Arrighi, G. and J. Drangel, "The Stratification of the World – Economy: An Exploration of the Semiperipheral Zone", *Review* (Fernand Braudel Center), 1986, 10 (1): 9 – 74.

Babiker, M. H. and Jacoby, H. D., *Developing Country Effects of Kyoto – Type Emission Restriction*, Joint Program on the Science and Policy of Global Change Report No. 53, Massachusetts Institute of Technology (MIT), Cambridge, 1999.

Bahrami, Bahman, "A Look at Outsourcing Offshore", *Competitiveness Review: An International Business Journal*, 2009, 19 (3): 212 – 223.

Baily, M. N., Farrell, D., *Exploding the Myths of Offshoring*, McKinsey Global Institute, 2004.

Bair, J., "Global Capitalism and Commodity Chains: Looking Back, Going Forward", *Competition and Change*, 2005, 9 (2): 153 – 180.

Baldwin, C. Y. and K. B. Clark, *Design Rules: The Power of Modularity*, The MIT Press, 2000.

Barrientos, S., Gereffi, G. and Rossi, A., "Economic and Social Upgrading in Global Production Networks: A New Paradigm for a Changing World", *International Labor Review*, 2011, 150 (3 – 4): 319 – 340.

Barrientos, S. and G. Gereffi, et al., "Economic and Social Upgrading in Global Production Networks: Developing a Framework for Analysis", 2012.

Bengtsson, Lars, and Berggren, Christian, "The Integrator's New Advantage: The Reassessment of Outsourcing and Production Competence in a Global Telecom Firm", *European Management Journal*, 2008, 26: 314 – 324.

Bettis, R. A., Bradley, S. P. and Hamel, G., "Outsourcing and Industrial Decline", *Academy of Management Perspectives*, 1992, 6 (1): 7 – 22.

Bhagwati, J., Panagariya, A., and Srinivasan, T., "The Muddles over Outsourcing", *Journal of Economic Perspectives*, 2004, 18 (4): 93 – 114.

Blackler, F., "Knowledge, Knowledge Work and Organizations: An Overview and Interpretation", *Organization Studies*, 1995, 16 (6): 1021 – 1046.

Blackwell, A. F., Wilson, L., Street, A., Boulton, C., Knell, J., *Radical Innovation: Crossing Knowledge Boundaries with Interdisciplinary*

Teams, Technical Reports, No. 760, University of Cambridge Computer Laboratory, 2009.

Blinder, Alan S., "How Many US Jobs Might be Offshorable", *World Economics*, April – June, 2009, 10 (2): 41 – 78.

Borga, Maria, "Trends in Employment at US Multinational Companies: Evidence from Firm – Level Data", Bureau of Economic Analysis Mimeo, 2005.

Borrus, M., "Left for Dead: Asian Production Networks and the Revival of US Electronics", Ucais Berkeley Ronndtable on the International Economy Working Paper, 1997.

Borrus, M. and D. Ernst, et al., *International Production Networks in Asia: Rivalry or Riches?* Psychology Press, 2000.

Brabham, D. C., "Crowdsourcing as a Model for Problem Solving an Introduction and Cases", *Convergence: The International Journal of Research into New Media Technologies*, 2008, 14 (1): 75 – 90.

Brakman, S., Garretsen, H. and Van Marrewijk, C., "Cross – Border Mergers and Acquisitions: On Revealed Comparative Advantage and Merger Waves", CESIFO Working Paper, No. 1602, 2005.

Bresman, H., Birkinshaw, J. and Nobel, R., "Knowledge Transfer in International Acquisitions", *Journal of International Business Studies*, 2009, 41 (1): 5 – 20.

Buecheler, T., Sieg, J. H., Füchslin, R. M., Pfeifer, R., "Crowdsourcing, Open Innovation and Collective Intelligence in the Scientific Method: A Research Agenda and Operational Framework", in Harold Fellermann, et al., eds., *Artificial Life XII Proceedings of the Twelfth International Conference on the Synthesis and Simulation of Living Systems*, Cambridge: The MIT Press, 2010.

Capron, L., Dussauge, P. and Mitchell, W., "Resource Redeployment Following Horizontal Acquisitions in Europe and North America, 1988 – 1992", *Strategic Management Journal*, 1998, 19 (7): 631 – 661.

Castells, M., *The Rise of the Network Society*, Oxford: Blackwell, 2000.

Chandler, A. D. and J. W. Cortada, "The Information Age: Continuities and Differences", in Chandler, A. D. , Cortada, J. W. , eds. , *A Nation Transformed by Information*, Oxford University Press, New York, 2000.

Chen, Kuo – Min, Liu, Ren – Jye, "Interface Strategies in Modular Product Innovation", *Technovation*, 2005, (25).

Chesbrough, H. W. , *Open Innovation: The New Imperative for Creating and Profiting from Technology*, Harvard Business Press, 2003.

Chesbrough, H. and Kusunoki, K. , "The Modularity Trap: Innovation, Technology Phase – Shifts, and Resulting Limits of Virtual Organizations", in Nonaka and Teece, D. , eds. , *Managing Industrial Knowledge*, Sage, 2001.

Child, J. , Falkner, D. and Pitkethly, R. , *The Management of International Acquisitions*, Oxford: Oxford University Press, 2001.

Clott, Christopher B. , "Perspectives on Global Outsourcing and the Changing Nature of Work", *Business and Society Review*, 2004, 109 (2): 153 – 170.

Coe, N. M. and P. Dicken, et al. , "Introduction: Global Production Networks—Debates and Challenges", *Journal of Economic Geography*, 2008, 8 (3): 267.

Collins, H. M. , "The Structure of Knowledge", *Social Research*, 1993, 60 (1): 95 – 116.

Costinot, Arnaud, "An Elementary Theory of Comparative Advantage", *Econometrica*, 2009, (4): 1165 – 1192.

"China Buys up the World", *Economist*, 2010, 397 (8708).

David, P. A. , "Standardization Policies for Network Technologies: The Flux between Freedom and Order Revisited", in *Standards, Innovation and Competitiveness: The Politics and Economics of Standards in National and Technical Environments*, Aldershot, UK: Edward Elgar, 1995.

Deardorff, Alan V. , "Comment on Mankiw and Swagel: The Politics and Economics of Offshore Outsourcing", *Journal of Monetary Economics*, 2006, 53: 1057 – 1061.

Dewenter, Kathryn L. , "Are Intra – Industry Investment Patterns Consistent with Cost Disadvantages to Cross – Border Investing? Evidence from the

U. S. Chemical Industry", *Journal of International Business Studies*, 1995 (4): 843 - 857

Dicken, P. and P. F. Kelly, et al. , "Chains and Networks, Territories and Scales: Towards a Relational Framework for Analysing the Global Economy", *Global Networks*, 2001, 1 (2): 89 - 112.

DiPalantino, D. and Vojnović, M. , "Crowdsourcing and All - Pay Auctions", EC'09 Proceedings of the 10th ACM Conference on Electronic Commerce, ACM New York, NY, USA, 2009.

Doan, A. , et al. , "Crowdsourcing Systems on the World - Wide Web", *Communications of the ACM*, 2011, 54 (4): 86 - 96.

Ellram, Lisa M. Tate, Wendy L. and Billington, Corey, "Offshore Outsourcing of Professional Services: A Transaction Cost Economics Perspective", *Journal of Operations Management*, 2008, 26: 148 - 163.

Engardio, P. , and Roberts, D. , "The China Price", *Business Week*, 2004, 42 - 49.

Ernst, D. , "Globalization and the Changing Geography of Innovation Systems", Paper Presented at the Workshop on the Political Economy of Technology in Developing Countries, Brighton, 1999.

Ernst, D. , "Catching - up and Post - Crisis Industrial Upgrading: Searching for New Sources of Growth in Korea's Electronics Industry", in Deyo, F. , Doner, R. , Hershberg, E. , eds. , *Economic Governance and the Challenge of Flexibility in East Asia*, Rowman and Littlefield Publishers, 2001.

Ernst, D. , "Global Production Networks and Industrial Upgrading: A Knowledge - Centered Approach", in Gereffi, G. , ed. , *Who Gets Ahead in the Global Economy? Industrial Upgrading, Theory and Practice*, Baltimore: Johns Hopkins University Press, 2003.

Ernst, D. , "Limits to Modularity: Reflections on Recent Developments in Chip Design", *Industry and Innovation*, 2005, 12 (3): 303 - 335.

Ernst, D. , "Innovation Offshoring: Root Causes of Asia's Rise and Policy Implications", East - West Center Working Papers, Economics Series, No. 90, 2006a.

Ernst, D., "Innovation Offshoring: Asia's Emerging Role in Global Innovation Networks", East – West Center Special Reports, No. 10, 2006b.

Ernst, D. and L. Kim, "Global Production Networks, Knowledge Diffusion, and Local Capability Formation a Conceptual Framework", Paper Presented at the Nelson & Winter Conference in Aalborg, Denmark, June 2001, Organized by DRUID.

Ernst, D. and L. Kim, "Global Production Networks, Knowledge Diffusion, and Local Capability Formation", *Research Policy*, 2002, 31 (8 – 9): 1417 – 1429.

Estellés – Arolas, E. and González – Ladrón – De – Guevara, F., "Towards an Integrated Crowdsourcing Definition", *Journal of Information Science*, 2012, 38 (2): 189 – 200.

Facchini, Giovann, and Gerald Willmann, "The Political Economy of International Factor Mobility", *Journal of International Economics*, 2005, 67 (1): 201 – 219.

Feenstra, R. C., "Integration of Trade and Disintegration of Production in the Global Economy", *The Journal of Economic Perspectives*, 1998, 12 (4): 31 – 50.

Fine, C. H., *Clockspeed: Winning Industry Control in the Age of Temporary Advantage*, 1998.

Fixon, S. K. and Park, J. K., "The Power of Integrality: Linkages between Product Architecture, Innovation, and Industry Structure", *Research Policy*, 2008, 37 (8).

Franklin, M. J., et al., "CrowdDB: Answering Queries with Crowdsourcing", Proceedings of the 2011 ACM SIGMOD International Conference on Management of Data, Athens: ACM, 2011.

Frederic, S., Gereffi, G., "Upgrading and Restructuring in the Global Apparel Value Chain: Why China and Asia are Outperforming Mexico and Central America", *International Journal of Technological Learning Innovation and Development*, 2011, 4 (1): 67 – 95.

"Faites Vos Jeux", *Economist*, 1999, 353 (8148).

Gartner, A. and Riessman, F., *The Service Society and the Consumer*

Vanguard, New York: Harper & Row, 1974.

Garner, C. A. , "Offshoring in the Service Sector: Economic Impact and Policy Issues", *Economic Review*, *Federal Reserve Bank of Kansas City*, 2004, 3: 5 – 37.

Gereffi, G. , "The Organization of Buyer – Driven Global Commodity Chains: How US Retailers Shape Overseas Production Networks", *Contributions in Economics and Economic History*, 1994: 95 – 122.

Gereffi, G. , *Global Production Systems and Third World Development*, Cambridge University Press, 1995.

Gereffi, G. , "International Trade and Industrial Upgrading in the Apparel Commodity Chain", *Journal of International Economics*, 1999, 48 (1): 37 – 70.

Gereffi, G. , "The Global Economy: Organization, Governance, and Development", in *The Handbook of Economic Sociology*, 2005.

Gereffi, G. and J. Humphrey, et al. , "Introduction: Globalisation, Value Chains and Development", *IDS Bulletin*, 2001, 32 (3): 1 – 8.

Gereffi, G. , J. Humphrey, T. Sturgeon, "The Governance of Global Value Chains", *Review of International Political Economy*, 2005, 12 (1): 78 – 104.

Gereffi, G. , Kaplinsky, R. , "The Value of Value Chains", *Special Issue of IDS Bulletin*, 2001, 32.

Gnuschke, J. , Wallace, J. , Wilson, D. , and Smith, S. , "Outsourcing Production and Jobs: Costs and Benefits", *Business Perspectives*, 2004, 16 (2): 12 – 17.

Görg, Holger, and Hanley, Aoife, "International Outsourcing and Productivity: Evidence from the Irish Electronics Industry", *North American Journal of Economics and Finance*, 2005, (16): 255 – 269.

Grant, Robert M. , "Toward a Knowledge – Based Theory of the Firm", *Strategic Management Journal*, 1996, 17 (Special Issue: Knowledge and the Firm) .

Gray, T. , "Outsourcing: Balancing the Risks and Rewards", *UNC Business*, Fall, 2004: 10 – 15.

Grossman, G. M. and E. Helpman, "Integration versus Outsourcing in Industry Equilibrium", *The Quarterly Journal of Economics*, 2002, 117 (1): 85 – 120.

Haaparanta, Pertti, "Competition for Foreign Direct Investment", *Journal of Public Economics*, 1996, 63 (1): 141 – 153.

Hagstrφm, P., "New Wine in Old Bottles: Information Technology Evolution in Firm Strategy and Structure", in *The Flexible Firm: Capability Management in Network Organizations*, Oxford University Press, Oxford etc, 2000.

Harrison, B., "Industrial Districts: Old Wine in New Bottles?" *Regional Studies*, 1992, 26 (5): 469 – 483.

Harrison, J. S., Hitt, M. A., Hoskisson, R. E., and Ireland, R. D., "Resource Complementarity in Business Combinations: Extending the Logic to Organizational Alliances", *Journal of Management*, 2001, 27 (6): 679 – 690.

Harvey, D., *Explanation in Geography*, London: Edward Arnold, 1969.

Hätönen, Jussi, "Making the Locational Choice: A Case Approach to the Development of a Theory of Offshore Outsourcing and Internationalization", *Journal of International Management*, 2009, 15: 61 – 76.

Heer, J. and Bostock, M., "Crowdsourcing Graphical Perception: Using Mechanical Turk to Assess Visualization Design", Proceedings of the 28th International Conference on Human Factors in Computing Systems, Atlanta: ACM, 2010.

Hein, W., "Die Ökonomie des Archipels und das versunkene Land", *Entwicklung und Zusammenarbeit*, 2000, 41 (11): 304 – 307.

Helliwell, John F., "Demographic Changes and International Factor Mobility", Proceedings, Federal Reserve Bank of Kansas City, Issue Aug, 2004.

Henderson, J. and P. Dicken, et al., "Global Production Networks and the Analysis of Economic Development", *Review of International Political Economy*, 2002, 9 (3): 436 – 464.

Heymann, P. and Garcia – Molina, H., "Turkalytics: Analytics for Human Computation", Proceedings of the 20th International Conference on

World Wide Web, Hyderabad: ACM, 2011.

Hill, C. W. L. , *International Business: Competing in the Global Market Place*, McGraw – Hill, Boston, MA, 2007.

Hira, R. , Hira, A. , *Outsourcing America*, New York: American Management Association, 2005.

Hoetker, G. , "Do Modular Products Lead to Modular Organizations?" *Strategic Management Journal*, 2006, 27 (6): 501 – 518.

Hopkins, T. K. and I. Wallerstein, "Patterns of Development of the Modern World – System", *Review (Fernand Braudel Center)*, 1977: 111 – 145.

Howe, J. , "The Rise of Crowdsourcing", *Wired*, 2006, 14 (6): 1 – 4.

Hummels, D. , Ishii, J. , and Yi, K. – M. , "The Nature and Growth of Vertical Specialization in World Trade", *Journal of International Economics*, 2001, 54: 75 – 96.

Jacobides, M. G. , "Industry Change through Vertical Disintegration: How and Why Markets Emerged in Mortgage Banking", *The Academy of Management Journal*, 2005: 465 – 498.

Jacobides, M. G. , Winter, S. G. , "The Co – Evolution of Capabilities and Transaction Costs: Explaining the Institutional Structure of Production", *Strategic Management Journal*, 2005, (26).

Jason Dedrick, Kenneth L. Kraemer, Greg Linden, "Capturing Value in a Global Innovation Network: A Comparison of Radical and Incremental Innovation", Personal Computing Industry Center, UC Irvine, Working Paper, September, 2007.

Jones, R. W. and H. Kierzkowski, "The Role of Services in Production and International Trade: A Theoretical Framework", RCER Working Papers, 1988.

Kaplinsky, R. and M. Morris, *A Handbook for Value Chain Research*, IDRC, 2001.

Kaplinsky, R. , Readman, J. , "Globalisation and Upgrading: What Can be (and Cannot) Learnt from International Trade Statistics in the Wood Furniture Sector", *Industrial and Corporate Change*, 2005, 14 (4): 679 –

703.

Kazai, G. , "In Search of Quality in Crowdsourcing for Search Engine Evaluation", in Paul Clough, et al. , eds. , *Advances in Information Retrieval*, Dublin: Springer, 2011.

Kittur, A. , Chi, E. H. , Suh, B. , "Crowdsourcing User Studies with Mechanical Turk", CHI'08 Proceedings of the SIGCHI Conference on Human Factors in Computing Systems, ACM New York, NY, USA, 2008.

Kittur, A. , Smus, B. , Kraut, R. E. , "Crowdforge: Crowdsourcing Complex Work", UIST'11 Proceedings of the 24th Annual ACM Symposium on User Interface Software and Technology, ACM New York, NY, USA, 2011.

Kleemann, F. , G. Günter Voβ, Kerstin Rieder, "Un (der) paid Innovators: The Commercial Utilization of Consumer Work through Crowdsourcing", *Science, Technology & Innovation Studies*, 2008, 4 (1): 5 – 26.

Knox, P. and J. Agnew, *The Geography of the World Economy*, London, Arnold, 2003.

Kodama, Fumio, "Measuring Emerging Categories of Innovation: Modularity and Business Model", *Technological Forecasting & Social Change*, 2004, (71).

Kogut, B. , "Designing Global Strategies: Comparative and Competitive Value – Added Chains", *Sloan Management Review*, 1985, 26 (4): 15 – 28.

Krugman and Lawrence, "Trade, Jobs and Wages", *Scientific American*, 1994, 270 (4): 44 – 49.

Kurz, C. J. , "Outstanding Outsourcers: A Firm – and Plant – Level Analysis of Production Sharing", Board of Governors of the Federal Reserve System (U. S.), Finance and Economics Discussion Series (FEDS): Working Paper 2006 – 04, Washington, DC: The Federal Reserve, 2006.

Lakenan, B. , D. Boyd, and E. Frey, "Why Cisco Fell: Outsourcing and Its Perils", *Strategy and Business*, 2001: 54 – 65.

Langlois, R. N. and P. L. Robertson, *Firms, Markets, and Economic Change: A Dynamic Theory of Business Institutions*, Psychology

Press, 1995.

Langlois, Richard N., "Modularity in Technology and Organization", *Journal of Economic Behavior & Organization*, 2002, 49 (1).

Law, J. and J. Hassard, *Actor Network Theory and After*, Wiley – Blackwell, 1999.

Lawrence, Robert Z. and Matthew J. Slaughter, "Trade and U. S. Wages: Giant Sucking Sound or Small Hiccup?" *BPEA*, *Microeconotnics*, 1993, 2: 161 – 210.

Lee, E. S., "A Theory of Migration", *Demography*, 1966 (1): 47 – 57.

Lee, J. and J. Chen, "Dynamic Synergy Creation with Multiple Business Activities: Toward a Competence – Based Growth Model for Contract Manufacturers", in R. Sanchez and A. Heene, eds., *Research in Competence based Management*, Advances in Applied Business Strategy Series, Vol. C, JAI Press, 2000.

Lerner, J. and Tirole, J., "Some Simple Economics of Open Source", *The Journal of Industrial Economics*, 2002, 50 (2): 197 – 234.

Levine, Linda, "Offshoring (or Offshore Outsourcing) and Job Loss among U. S. Workers", Congressional Research Service 7 – 5700, January 21, 2011.

Levy, David L., "Political Contestation in Global Production Networks", *Academy of Management Review*, 2008, 33 (4): 943 – 962.

Ling, P. and Mian, Z., "An Empirical Study of Social Capital in Participation in Online Crowdsourcing", 2010 International Conference on. E – Product E – Service and E – Entertainment (ICEEE), Henan, 2010.

Liu, E. and Porter, T., "Culture and KM in China", *Vine*, 2010, 40 (3/4): 326 – 333.

Liu, Runjuan, Trefler, Daniel, "Much Ado about Nothing: American Jobs and the Rise of Service Outsourcing to China and India", NBER Working Paper, No. 14061, 2008.

Madhok, A., "Cost, Value, Foreign Market Entry Mode: The Transaction and the Firm", *Strategic Management Journal*, 1997, 18 (1): 39 – 61.

Madhok, A., Li, S., Priem, R. L., "The Resource – Based View Revisited: Comparative Firm Advantage, Willingness – Based Isolating Mechanisms and Competitive Heterogeneity", *European Management Review*, 2010, (7): 91 – 100.

Mankiw, N. Gregory, Swagel, Phillip, "The Politics and Economics of Offshore Outsourcing", *Journal of Monetary Economics*, 2006, 53: 1027 – 1056.

Mann, C. L., "Globalization of IT Services and White Collar Jobs: The Next Wave of Productivity Growth", International Economics Policy Briefs No. PB03 – 11, 2003.

Mari, A., "The Continuing Rise of Offshore Outsourcing", http://www.computing.co.uk/computing/analysis/2240454/rise – offshore – outsourcing, 2009.

Maskell, Peter, Pedersen, Torben, Petersen, Bent, and Jens Dick – Nielsen, "Learning Paths to Offshore Outsourcing: From Cost Reduction to Knowledge Seeking", SMG Working Paper No. 13/2006, 2006.

Mazzola, D. and Distefano, A., "Crowdsourcing and the Participation Process for Problem Solving: The Case of BP", in Alessandro D'Atri, et al, eds., *Proceedings of ItAIS 2010 VII Conference of the Italian Chapter of AIS*, Napoles: ItAIS, 2010.

McCarthy, John C., *Near – Term Growth of Offshoring Accelerating*, Forrester Research, Inc., May 14, 2004.

McLaren, J., "Globalization and Vertical Structure", *The American Economic Review*, 2000, 90 (5): 1239 – 1254.

Mclernon, N., "Inside Outsourcing: The United States is a Beneficiary of Global Outsourcing", *Worth*, 2004, 36.

Memedovic, O., "Inserting Local Industries into Global Value Chains and Global Production Networks: Opportunities and Challenges for Upgrading with a Focus on Asia", UNIDO, Vienna, 2004.

Miguel, Paulo Augusto Cauchick, "Modularity in Product Development: A Literature Review towards a Research Agenda", *Product: Management & Development*, 2005, 3 (2).

Milberg, W., "The Changing Structure of Trade Linked to Global Production

Systems: What are the Policy Implications?" Paper Prepared for the World Commission on the Social Dimensions of Globalization, International Labor Organization, 2003.

Mills, P. K. and Morris, J. H., "Clients as 'Partial' Employees of Service Organizations: Role Development in Client Participation", *Academy of Management Review*, 1986: 726 – 735.

Modarress, Batoul, Ansari, Al, "The Economic, Technological, and National Security Risks of Offshore Outsourcing", *Journal of Global Business Issues*, Summer, 2007, 1 (2): 165 – 175.

Muendler, Marc – Andreas, "Converter from SITC to ISIC", http://econ.ucsd.edu/muendler/html/resource.html, 2009.

Muffatto, Moreno and Roveda, Marco, "Developing Product Platforms: Analysis of the Development Process", *Technovation*, 2000, 20 (11).

Murdoch, J., "The Spaces of Actor – Network Theory", *Geoforum*, 1998, 29 (4): 357 – 374.

Neary, J. Peter, "Cross – Border Mergers as Instruments of Comparative Advantage", *Review of Economic Studies*, 2007, (4): 1229 – 1257.

Nocke, V., Yeaple, S., "Cross – Border Mergers and Acquisitions vs. Greenfield Foreign Direct Investment: The Role of Firm Heterogeneity", *Journal of International Economics*, 2007, (2): 336 – 365.

Nonaka, I., "The Knowledge – Creating Company", *Harvard Business Review*, 1991: 96 – 104.

OECD, *Emerging Multinationals: Who Are They? What Do They Do? What Is at Stake?* Paris: OECD, 2006.

Olsen, Karsten Bjerring, "Productivity Impacts from Offshoring and Outsourcing: A Review", OECD STI Working paper, 2006.

Paul, Donna L., Wooster, Rossitza B., "An Empirical Analysis of Motives for Offshore Outsourcing by U. S. Firms", *The International Trade Journal*, 2010, 24 (3): 298 – 320.

Peng, M. W., *Global Business*, Cincinnati: South – Western Cengage Learning, 2011.

Pike, A. and A. Lagendijk, et al., "Critical Reflections on Embeddedness in Economic Geography: The Case of Labour Market Governance and Training in the Automotive Industry in the North - East Region of England", in *Restructuring Industry and Territory: The Experience of Europe's Regions*, London: The Stationery Office, 2000.

Pisano, G. P. and Shih, W. C., "Restoring American Competitiveness", *Harvard Business Review*, 2009, 87 (7-8): 114-125.

Pisano, G. P. and Shih, W. C., "Does America Really Need Manufacturing", *Harvard Business Review*, 2012, 90 (3): 94.

Poetz, M. K. and Schreier, M., "The Value of Crowdsourcing: Can Users Really Compete with Professionals in Generating New Product Ideas?" *Journal of Product Innovation Management*, 2012, 29 (2): 245-256.

Polanyi, M., *Personal Knowledge: Towards a Post - Critical Philosophy*, Chicago/London, Chicago Press, 1962.

Porta, M., House, B., Buckley, L., Blitz, A., "Value 2.0: Eight New Rules for Creating and Capturing Value from Innovative Technologies", *Strategy & Leadership*, 2008, 36 (4): 10-18.

Porter, M. E., *The Competitive Advantage of Nations*, London, Macmillan, 1990.

Porter, M. E., *Competitive Advantage: Creating and Sustaining Superior Performance*, London, Macmillan, 1985.

Prahalad, C. K. and G. Hamel, "The Core Competence of the Corporation", *Harvard Business Review*, 1990, 68 (3): 79-91.

Quinn, Dennis P. and Carla Inclan, "The Origins of Financial Openness: A Study of Current and Capital Account Liberalization", *American Journal of Political Science*, 1997, 41 (3): 771-813.

Raikes, P. and M. F. Jensen, et al., "Global Commodity Chain Analysis and the French filière Approach: Comparison and Critique", *Economy and Society*, 2000, 29 (3): 390-417.

Raymond, E., "The Cathedral and the Bazaar", *Knowledge, Technology & Policy*, 1999, 12 (3): 23-49.

Reichwald, R. and Piller, F., *Interaktive Wertschöpfung: Open Innovation, Individualisierung Und Neue Formen Der Arbeitsteilung*, Wiesbaden: Gabler, 2009.

Ribière, V. M. and Tuggle, F. D. D., "Fostering Innovation with KM 2.0", *Vine*, 2010, 40 (1): 90 – 101.

Rosenberg, N., "Uncertainty and Technological Change", in Landau, R., Taylor, T., Wright, G., eds., *The Mosaic of Economic Growth*, Stanford University Press, 1996.

Sachs, Jeffrey D., Shatz, Howard J., Deardorff, Alan, and Hall, Robert E., "Trade and Jobs in U. S. Manufacturing", *Brookings Papers on Economic Activity*, 1994, 1: 1 – 84.

Sako, Mari, "Modularity and Outsourcing: The Nature of Co – Evolution of Product and Organisation Architecture in the Global Automotive Industry", in Prencipe, A., Davies, A., Hobday, M., eds., *The Business of Systems Integration*, Oxford University Press, 2003.

Sanchez, Ron and Mahoney, Joseph T., "Modularity, Flexibility, and Knowledge Management in Product and Organization Design", *Strategic Management Journal*, 1996, 17 (Special Issue: Knowledge and the Firm).

Sathyajit R. Gubbi, Preet S. Aulakh, Sougata Ray, M. B. Sarkar, Raveendra Chittoor, "Do International Acquisitions by Emerging – Economy Firms Create Shareholder Value? The Case of Indian Firms", *Journal of International Business Studies*, 2010, 41 (3): 397 – 418.

Schenk, E. and Guittard, C., "Crowdsourcing: What can be Outsourced to the Crowd, and Why", HAL Working Papers, Strasbourg, 2009.

Schilling, Melissa A., "Towards a General Modular Systems Theory and Its Application to Inter – Firm Product Modularity", *The Academy of Management Review*, 2000, 25 (2).

Schilling, M. A. and H. K. Steensma, "The Use of Modular Organizational Forms: An Industry – Level Analysis", *The Academy of Management Journal*, 2001, 44 (6): 1149 – 1168.

Schmitz, H., *Local Enterprises in the Global Economy: Issues of Governance and Upgrading*, Edward Elgar Publishing, 2004.

Schroeder, M. and Aeppel, T., "Skilled Workers Mount Opposition to Free

Trade", *The Wall Street Journal*, October, 2003.

Sen, A., *Development as Freedom*, Oxford University Press, 1999.

Sen, A., "Work and Rights", *International Labour Review*, 2000, 139 (2): 119 –128.

Sen, Rahul, Islam, M. Shahidul, "Southeast Asia in the Global Wave of Outsourcing: Trends, Opportunity, and Challenges", in *Regional Outlook: 2005/2006 Southeast Asia*, 2005.

Shimizua, K., Hitt, M. A., Vaidyanathc, D., Pisanod, V., "Theoretical Foundations of Cross – Border Mergers and Acquisitions: A Review of Current Research and Recommendations for the Future", *Journal of International Management*, 2004, (10): 307 –353.

Shui, B. and Harris, C. R., "The Role of CO_2 Embodiment in US – China Trade", *Energy Policy*, 2006, 34: 4063 –4068.

Sloane, P., "The Brave New World of Open Innovation", *Strategic Direction*, 2011, 27 (5): 3 –4.

Sun, S. L., Peng, M. W., Ren, B., Yan, D., "A Comparative Ownership Advantage Framework for Cross – Border M&A: The Rise of Chinese and Indian MNEs", *Journal of World Business*, 2010, (4).

Storper, M., "The Resurgence of Regional Economies, Ten Years Later the Region as a Nexus of Untraded Interdependencies", *European Urban and Regional Studies*, 1995, 2 (3): 191 –221.

Sturgeon, T. J., "How Do We Define Value Chains and Production Networks?" *IDS Bulletin*, 2001, 32 (3): 9 –18.

Sturgeon, T. J., "Modular Production Networks: A New American Model of Industrial Organization", *Industrial and Corporate Change*, 2002, 11 (3): 451 –496.

Sturgeon, T. J., "What Really Goes on in Silicon Valley? Spatial Clustering and Dispersal in Modular Production Networks", *Journal of Economic Geography*, 2003, 3 (2): 199 –225.

Sturgeon, T. J., "Modular Production's Impact on Japan's Electronics Industry", in *Recovering from Success*, 2006.

Suttle, Philip, "Financial Flows to Developing Countries: Recent Trends and

Near – Term Prospects", in *Global Development Finance*: *Striving for Stability in Development Finance*, Washington: World Bank, 2003.

Tarbouni, A., "The Offshoring Controversy: Are We Exporting American Prosperity?" *E – Business Review*, Fall, 2004.

Teece, David J., Pisano, G. and Shuen, A., "Firm Capabilities, Resources and the Concept of Strategy", University of California, Berkeley Working Paper, 2009.

Tempest, Rone, "Barbie and the World Economy", *Los Angeles Times*, September 22, A1 and A12, 1996.

Terwiesch, C. and Ulrich, K. T., *Innovation Tournaments*: *Creating and Selecting Exceptional Opportunities*, Boston: Harvard Business School Press, 2009.

The Climate Institute and E3G, *G20 Low Carbon Competitiveness*, Final Report, 2009.

The Economist Intelligence Unit, *Sharing the Idea*: *The Emergence of Global Innovation Networks*, 2007.

Tisdale, Sallie, "Shoe and Tell", *The New Republic*, September 12, 1994.

Toffler, A., *The Third Wave*: *The Classic Study of Tomorrow*, New York: Bantam, 1980.

Tomiura, Eiichi, Ito, Bamri, Wakasugi, Ryuhei, "Offshore Outsourcing Decision and Capital Intensity: Firm – Level Relationships", *Economic Inquiry*, 2011, 49 (2): 364 – 378.

Ulrich, K. T., "The Role of Product Architecture in the Manufacturing Firm", *Research Policy*, 1995 (24).

Un, C. Annique, "Onshore and Offshore Outsourcing of Technology Development and Firm Performance", http://damore – mckim.northeastern.edu/uploadedFiles/Site_Sections/OLKC_2010/Program_Overview/Parallel_Sessions/269_C.%20Annique_Full%20Paper_304_ONSHORE%20AND%20OFF SHOR E%20OUTSOURCING%20OF%20TECHNOLOGY%20DEVELOPM ENT%20AND%20FIRM%20PERFORMANCE.pdf, 2010.

UNCTAD, *World Investment Report 2005*: *Transnational Corporations and the Internationalization of R&D*, New York and Geneva, 2005.

UNCTAD, *World Investment Report* 2009: *Transnational Corporations, Agricultural Production and Development*, New York and Geneva, 2010.

Vukovic, M., "Crowdsourcing for Enterprises", 2009 World Conference on Services – I, Washington: IEEE, 2009.

Vukovic, M., Lopez, M., Laredo, J., "PeopleCloud for the Globally Integrated Enterprise", in Dan, A., Gittler, F., Toumani, F., eds., *Service – Oriented Computing*, ICSOC/ServiceWave 2009, LNCS 6275, 2010.

Wang, T., Watson, J., "Who Owns China's Carbon Emissions?" *Tyndall Briefing Note*, 2007 (23): 1 – 7.

Warr, Peter G., "Comparative and Competitive Advantage", *Asia – Pacific Economic Literature*, 1994, (2): 1 – 14.

Weerdt, Gwyn Vander, "Analyzing the Debate over Offshore Outsourcing in the Service Industry: Is there a Reason for Concern?" *Major Themes in Economics*, Spring, 2006: 11 – 25.

Whitla, P., "Crowdsourcing and Its Application in Marketing Activities", *Contemporary Management Research*, 2009, 5 (1): 15 – 28.

Williamson, O. E., *Markets and Hierarchies: Analysis and Antitrust Implications*, New York: Free Press, 1975.

Williamson, O. E., "Comparative Economics Organization: The Analysis of Discrete Structure Alternative", *Administrative Science Quarterly*, 1991, 36: 269 – 296.

World Bank, *Global Economic Prospects* 2009: *Commodities at the Crossroads*, The World Bank Group, Washington, DC, USA, 2008.

World Trade Organization, *Annual Report* 1998, 1998.

Yang, J., Adamic, L. A., Ackerman, M. S., "Crowdsourcing and Knowledge Sharing: Strategic User Behavior on Taskcn", EC'08 Proceedings of the 9th ACM Conference on Electronic Commerce, ACM New York, NY, USA, 2008.

Yang, Xiaokai, "Endogenous vs. Exogenous Comparative Advantage and Economies of Specialization vs. Economies of Scale", *Journal of Economics*, 1994, (1): 29 – 54.

Yeats, A., "Just How Big is Global Production Sharing?" in S. W. Arndt and H. Kierzkowski, eds., *Fragmentation: New Production Patterns in the World Economy*, Oxford University Press, USA, 2001.

Yuen, M. C., King, I., Leung, K. S., "A Survey of Crowdsourcing Systems", Proceedings of 2011 IEEE International Conference on Privacy, Security, Risk and Trust and IEEE International Conference on Social Computing, Boston: Conference Publishing Services (CPS), 2011.

Zhao, H., Luo, Y., Suh, T., "Transaction Cost Determinants and Ownership – Based Entry Mode Choice: A Meta – Analytica Review", *Journal of International Business Studies*, 2004, (6): 524 – 544.

Zou, H., Ghauri, Pervez N., "Learning through International Acquisitions: The Process of Knowledge Acquisition in China", *Management International Review*, 2008, 48 (2): 207 – 226.

阿甘：《山寨革命》，中信出版社 2009 年版。

［以］阿萨夫·拉辛、埃夫拉伊姆·沙卡：《劳动力、资本和金融要素的国际流动》，康以同译，中国金融出版社 2002 年版。

［美］埃里克·冯·希普尔：《民主化创新——用户创新如何提升公司的创新效率》，陈劲、朱朝晖译，知识产权出版社 2007 年版。

［美］巴里·李伯特等：《"我们"比"我"更聪明：群体智慧（社群）如何引领商业未来》，潘晓曦译，中国人民大学出版社 2011 年版。

［美］保罗·克鲁格曼、茅瑞斯·奥伯斯法尔德：《国际经济学》，海闻等译，中国人民大学出版社 2002 年版。

BCG：《向世界舞台迈进：中国企业的对外并购》，2006 年 4 月。

北京水清木华科技有限公司：《2004 年中国手机行业产业链研究报告》，2004 年。

［瑞典］伯特尔·俄林：《区际贸易与国际贸易》，逯宇铎等译，华夏出版社 2008 年版。

曹明福、李树民：《全球价值链分工的利益来源：比较优势、规模优势和价格倾斜优势》，《中国工业经济》2005 年第 10 期。

曹监平：《生产要素国际流动的政治经济学分析——基于全球生产网络的视角》，《国际经贸探索》2013 年第 6 期。

曹监平、晁静：《国际资本流动的政治经济学分析——基于全球生产网络的视角》，《郑州师范教育》2013 年第 1 期。

陈小勇：《基于全球价值网络的企业行为研究》，《国际商务（对外经济贸易大学学报）》2015 年第 2 期。

陈清泰：《中国应该如何走出"世界工厂"误区》，《瞭望》2007 年第 29 期。

陈彦长、谭力文：《技术性贸易措施对出口企业影响力研究》，《中国软科学》2011 年第 2 期。

陈迎、潘家华、谢来辉：《中国外贸进出口商品中的内涵能源及其政策含义》，《经济研究》2008 年第 7 期。

池仁勇、邵小芬、吴宝：《全球价值链治理、驱动力和创新理论探析》，《外国经济与管理》2006 年第 3 期。

［英］大卫·李嘉图：《政治经济学及赋税原理》，周洁译，华夏出版社 2005 年版。

段文娟、聂鸣等：《全球价值链视角下的中国汽车产业升级研究》，《科技管理研究》2006 年第 2 期。

［美］G. J. 斯蒂格勒：《产业组织与政府管制》，潘振民译，上海人民出版社、上海三联书店 1998 年版。

［美］G. M. 格罗斯曼、E. 赫尔普曼：《全球经济中的创新与增长》，何帆等译，中国人民大学出版社 2003 年版。

韩剑、高海红：《跨境资本自由流动的政治经济学分析》，《世界经济与政治》2012 年第 6 期。

［美］亨利·切萨布鲁夫：《开放式创新：进行技术创新并从中赢利的新规则》，金马译，清华大学出版社 2005 年版。

［美］亨利·切萨布鲁夫等主编：《开放创新的新范式》，陈劲等译，科学出版社 2010 年版。

胡安彬：《碳关税对我国未来出口商品竞争力的影响》，《金融与经济》2010 年第 8 期。

黄国华：《劳动力要素流动的区域经济效应分析》，《山东工商学院学报》2010 年第 5 期。

黄群慧、贺俊：《"第三次工业革命"、制造的重新定义与中国制造业发展》，《工程研究——跨学科视野中的工程》2013 年第 2 期。

黄阳华、卓丽洪：《美国"再工业化"战略与第三次工业革命》，《中国党政干部论坛》2013年第10期。

黄永春、郑江淮等：《全球价值链视角下长三角出口导向型产业集群的升级路径研究》，《科技进步与对策》2012年第17期。

［美］J. 弗雷德·威斯通、［韩］S. 郑光、［美］苏姗·E. 侯格：《兼并、重组与公司控制》，唐旭等译，经济科学出版社1998年版。

杰伊·B. 巴尼：《从内部寻求竞争优势》，载［英］安德鲁·坎贝尔、凯瑟琳·萨默斯·卢斯编《核心能力战略：以核心竞争力为基础的战略》，严勇、祝方译，东北财经大学出版社1999年版。

［美］杰夫·豪：《众包——群体力量驱动商业未来》，牛文静译，中信出版社2011年版。

金碚：《牢牢把握发展实体经济这一坚实基础》，《求是》2012年第7期。

金碚：《现阶段中国推进产业结构调整的战略方向》，《求是》2013年第4期。

金碚：《中国工业的转型升级》，《中国工业经济》2011年第7期。

经济学家情报社、安达信咨询公司、IBM咨询公司：《未来组织设计》，新华出版社2000年版。

［美］卡丽斯·鲍德温、金·克拉克：《设计规则：模块化的力量》，张传良译，中信出版社2006年版。

［美］克莱顿·M. 克里斯坦森：《创新者的窘境》，胡建桥译，中信出版社2010年版。

［美］克里斯·安德森：《创客：新工业革命》，萧潇译，中信出版社2012年版。

孔瑞：《跨国公司全球生产网络的形成——基于国际分工角度的理论探讨》，《云南财经大学学报》2009年第6期。

［法］魁奈：《魁奈经济著作选集》，吴斐丹、张草纫选译，商务印书馆1997年版。

拉吉尼施·纳如拉、安东尼罗·赞菲：《创新全球化：跨国企业的作用》，载［挪］詹·法格博格、［美］戴维·莫利、［美］理查德·纳尔逊主编《牛津创新手册》，柳卸林等译，知识产权出版社2009年版。

赖俊平、张涛、罗长远：《动态干中学、产业升级与产业结构演进——

韩国经验及对中国的启示》,《产业经济研究》2011 年第 3 期。

李国学、何帆:《全球生产网络的性质》,《财经问题研究》2008 年第 9 期。

李海舰、聂辉华:《全球化时代的企业运营——从脑体合一走向脑体分离》,《中国工业经济》2002 年第 12 期。

李健、宁越敏:《全球生产网络的浮现及其探讨:一个基于全球化的地方发展研究框架》,《上海经济研究》2011 年第 9 期。

李俊:《我国制造业企业逆向跨国并购研究》,《国际经贸探索》2009 年第 5 期。

李晓华:《产业组织的垂直解体与网络化》,《中国工业经济》2005 年第 7 期。

李晓华:《改革开放 30 年中国工业世界地位的变迁(上)》,《东北财经大学学报》2008 年第 3 期。

李晓华:《谨防"三明治陷阱"》,《人民日报》2013 年 2 月 4 日。

李晓华、吕铁:《战略性新兴产业的特征与政策导向研究》,《宏观经济研究》2010 年第 9 期。

李晓阳、吴彦艳、王雅林:《基于比较优势和企业能力理论视角的产业升级路径选择研究——以中国汽车产业为例》,《北京交通大学学报》(社会科学版) 2010 年第 2 期。

李佐军、唐波:《美国重振制造业缘由探究与中国的选择》,《改革》2012 年第 11 期。

李晓华:《离岸外包对参与国影响差异的比较研究》,《经济与管理评论》2014 年第 4 期。

李晓华:《比较优势、竞争优势与中国企业的跨境并购》,《经济管理》2011 年第 5 期。

李晓华:《价值链的片断化及其对国际分工的影响》,《河北经贸学报》2007 年第 5 期。

李晓华:《改革开放 30 年中国工业世界地位的变迁(下)》,《东北财经大学学报》2008 年第 4 期。

李晓华:《中国企业的跨境并购、国际竞争力与知识寻求》,《财贸经济》2011 年第 8 期。

张亚豪、李晓华:《美国重振制造业的动因与效果研究》,《当代经济管理》2015 年第 6 期。

李晓华：《模块化、模块再整合与产业格局的重构——以"山寨"手机的崛起为例》，《中国工业经济》2010 年第 7 期。

李晓华、张亚豪：《个体如何参与企业的价值创造？——众包理论与实践研究评述》，《经济管理》2013 年第 11 期。

联合国贸易与发展会议编：《2001 年世界投资报告：促进关联》，中国财政经济出版社 2002 年版。

联合国贸易和发展组织：《2011 世界投资报告：非股权投资》，经济管理出版社 2011 年版。

廖峥嵘：《美国"再工业化"进程及其影响》，《国际研究参考》2013 年第 7 期。

林伯强、李爱军：《碳关税对发展中国家的影响》，《金融研究》2010 年第 12 期。

林毅夫：《新结构经济学》，北京大学出版社 2012 年版。

林毅夫、蔡昉、李周：《中国的奇迹：发展战略与经济改革》（增订版），上海三联书店、上海人民出版社 1999 年版。

刘春生：《全球生产网络背景下中国对外开放的路径选择》，《中国经贸》2011 年第 2 期。

刘志彪、张晔：《中国沿海地区外资加工贸易模式与本土产业升级：苏州地区的案例研究》，《经济理论与经济管理》2005 年第 8 期。

卢锋：《产品内国际分工：一个分析框架》，CCER 工作论文，2004 年。

马琳、吴金希：《全球创新网络相关理论回顾及研究前瞻》，《自然辩证法研究》2011 年第 1 期。

［英］马歇尔：《经济学原理》，朱志泰、陈良璧译，商务印书馆 1981 年版。

［美］迈克尔·波特：《国家竞争优势》，李明轩、邱如美译，华夏出版社 2002 年版。

［美］迈克尔·波特：《竞争优势》，陈小悦译，华夏出版社 2005 年版。

［美］迈克尔·波特：《竞争优势》，陈小悦译，华夏出版社 1997 年版。

Meagan C. Dietz、欧高敦、邢臻：《中国企业如何才能在海外获得成功》，《麦肯锡季刊》2008 年第 5 期。

［印度］纳谢德·福布斯、［英］戴维·韦尔德：《从追随者到领先者：

管理新兴工业化经济的技术与创新》,沈瑶、叶莉蓓等译,高等教育出版社 2005 年版。

聂锐、高伟:《区际生产要素流动的网络模型研究》,《财经研究》2008 年第 7 期。

[美] P. S. 萨德沙纳姆:《兼并与收购》,胡海峰、舒志军译,中信出版社、西蒙与舒斯特国际出版公司 1998 年版。

[日] 青木昌彦、安藤晴彦编著:《模块时代:新产业结构的本质》,周国荣译,上海远东出版社 2003 年版。

沈利生、王恒:《增加值率下降意味着什么》,《经济研究》2006 年第 3 期。

[美] 史蒂文·韦伯:《开源的成功之路》,李维章等译,外语教学与研究出版社 2007 年版。

宋国友:《再工业化与美国经济增长》,《外交评论(外交学院学报)》2013 年第 3 期。

[英] 苏珊·斯特兰奇:《国家与市场》,杨宇光等译,上海世纪出版集团 2006 年版。

孙伊然:《全球化与经济发展的稳定性:国际政治经济学的视角》,《世界经济研究》2008 年第 7 期。

谭力文、马海燕等:《服装产业国际竞争力——基于全球价值链的深层透视》,《中国工业经济》2008 年第 10 期。

[加] 唐·泰普斯科特、[英] 安东尼·D. 威廉姆斯:《维基经济学——大规模协作如何改变一切》,何帆、林季红译,中国青年出版社 2012 年版。

陶锋、李诗田:《全球价值链代工过程中的产品开发知识溢出和学习效应——基于东莞电子信息制造业的实证研究》,《管理世界》2008 年第 1 期。

王凤彬等:《产品开发组织超模块化及其对创新的影响——以丰田汽车为案例的研究》,《中国工业经济》2011 第 2 期。

王国平:《产业升级规律与中国特色的产业升级道路》,《上海行政学院学报》2013 年第 1 期。

王珺:《"中国制造":特征、影响与升级》,《学术研究》2007 年第 12 期。

王涛:《英国制定战略提振制造业》,《经济日报》2009年7月30日。

王忠宏、张曼茵:《当前东南沿海产业转型升级面临问题及建议》,《区域与城市经济》2012年第10期。

[英]威廉·配第:《政治算术》,陈冬野译,商务印书馆1997年版。

卫兴华:《着力加快经济增长方式的转变》,《人民论坛》2006年第6期。

文嫮、金雪琴:《价值链环节的衍生与再整合影响因素研究——以国产手机产业价值链为例》,《中国工业经济》2008年第6期。

文嫮、曾刚:《嵌入全球价值链的地方产业集群发展——地方建筑陶瓷产业集群研究》,《中国工业经济》2004年第6期。

沃尔特·鲍威尔、斯汀·格罗达尔:《创新网络》,载[挪]詹·法格博格、[美]戴维·莫利、[美]理查德·纳尔逊主编《牛津创新手册》,柳卸林等译,知识产权出版社2009年版。

[美]西蒙·库兹涅茨:《各国的经济增长》,常勋等译,商务印书馆1985年版。

冼国明、欧志斌:《跨国并购的现状、趋势与政策建议》,《国际经济合作》2009年第4期。

项卫星、王达:《国际资本流动格局的变化对新兴市场国家的冲击——基于全球金融危机的分析》,《国际金融研究》2011年第7期。

谢来辉、陈迎:《碳泄漏问题评析》,《气候变化研究进展》2007年第4期。

[英]亚当·斯密:《国民财富的性质和原因的研究》,郭大力、王亚南译,商务印书馆1974年版。

杨小凯、张永生:《新兴古典经济学和超边际分析》,中国人民大学出版社2000年版。

姚璐:《全球化背景下的跨国公司与全球秩序——基于三维的分析框架》,博士学位论文,吉林大学,2012年。

尹显萍、程茗:《中美商品贸易中的内涵碳分析及其政策含义》,《中国工业经济》2010年第8期。

岳经纶、庄文嘉:《全球化时代下劳资关系网络化与中国劳工团结——来自中国沿海地区的个案研究》,《中山大学学报》(社会科学版)2010年第1期。

Yusuf, S. 和 M. A. Altaf 等编：《全球生产网络与东亚技术变革》，中国社会科学院亚太所译，中国财政经济出版社 2005 年版。

张二震、方勇：《要素分工与中国开放战略的选择》，《南开学报》2005 年第 6 期。

张钢、徐乾：《模块化产业结构中的企业自主创新》，《中国软科学》2007 年第 4 期。

张辉：《全球价值链动力机制与产业发展策略》，《中国工业经济》2006 年第 1 期。

张经明、梁晓霏：《"页岩气革命"对美国和世界的影响》，《石油化工技术与经济》2013 年第 1 期。

张莫、周玉洁：《中国企业跨国投资"胃口大但消化难"》，《经济参考报》2010 年 4 月 28 日。

张其仔：《比较优势的演化与中国产业升级路径的选择》，《中国工业经济》2008 年第 9 期。

张文武：《劳动力流动与产业空间结构》，博士学位论文，南京大学，2011 年。

张小蒂、孙景蔚：《基于垂直专业化分工的中国产业国际竞争力分析》，《世界经济》2006 年第 5 期。

张幼文：《经济全球化与国家经济实力》，《国际经济评论》2005 年第 9—10 期。

张幼文：《要素的国际流动与开放型发展战略——经济全球化的核心与走向》，《世界经济与政治论坛》2008 年第 3 期。

张玉臣：《技术转移机理研究：困惑中的寻解之路》，中国经济出版社 2009 年版。

中国国际贸易促进委员会：《中国企业对外投资现状及意向调查报告》，2010 年 4 月。

中国社会科学院工业经济研究所：《国际金融危机冲击下中国工业的反应》，《中国工业经济》2009 年第 4 期。

钟靖：《深圳将成全球手机信息交易中心》，http://homea.people.com.cn/GB/41413/5045627.html。

周红英、贺正楚、张训：《战略性新兴产业与中国产业结构优化升级》，《经济地理》2011 年第 12 期。

周其仁:《市场里的企业:一个人力资本与非人力资本的特别合约》,《经济研究》1996年第6期。

周玮、方勇、张二震:《贸易投资一体化条件下的利益分配问题》,《当代经济管理》2005年第5期。

朱卫平、陈林:《产业升级的内涵与模式研究——以广东产业升级为例》,《经济学家》2011年第2期。

庄芮:《美国重振制造业:动因、成效及其影响》,《现代国际关系》2013年第8期。

祝锦祥:《基于能力系统演进视角的企业转型成长过程研究》,博士学位论文,东华大学,2014年。

后　　记

　　20世纪80年代以来，全球生产组织方式呈现两个方向的变化：在所有权或企业治理维度，由高度垂直一体化转向垂直解体和网络化；在地域空间维度，由较为完整的国内产业链转向离岸外包和全球产业链。全球生产网络的形成改变了世界制造业的格局。离岸外包使发达国家的跨国公司掌控全球价值链的高端，获得丰厚的利润，发展中国家低廉的生产成本使发达国家的物价保持在较低水平，发达国家以较低的资源、环境投入代价分享全球化的收益。中国通过积极融入全球生产网络，发挥劳动力丰富和低成本比较优势，吸引全球的资金、技术，迅速成长为世界最重要的加工组装基地，在此过程中实现本国制造业规模的扩大、技术水平的提高，并逐步向全球价值链的中高端攀升。

　　国际金融危机后，面对实体经济与虚拟经济失衡导致的严重问题，以美国为代表的发达国家重新认识到制造业的健康发展对于一国经济持续增长、就业水平保持稳定和创新能力强化的重要作用，纷纷采取措施加强对制造业的扶持，以图重振制造业。此外，以印度为代表的发展中国家则意图发挥自己的低成本优势，通过完善基础设施和优惠的投资政策吸引外商直接投资，大力发展劳动密集型产业。而在此期间，由于人口红利消退、工资水平快速上涨，中国正在丧失传统的低成本优势，中国制造正面临来自发达国家从高端和发展中国家从低端的双端挤压。

　　近年来，制造业的全球化呈现出一些新的变化。特朗普当选美国总统后，更是提出"美国优先"战略，就任伊始就否决跨太平洋伙伴关系协定（TPP），重新磋商北美自由贸易协议（NAFTA），退出巴黎协定，兼之英国脱欧等黑天鹅事件，世界经济大有逆全球化之势。另一个重要变化是新一轮科技革命和产业变革正在全球兴起，以大数据、云计算、物联网、移动互联网、人工智能、虚拟现实（增强现实/混合现实）、3D打印等为代表的新技术加快成熟并广泛应用，正在深刻改变社会生产和人们的生活，也将会对全球生产格局产生深远影响。

展望未来全球制造业发展，一方面，当前全球经济稳定增长基础仍不牢靠，增长预期仍信心不足，全球化与逆全球化势力此消彼长，合作与对抗关系错综复杂，全球制造业竞争格局依然处于深度调整阶段，并有可能持续较长时间；另一方面，新兴技术趋于成熟，与制造业融合持续加深，新的生产组织方式层出不穷，企业与企业、企业与个人、个人与个人之间的关系不断演化，全球价值链中的参与主体和角色也发生了潜移默化的变化，将形成更多的制造业转型发展路径，既可能加速发达国家的制造业回流，也为中国制造业的赶超提供了新的契机。

近二三十年来，制造业全球分工问题在理论和实践层面的重要性引发国内外学者对全球生产网络、全球价值链、全球商品链、离岸外包等问题进行了大量研究，特别是在欧洲委员会、WTO、OECD、UNCTAD等国际组织建立多个跨国投入—产出数据库和Koopman等在2010年根据国际投入产出模型的基本原理提出著名的KPWW方法后，基于增加值贸易数据衡量全球价值链地位和参与度的研究大量出现，全球生产网络的研究得以定量化。新科技的兴起、发达国家重振制造业、逆全球化、中国发展进入"新常态"和向制造强国迈进的变化，进一步为全球生产网络研究提出新的方向。

如果说关于制造业全球分工问题的研究是一片大海，本书只能算是其中的一朵小浪花，我们希望在既有研究的基础上做出一点微创新。本书是集体合作的成果，各章的具体分工如下：第一章，林智、李晓华；第二章，曹监平；第三章，陈小勇；第四章、第五章，李晓华；第六章，张亚豪；第七章，李晓华；第八章，李晓华、张亚豪。何强、孙承平也为本课题的研究贡献了力量。

课题在申请、研究、写作和出版的过程中得到中国社会科学院工业经济研究所领导一如既往的关心，得到办公室、科研处、信息资料室同志的大力支持。有关部委和企业提供的调研、座谈机会也帮助我们加深了对研究主题的认识和理解。课题主持人在从事本课题的研究期间有幸在美国密歇根大学罗斯商学院进行为期一年的访问，商学院、公共政策学院、经济系的一些讲座让笔者受益良多，密歇根大学丰富的藏书和数据库给本课题的研究提供了巨大帮助，也为笔者提供了许多新的研究视角，Scott E. Masten教授的"Economics of Organization and Institutions"

课程以及数十次的交谈让笔者感受到他的睿智,也给本课题的研究以许多启迪。当然,本课题的研究还参阅并引用了大量国内外学者的研究成果,在此对这些不能一一具名的人们表示感谢。最后,还要感谢中国社会科学出版社的工作人员对本书编辑工作付出的辛苦劳动。

由于笔者水平有限,书中难免存在一些错误和疏漏,恳请读者给予批评和指正。